纵议院之

世界趋势

凤凰博报 出品

出品人：刘　爽
策　划：王　冲
主　编：李志题
编　导：赵雅楠
主持人：邵文婷
编　辑：王媛媛　高雪松　吴晶晶
张春霞　夏　添　王海燕

人民东方出版传媒
東方出版社

序 言

这是一个变化转折的时代。

放眼世界，美国不再一家独大，但还没有任何力量可以取代美国的领导地位。霸权的衰落往往需要数十年甚至上百年的时间，在此期间是国际社会各种力量的博弈。中国的崛起毫无疑问地改变着世界版图。作为后发国家，如何避免“修昔底德陷阱”，以和平手段崛起于世界民族之林，对于这个古老而又年轻的国家而言，机遇和挑战并存。这，需要战略高度的思考。

这是一个变幻莫测的时代。

西方曾经席卷世界，从荷兰的“海上马车夫”到“日不落帝国”，再到美利坚帝国成为超级大国，带给人类的不止是民主、法治、自由，不止是电脑、飞机、大炮，也有战争、殖民和死亡。大清王朝喊出“中学为体，西学为用”的口号，不完全的现代化在甲午战争中遭遇沉重打击。民国的沉沉浮浮让共和的实验踉踉跄跄。而今，在财富有史以来最为丰富的今天，中国如何与西方相处，如何走出符合国情、符合世界潮流的道路，需要深刻睿智的思考。

这是一个危机四伏的时代。

在西亚，突尼斯小贩点燃的阿拉伯世界的革命之火，依旧在蔓延，整个中东进入了重组，领土之争、种族冲突、教派矛盾纷至沓来，中东大有变成巴尔干之势。在东亚，中国南海、钓鱼岛纷争不断，朝鲜半岛不时曝出紧张气氛，成了大国角逐的主战场，牵一发而动全身。对此复杂局面，需要冷静客观的思考。

中国国内，也面临着复杂局面。

习近平总书记领导的新一届政府，锐意进取，表现不俗。国安委、深改组的成立也标志着对内对外政策有更多的战略性、前瞻性和连贯性。

对外，如何平衡中美俄关系，如何在钓鱼岛争端中和日本斗争，如何应对朝鲜半岛局势，如何在中国南海解决与越南、菲律宾的争端，都需要手段和策略。

对内，司法公正亟待解决，房价飙涨需要治理，老有所养需要落实，学生毕业需要安置……问题的积累不是一朝一夕，也断难顷刻间解决所有问题。如何在复杂的乱麻中抓住关键点，剥茧抽丝般化险为夷，需要高屋建瓴的判断加精细的操作。

这些，就是凤凰“纵议院”所关注的。“议国事、知天下”就是我们的宗旨和追求。

“纵议院”就是在复杂的国内、国际格局下，秉承凤凰网“中华情怀、全球视野、包容开放、进步力量”的价值追求，于2013年初创立的栏目。一出生便风华正茂，所请嘉宾均为高端人士，既有海内外高官，也有体制内外的学者。不求面面俱到，只求实话实说。

从第一期谈大部制改革起，纵议院以每月三期、逢八推出的节奏，打造了互联网上独一无二的时政访谈节目。访谈秉承理性、建设性的原则，不八卦、不媚俗，不吹捧、不谩骂，请各领域专家学者坐而论道，以理服人。

这套“纵议院”系列丛书，就是选取精华节目，精心编撰而成。它是名家智慧的结晶，也是凤凰网为国家发展建言献策的产物，我相信读者朋友们会喜欢这套书，也会从中受益。

是为序！

凤凰网总编辑　邹明

目　录

上篇　中国如何影响世界

下篇　复杂国际形势考验中国

纵议院之中国格局

上篇

中国如何影响世界

超越海洋文明

——吴稼祥、王义桅谈中华文明的发展之路

嘉宾简介：

吴稼祥，知名学者，长期从事经济、政治、国际政治、企业战略以及中国传统谋略思想研究，在政界、学界和商界均有阅历。著有：《公天下》《果壳里的帝国》等书。

王义桅，察哈尔学会高级研究员，中国人民大学特聘教授，国际与公共事务研究院（IIPA）执行院长，中欧学术连线（CEAN）主任。

专题地址：http://blog.ifeng.com/zhuanti/haiyangwenming/

要点

Talk1：海洋文明的发展是土地资源问题带来的，而必须要扩张寻找新市场、新能源、新的原材料。我们现在的全球性能源危机，不可能通过走海洋文明的道路来解决历年的能源危机。

Talk2：超越海洋文明并不意味着回到农耕文明，而是应该既超越农耕也超越海洋，应该要创造一种新的人类文明叫太空文明。中国的决策者对这个问题还是有一些认识的。

Talk3：西方国家就在反思：要么我们的普世价值要重新修正，要丰富它，不是我们以前所理解的那么几条普世价值；要么认为你可能有另外一种普世价值，或者你有另外一套民主，我们没有承认或者说没有发现。

Talk4：某种意义上，我们的中国特色社会主义还是一个追求。中国特色社会主义应该说是一个很好的提法，但人类不是为了提法去生活的，而是为了更好的生活而去生活。

王义桅：新兴国家的崛起让欧洲全方位衰落

凤凰博报：今天，我们将开展一轮有关中华文明未来发展方向的讨论。首先向大家介绍一下今天的两位嘉宾，他们分别是知名学者、著有《公天下》《果壳里的帝国》等书的吴稼祥老师，欢迎您。还有一位是察哈尔学会高级研究员、中国人民大学特聘教授王义桅老师，欢迎。

今天在这里，王老师也给我们带了一本新书——《海殇》。在这本书里，我们看到有很多对欧洲的独到见解，就像您在书里说的，发源于海洋的欧洲文化由于欧债危机的影响，正在面临衰落的趋势，欧洲学者将欧债危机称为衰落中的危机，预示着整个欧洲的衰落。这个衰落指的是经济层面还是道德文化方面？

王义桅：应该讲，欧洲的衰落已经不是第一次，美国崛起以后它就已经衰落过了。也就是说，它原来代表西方，代表世界。美国崛起以后，只能说美国代表西方或者代表世界。这一轮的衰落是新兴国家崛起造成的，是相对的衰落，并且是全方位的。欧洲人自己也承认，它在经济上、文化上的影响力都有一种下滑的趋势，当然这种下滑的趋势是相对于在历史上的鼎盛时期而言的。

所以二战结束之后，欧洲走上一体化道路，通过欧盟进一步凝聚了欧洲的力量，也振兴了欧洲在世界上的地位。但是实质上它遇到了很多先天不足的问题。比如说它的一些理念的设计，认为自己代表先进的，代表后现代的。但后来发现这个世界并没有完全按照所谓的前现代—现代—后现代的线性进化这样一个逻辑在演进。

所以，我把它称为一种“先进的落后”。它好像很先进，但可能已经落后了。这种落后是脱离了群众，脱离了国际社会发展方向。比如说美国国家情报委员会去年年底有个报告说，这个世界是在朝向霍布斯而不是康德的方向演进，这点对欧洲可能不是那么公平。

我在书里把这么一个“海殇”，从海洋文明的角度来探讨它，有另外一个超越一般意义上讲的“衰落”的含义。也就是说，欧盟本身就是欧洲海洋文明在世界上的扩张已经到了极限，通过殖民战争、几次世界大战和欧洲内部战争，已经无法再承担起战争的代价以后，回到欧洲大陆这样一个不得已的产物。它本质上也不完全是为了世界和平，而且它无法承担起这个战争的代价，所以欧盟的诞生跟海洋文明扩张到了极限是密切相关的。

它的成长过程也是跟海洋密切相关的。比如说，美国作为一个西方海洋文明的代表，承担起保护欧洲的职责，也就是北约。所以，欧洲一体化是在美国的保护下，为了对抗前苏联的需要，当然也有自己联合自强的需要、避免战争的需要，但是它的内部竞争始终受到海洋文明的影响。到了现在，美欧之间搞了一个《跨大西洋综合贸易与投资伙伴关系协定》，叫 TTIP，有点像太平洋地区的TTP。德国人在推这个，它的眼睛要从欧洲大陆进一步伸向太平洋，要到美欧这样一个自由贸易协定。这都表明，欧洲的命运跟海洋文明的命运是密切相关的。

吴稼祥：欧盟若学美国大量发行货币必然解体

凤凰博报：但是在吴老师《果壳里的帝国》这本书里，貌似和您的观点并不是很一样，是吧，吴老师？

吴稼祥：对。这本书是2005年写的。它的观点是这样的，就是欧洲也好，中国也好，美国也好，都是历史进程中的一个阶段，这个阶段我把它归纳为活力和规模之间的权衡。推动人进步和发展的杠杆有两个，一个杠杆就是政治体的规模，第二个杠杆就是资源危机。

人类文明实际上是靠资源危机来推动的。首先是天然食物的危机，把猴子变成人。猴子本来在树上，因为树上的果子不够了，下来跑，这是第一次危机。第二次危机就是天然动植物危机的进一步发展，就把采集这样的社会与那个社会变成了一个农牧业社会，农业文明和牧业文明都由此带来。第三次就是土地资源危机，就是土地不够耕种了。欧洲的十字军东征就是为了解决这个问题。

这种资源危机把这个社会推向了工业社会和海洋文明。海洋文明和工业社会完全是土地危机带来的。工业社会的特点就是靠能源生产，现在我们已经出现能源危机。能源危机把人类从地球文明推向太空文明，因为必须要在太空中寻求能源，或者在太空中寻求开发。所以，必须用这样的宏观视野来看待人类社会的进步，这是第一个我要谈的。

第二个，西方社会基本上是一个有活力地寻求规模的过程。因为一开始，古希腊那个小民族有700多个城邦，最有代表性的像斯巴达、雅典，还有柯林斯。中国国家一建立，规模直径就5000华里，因为大禹治水之后建立了一个国家，有5幅，每幅500华里，直径就是5000华里。我们国家先有规模，而活力没有寻求到，中国就一直没有超越土地资源危机。西方因为规模很小，不断有创造力，有活力，所以它解决问题的办法比较多。它通过采集文明，然后到农牧业文明，最后到了土地资源危机以后，采取了一个开发新资源，也就是能源的时代，包括工业资源的利用，到海外寻找市场那么一个过程。

但是规模小也有它的问题，就是内部不稳定，外部不完全，所以一开始古希腊内部不停地战争。像希波战争，就是波斯想把希腊吞并掉。之后，马其顿帝国开始自我吞并，马其顿帝国最后又崩溃了。然后规模又维持不住，因为帝国性的规模就是罗马代替它们进一步寻求规模。罗马帝国 1000 年后也崩溃了，最后还原为一个民族国家。民族国家开始进一步寻求规模，就寻求到美国。美国应该是达到了一种规模和活力最佳的均衡状态，这个国家既有活力，也有巨大的规模，所以它敢称霸世界。

第三个说欧洲，对于欧洲我的观点跟王教授截然相反。欧洲的传统首先是规模的传统，因为欧洲的国家块头不够大。现在我们谈的金砖五国都是大块头，其中俄罗斯、中国、巴西、印度在人口和土地面积上都排世界前 10 位，南非要小一点。现在是一个大块头的时代，所以我这本书《果壳里的帝国》把它叫做洲级时代的中国战略，就是将来的国境线已经不在土地上了，都在海洋上。

一个大洲的国家，将来有可能是这样的。因为欧洲国家太小，一旦美国兴起以后，每一个欧洲国家单独都不能跟这样的大块头挑战，所以它们必须联合起来，联合起来以后形成了一个巨大的规模，现在效益还是很明显的。2012 年国民生产总值，欧洲 27 个国家超过了美国，它的人口已经达到 3 个多亿，已经比美国多了，国民生产总值高得不是很多，因为发展不平衡，但大概已经排在第一位，超过了美国。

欧盟的问题主要是想寻求一个规模。在这个规模条件下，跟美国抗衡，跟金砖四国来抗衡。它的优点是先有活力，然后再寻求规模，联合起来。现在的欧债危机，我认为并不是真实的危机，它是一个杠杆作用。美国人老是批判欧洲人为什么不发行货币，多发行货币不就行了，量化宽松。欧洲绝对不量化宽松，这是两个博弈，实际上量化宽松欧洲就解体了。为什么呢？每个国家都发行货币，它就可以不需要寻求欧盟的解决，它缩紧银根，目的就是要削弱各个国家的主权，让这样一个超国家规模的联邦共和国诞生。实际上它是要把主权绑进欧元，就这么一个操作。这完全是一种战略性设计，这是我的个人看法。

王义桅：我补充刚才吴老师讲的那个问题，比如说我的书里为什么叫“海殇”。以前我们知道有个“河殇”，更早的有“国殇”，为国而死叫国殇。为什么叫“海殇”？我说为扩张而衰，就是“海殇”。刚才吴老师也讲了，海洋文明从起源的角度来讲确实就是非自给自足性吧，我们小农经济就是自给自足。它没办法，从生产方式、生活方式以至最后的思维方式，它都没办法自己完成这样一个循环。为什么郑和下西洋没有产生海洋问题？因为我们没有必要，我们说“天朝无所不有”。我精耕细作都还没来得及，我扩张干什么？比如葡萄牙，它是近代第一个崛起的海洋大国，它都没办法满足自己这种生产方式。像塞浦路斯，一阵风吹过来，橘子全掉地下了，烂了没人捡，但一会儿气候变了又没得吃了。它现在是通过贸易的方式，那以前怎么办呢？以前要么就是贸易，在贸易之前是抢、扩张，把别人的掠夺过来。

到了近代，因为欧洲漫长的冬季，要吃肉，肉是冻住的，冬天保持这个肉类的话就要用香料，所以我在根特，比利时的一个历史名城，根特展销各种各样的火腿，有一个火腿据说是中世纪留下来的，搞得很神秘。也就是说，它们很自豪这种保持食物方式。但它自身又不产香料，那它就要到东方去掠夺。我不是为它辩护，它就是没办法或者说无法自给自足才扩张的。但这也推动了全球化，因为它要去掠夺黄金也好，项链也好，把这个贸易通道打通了。中国也帮了它忙，发明了指南针，当然它自己也在地理上发现地球是圆的等，一切就造成了它的不断扩张。但是扩张到一定的极限以后，地球都被瓜分了。

你看看最后，殖民者之间打，英国、西班牙、荷兰实际上都是内部的战争，所以这个时间就是比效率。谁的科学技术先进，谁能最有效地利用生产资源，最有效地占有，最大化地扩张市场，谁就证明了世界的霸权，一直都是这么来的。后来它制定了法律，再后来又搞了国际规则，来约束别人的行为。它是为了掩盖这种扩张行为才把自己包装成先进的文明甚至是普世价值的。所以它是有一定的话语权在里面，我们承认它确实超越了以前这些地区的野蛮方式，但是不是它就代表普世价值，这个我们书上有很多争论，我觉得欧盟的成立一定程度上是对美国有所超越的。

美国人里夫金写了一个《欧洲梦》。他的美国梦就是个人在一定的功名竞争环境下可以实现自己的价值，但他不强调人员和资源约束，也就是说为了达到你所谓的美国梦，消耗多少资源、消耗多少能源，不是他考虑的对象。而欧洲人就说我从社会市场经济的角度是节约了资源的，所以是可持续发展，某种程度上这种欧洲梦超越了美国梦。但是它在思维方式上没有超越，还认为自己是代表普世的，是西方的，是永恒的，等等，还有这么一些线性进化的思维方式。我觉得，中国是不是能从生产方式、生活方式乃至思维方式上都有所超越？这是我们下面要讨论的问题，讲对待西方的问题。

吴稼祥：中国决策层知道如何超越海洋文明

凤凰博报：我们刚看两位的书中其实有一个相同观点，就是中国的内陆农耕社会，有内在的稳定性，却没有活力。而古希腊文明发源于海洋，是向外扩张。那两位老师觉得重新认识海洋、重视海权对于中国海洋崛起有什么样的意义呢？

吴稼祥：这就像我看过的一本书，一位女士谈恋爱的时候在乡下，因为“文革”的动乱，后来没有了农场，回来以后那个男的继续跟她谈，最后这个事情就过去了。所以，人生是有季节的。少年时是做梦，年轻时候是爱情，中年应该结果，晚年应该在信仰下面回忆过去。她认为已经度过这个快乐时段了。刚才义桅说得是对的，中国完全是在一切方面都可以自给自足的国家。

比如最像雅典的国家是齐国，最像斯巴达的国家是秦国。但齐国为什么不能变成雅典？因为我们没有向外交换的冲动，这是第一条。第二条，海洋太大，不像希腊，它是内海。所以，从这个意义上讨论一下义桅提出的这些问题，对我们国家来说，我们不一定还要再重组，因为以我们现在的技术条件、通讯手段、交通手段，当时要是运兵到越南去至少要走3个月，现在3小时够了。这个时代不可能重复海洋的故事了。

另外我刚才已经说了，海洋文明的发展是土地资源问题带来的，而必须要扩张寻找新市场、新能源、新的原材料。现在我们面临全球性的能源危机问题，就是从土地资源到能源危机，我们不可能通过走海洋文明的道路来解决历年的能源危机，这是不可能的。因为现在的能源危机是全人类共同面对的一个难题，这个难题已经可以看到了。我们现在的嫦娥奔月已经奔了好几回，实际上这是个能源问题。月球上的能源如果开发出来够人类再使用一万年，所以登月也是个能源问题。这里我想简单谈一谈义桅的这本书。

我认为《海殇》这本书在当前提出这么一个问题，是非常敏锐地诊断了当今世界尤其是欧洲的问题，但是我对他的药方有一些不同的看法，这个待会儿再讨论。

我要谈的四个观点，第一就是，超越海洋文明并不意味着回到农耕文明，是应该既超越农耕也超越海洋，应该要创造一种新的人类文明叫太空文明。中国举办奥运会的时候实际上已经意识到了这个问题。你看开幕式上都是奔向太空的。中国现在太空意识实际上已经超过海洋意识，包括中国的卫星定位系统，我们的北斗星，都表明现在中国的决策者对这个问题还是有一些认识的。

第二个观念也是跟这个有关的，超越西方中心论，不是要搞中国中心论，西方文明不是中心，中国文明也不是中心。如果这样的话，我们就是用个人的错误替换别人的错误。

第三个观点要谈的是，普世价值不等于西方价值。我们中国有很多普世价值，比如说我们的“仁义礼智信”，包括我们的“忍”，我们人际关系的协调、和谐。现在还有人提到共生，比如公天下、以民为本，这样一些观念都是人类共享的。所有本性中散发出来的美好追求得到了共识，它就是人类所共享的。普世价值是人类价值的一个基石，是个融合，是个混合体。

第四个观点就是，欧债危机不仅是一个毁灭性的问题，它有可能是上升的阶梯，它有可能是个杠杆。被欧债危机打击的国家都是那些不干活的国家，比如希腊，比如塞浦路斯。这些国家有什么特点呢？都信仰东正教或者是天主教。为什么不谈一谈瑞士呢？为什么不谈一谈荷兰呢？这些国家的面积只有3.5万平方公里，但是它们的世界500强企业至少在前20位中占有五六席。比如医药、银行、钟表、酒店管理和食品五大产业，这五大产业瑞士都是领先世界的，尽管就是这么小的一个国家。

也就是说，西方的文明也是多元化的，为什么会这样呢？这不是我们今天要讨论的问题，我只是提醒，就是说西方的文明在基督教里面是三大主教，一个是新教，第二个是天主教，第三个是东正教。最衰落的是东正教，比较衰落的是天主教，包括拉丁美洲那些国家。在世界上仍然能够站得住的，比如说去工业化过多，德国就不是，它是世界的制造业中心，它是新教国家。欧盟为什么要制造这么一个大的联合体？它没办法，必须把这些国家纳入一体化过程，在这个过程中，就像一个人一会儿要吃鱼，一会儿要吃肉，再会儿要喝点水，待会儿又要吃西瓜，他可能会闹一点肚子，但并不因为他闹肚子就认为这个人完了，他一定有呕吐现象，有一种磨合过程中的问题，这个问题我的意思是还有待观察。

王义桅：中国模式在修改西方的普世价值观

凤凰博报：提到普世价值，其实王老师有一个观点是，西方谈论普世价值实际上是为其文明过度扩张披上合法的外衣，是吗？

王义桅：首先讲文明的概念，文明这个概念本来也是一种话语权。像德国，开始在欧洲里面也被认为是蛮族。罗马或者说希腊就属于这种所谓的文明圈里面，因为欧洲的文明起源于两希，所谓的古希腊和希伯来，靠它越近就越有文明。所以，德国人始终不认为自己是主流文明，它找了一个什么概念来解构这个文明概念呢？就是德国的思想家，像以斯宾格勒为代表，他说文明可能有点线性与先进，但是文化是多样性的，我这个日耳曼文化跟你的拉丁文化是并驾齐驱，不存在谁高谁低的问题。他一直到最后还说文明的发源地最后成了文化堕落的地方。所以，我日耳曼的文化甚至拯救了原来那种文化衰落，他用了一个术语叫西方的没落。到了文艺复兴时，大家都知道了东方的文明，传播了很多东方文明的因素，包括孔子、老子，用它去复兴古希腊、古罗马的文化，尤其是古希腊的，所以叫文艺复兴，有这么一个过程，这个概念的来历很有意思。

刚才提到的问题里面就讲了欧洲的海洋文明，这对我们有什么启发？我们为什么要讨论这本书？第一我要声明，我不是因为欧债危机才写这本书，是因为我 2008 年去塞浦路斯做外交官，一直在观察这么多年欧洲的发展。欧债危机在 2009 年才开始，所以一年多里我就写了大量的笔记，最后就找到一个关于我所观察视野中的欧洲的命运这样一个视角。

第二个我要声明的就是，欧洲情况很复杂，它的发展路径也不是简单的。我刚才说它的总体态势相对于历史顶峰时期当然是在衰落，但是很难说所有的欧洲国家都在衰落。比如说德国，它是很大的，说是在复兴也好，在崛起也好，德国是个制造业各方面非常有活力的国家。所以，我的书里面写到并不是所有的欧洲国家都是这样的，我只是说呈现出某种趋势或者某种现象相对比较普遍。欧洲情况是非常复杂的，我开始用词的时候，比如说欧盟有 27 个成员国，它有 23 种语言，后来发现不对，它是 23 种国家级官方语言。比如说我去巴塞罗那，它是加泰罗尼亚语，那个加泰罗尼亚语在当地就是官方语言，它显然不是西班牙语，它是地方级的官方语言，所以情况复杂是复杂在这儿。像语言好几千种，怎么能说 23 种语言呢，所以这些概念表明欧洲确实很复杂。

第三个，欧洲的海洋文明建设对我们有什么启发？第一个启发我觉得就是，近代以来，尤其是 170 年前鸦片战争我们被西方打败了以后，总是在思考欧洲为什么成功，我们为什么不行，什么李约瑟之谜，什么大分流这些东西。我后来想想，这个思维方式就像欧洲有柏拉图，有亚里士多德，中国没有，所以你就矮人半截。后来想，为什么要有呢？我有孔子嘛，我有老子嘛，为什么一定要有它的柏拉图呢？我们很多的问题都陷入一个伪命题上去了。

包括现在所谓的中等收入陷阱，这些西式概念，甚至是欧洲的经验，它确实只是欧洲的经验，它不见得真正能够代表人类未来的发展方向。我这本书完全批评河殇，河殇也不是我要批评它。但是河殇所代表的认为自己社会的大河文明不行，要不就是我们要拥抱蓝色文明，就得解决我们今天的问题，这种思维方式是绝对有问题的。我一再强调，什么“中学为体，西学为用”，什么接轨，什么简单的转型，这些都不行。因为当时我们被它打败了，我们国家身份比如天然体系崩溃了，所以我们努力寻找自己，找到自己的时候就找到了打败我的对象先进的地方，所以不断在学习，但是在这种学习过程中学了很多西方的，不是精髓的东西，或者说不是它所引以自豪的东西。

比如说，我在德国就讲，中国为什么是和平崛起？我说我穿的衣服是中装，他们说你这是毛式服装。我说这不是毛式服装，这是青年装。这个青年装是来自普鲁士的军服。他们一听吓一跳，说中国的西服肯定是来自西方，你们中装也是来自西方。你别以为那都是我们创造的。

又如，我是中华人民共和国的公民，人民共和国，我们以前没这概念，我们就有人和民，合在一起还真不是，共和国还真是他们的一些概念。

再如，我是共产党人，我信仰马克思主义。马克思是谁呢？德国人。我说我信的也是你，穿的也是你，名也是你给的，你还不相信我，说我是你的威胁，说得过去吗？

他们反应是两个。第一个，他说你真是学我们的吗？你肯定是打着这个旗号，学的不是我们的。第二个，他说你有老子、孔子不学，你学我们的马克思干什么？后来那个记者，时报的一个记者，他当面没跟我说，最后说我：作为一个外交官或者中国的学者，你为中国政府辩护我们可以理解，或者你说的东西也是中国的东西，让我们很受启发，但是你说得再多都没用，因为我搞不定你，所以你就是威胁。

他当然搞不定我们了。我说，不光是你搞不定我，你还搞不懂我呢。搞不懂我就是说，我书里提到伊壁鸠鲁悖论和中国悖论，什么呢？伊壁鸠鲁悖论说的是无神论，他是古希腊的思想家，他说如果有神的话，有撒旦，又有魔鬼，同时存在，首先是有问题的。神说我无所不能，我永远正确。那既然你无所不能，为什么还让撒旦存在呢？你把它拍死不就完了吗，你不拍死它，留着，那你不道德。你又说你永远道德又高尚，又无所不能这肯定有问题，这是个悖论，真正的神是不存在的。所以，这就是伊壁鸠鲁悖论。

后来，但丁在文艺复兴时就说没有这个所谓的神，这造成一个很重要的思想解放。我为什么用这个引申到中国崛起的悖论呢？因为他们观察中国说，他说你又没有用普世价值，最后你的经济还持续繁荣和发展。

比如说 2009 年我们超过日本的时候他们说了一句话，说看起来中国模式还是起作用的，他们以前认为它会崩溃，或者最起码不可持续，他们总是假定你不是按照三权分立，不是按照他们的民主，不是按照他们那套理念来治理国家，这个国家是不稳定、不可持续的，当然也不可能实现经济的持续繁荣，短暂的繁荣可以，但是不可持续。后来发现中国 30 多年来十位数字增长，而他们 30 年来才一倍数字增长，甚至还零点几的增长。他们就反思：要么我们的普世价值可能要重新修正，要丰富它，不是我们以前所理解的那么几条普世价值；要么认为中国可能有另外一种普世价值，或者中国有另外一套民主，所以，我们讲的是中国特色的民主，他们最终的看法也是有这么一个变化的过程。

再回到我们的海洋时代，170 年来我们的知识体系、价值体系仰视西方，现在我们很多在问题上跟它处于历史同一个起跑线上，它所面临着问题跟我们面临的问题是一样的。比如说它也面临的经济下行、气候变化、能源资源等问题。以前它们面临的问题都是罢工、社会福利什么的，我们面临的是国家富强、独立这些问题，但现在我们基本上都站在同一个起跑线上，甚至某些方面我们还领先了。那么在这个问题上，我们的西方观、我们的中国观、我们的世界观是不是要重新反思呢？我们的一些概念，我们对整个世界的概念，对自己的认识，是不是需要一个反思？还是继续严复给我们的一些概念呢，或者还是鲁迅给我们的一些概念呢？我觉得这就是我书中提出的一个问号。我没说它是错的或者谁是正确的，而是讲要重新建构我们的世界观、欧洲观和自身中国观这么一个过程。

此外，我们是崛起在同一个起跑线上，刚才吴老师讲得非常好，海洋文明本身在衰落。当然有人会马上反对说为什么美国没这么衰落呢？美国不光是海洋的集大成者，在网络，甚至还在太空，它还在别的方面有优势，从而弥补了它在海洋的衰落。海洋为什么会衰落呢？因为海洋以前是全球化的绝对载体，航船通过海洋可以达到任何一个角落，所以把它内部的这一套生活方式、生产方式与资源市场匹配，可以达到人类地球的极限。但是现在显然不是这样的，现在有网络，有太空，有空中的运输渠道，而且还有 3D 打印机。3D 打印机说你要什么我在当地给你打印，不需要通过集装箱装得那么累，那么沉，所以海洋本身作为一种全球化的载体在下降。

但是同时，另外一种海洋在出现：海底世界。所以，我们登天要比入海容易，就说你真正利用深海是很困难的。比如说我们现在大部分的利用都是海上的利用。为什么南海、东海问题的争端这么激烈？很大程度上是因为这个岛周围的海底资源，而不光是航天。这个新一轮的海洋时代，我把它称为海洋时代 2.0 版本，在这个新的海洋时代，中国深海钻井技术那个时候比西方还发达，还有优越感。从这个角度来讲，原来的海洋文明时代不是我们今天的新的海洋时代，同时我们也不是简单地找西方海船扩张，造航空母舰，简单重复西方的老路，刚才吴老师也讲得非常正确，我也非常支持这一点。所以，我提出海洋文明的命运问题，是要提醒我们认识我们的时代，认识西方，认识欧洲，认识自己，还要认识人类文明未来的发展。

吴稼祥：现在讨论普世价值已经过时，没有必要

凤凰博报：我们提到这个海洋的问题，您看这几年中国碰到的领海问题也是非常棘手，比如说黄岩岛、钓鱼岛、南海问题等，这是不是表明中国在海洋

崛起的道路上困难重重呢？

吴稼祥：刚才那个问题还没有讨论，先回答这个更加细致化的问题。第一个就是西方这些年并没有突然提出什么普世价值、话语霸权。西方的主流媒体根本没提出这个概念。这个普世价值是中国人自己提的，提出这个问题也并不是说西方要用这套话语统治我们，是我们国内有些人拒绝西方，认为我们国家现在一切都很好，所以就不需要什么普世价值了。这个概念是在什么背景下提出来的呢？这有它的渊源，是20世纪80年代的反自由化，后来到90年代，是非意识形态化的时期。再到2000年以后，这个普世价值就被提出来批判，实际上在国内也没有多少人提倡普世价值，它也处于特别弱势的状态。你只要提出这个东西，就一定被批判或者把书给你剪掉。那现在再提普世价值的概念，我认为无论是反对还是赞成它都没有必要，十八大已经开过了，而且十八大的会议非常明确地认可了普世价值，指的就是自由、民主，在这些概念已经非常鲜明地提出之后，再讨论它我认为已经过时。

第二个，中国现在也没有什么可留的，现在所收受的一切全是借鉴西方的。中国在过去4000年来没有走出一个循环，我已经说了，历史就是不断在兜圈子，而且是越来越衰弱。邓小平一上台做的第一件事情就是访问日本，恢复和美国邦交，这就表明他认为中国要兴起必须向西方学习。

我觉得我们现在还是处于虚心求教的阶段，不是不断要跟西方争夺霸权的阶段，无论是你的经济霸权，还是你的文化霸权，这个时期都没有到，因为这个东西实在是没有任何意义。现在还是应该夹着尾巴做人，好好虚心学习，这比争夺这个那个强多了。我认为十八大以后中央领导人对这个态度是很明确的。所以，习近平总书记从俄罗斯开始访问，到了非洲国家。实际上，一切国家都有我们可学习的东西。

而且我们现在的外交也不是按照价值来做的。现在重视四种外交，即大国、邻国、发展中国家以及正在兴起的国家。我们现在是全方位的外交，在这个问题上如果说仅仅去讨论抽象的，比如说霸权问题，我觉得不太合时宜。中国现在的问题是遇到什么问题就解决什么问题，千万别——比如刚才跟你说的岛屿问题，这岛屿为什么30年都没有问题，现在突然有问题了呢？那一定是跟中国的国内政治有一点关联的。

这些问题应该说基本上都在得到解决。你看现在的日本首相也没那么疯狂了，所以，中国只要国内稳定了，国际就相对稳定了。现在我们很多问题都是因为自己搞不定自己，然后搞出问题来。也是就说中华文明绝对不能太自卑，西方文明也不是什么都好。

但是如果要谈到中华文明的优势到底在哪里，西方文明的不足之处，它的盲点在哪里，其实我写过一篇文章叫《两次大呼吸》，里面有个提法，世界的文明只有三大基因，即中国的基因、西方的基因和印度的基因。西方的基因叫逻各斯，逻各斯最大的问题是什么呢？它是外化的，不断外化，它是一条不归路，就它外化的一定程度看它没回归的感觉，它从不回归。所有问题都是由此而来，因为它就是客观化的，这在运动场上就看出来了。为什么西方人拿的金牌比印度多？印度人口快到世界第一了，金牌却一块都没有，你知道为什么？因为它的梵的基因是完全内化的，就是幸福不要紧，守住自己身体就有幸福，瑜伽、练气功，印度都只关注自己身体，不关注宇宙，反正就是这个问题。

西方人只关注宇宙而不关注自己的身体，有这么一个问题，所以它不回归。所以，可以用两个字来概括西方文明的最大缺点，就是过度。虽然亚里士多德提的那个文理学，最好的品德是中道，比如说勇敢就是怯弱和鲁莽之间的中道，慷慨就是挥霍和吝啬之间的中道，但它们永远没做到。没做到的原因就在于它的基因不是中国的基因，中国的基因是道基因。所以，今天李克强总理讲到行大道，名为本立天下，大道就指那个道。这个道经有一个特点，它既能外化又能内化，这就是中华文明比别人强的地方，遇刚就更刚，遇柔还更柔。

中国的文明是有这些特点的。你看外国侵略，中华民族可以战斗到最后一滴血。但是印度几乎是人尽可夫，因为它是梵，它只关心自己的身体，所以它不打。从这个意义上来说这是道的一个优点，其大无外，其小无内，如果走到极点能往回返。中华文明是一种反思的文明，但是西方的文明是绝不反思的。

王义桅：这很有意思，我补充一句。有点像泰戈尔讲的，就是对中国来讲有两个西方，东汉末年从西方取的经，就是佛教，这个我们比较成功地把它内化为自己的禅宗和佛学，但是还有鸦片战争以来的另外一个西洋，西洋的西。又一个西方来了以后我们现在还不知道要怎么对待它，至今还没有走出 170 年的阴影，所以我说这本书中提出的这些问题的意义正在于此。是简单地通过现代化吗？像日本一样，就是完全把西方那一套拿来实践一把？那当然对西方没有威胁。但是事实上我觉得中国不是简单的现代化，更不是简单的复兴，而是有创造。我觉得中国的发展超越了一般意义上的复兴，超越了一般意义上的接轨，既有复兴，也有创新，同时还有坚守一切人类文明这么一个态势。

当前情势表现了能不能把西方的普世价值——刚才吴老师讲了很多，那个包容更大的，真正的人类共同价值，就像当年的佛教一样变成中国的禅宗。我书里提出这么一个大的问题，能不能对待另外一个西方的时候也那么成功，再考验中国能不能崛起。我觉得道统现在还是不服你，老是泼你脏水，说你是威胁，说你另类，说你很多很多。周边的国家都不服你，印度也不服你，印度说我是最大的民主国家，你是最大的非民主国家；日本人说我是民主共同体，自由繁荣致富什么的；韩国人还说我是民主国家；等等。以前的日本人是这么说的吗？以前的朝鲜人是这么说的吗？道统还是在唐朝、在汉朝，在中华。而现在道统不在我们这里，我要重新赢得这个道统。

吴稼祥：中国特色的社会主义还只是一种追求

凤凰博报：对于咱们中国特色的社会主义，两位老师有什么样的看法？

吴稼祥：中国特色的社会主义可以这么讲，一个中国的道路，要想全部否定它，有否定的方式，要想一定程度上肯定它，有肯定的方式。因为西方最好的国家应该也是民主和社会主义这两个要素的组合，比如北欧的福利主义国家，它们跟我们走的路不同。我们是先搞所谓的社会主义，现在倒过来搞民主。西方是先搞的民主，现在倒过来找补的社会主义。

但是如果把它作为一种经济政策，比如说重视二次分配，关注弱势群体，增加社会公平，然后让社会发展的速度，或者应该说让弱势群体改善的幅度要追上甚至超过社会进步的幅度，这样一些思想应该还是马克思以前和马克思这些人一直想达到的目标。从这一点上看，中国特色社会主义必定应该是民主的社会主义。如果是这样的话，我在这一点上可能有不同意见。因为我认为，如果肯定地说有一件事情是确定的，就是民主这个东西对于中国来说是不可能被拒绝的，而且它将会以排山倒海之势到来。我们现在担心的不是这个问题。

我写《公天下》的目的就是说，民主到来以后我担心会再走上俄罗斯的道路。中国再走上中央集权，就会走梅普二人转的局面。这样的话还要产生更大的问题。我希望就是民主社会主义，我们的社会主义成分现在还不如人家北欧啊，东欧啊。我们两极分化很严重。某种意义上，我们的中国特色社会主义还是一种追求，在某种意义上还在追求，我们的弱势群体，包括现在李克强总理刚刚提出更加关注工作就业和关注工人的工资，这些问题都是社会主义应该关心的问题。我认为，中国特色社会主义应该是一个很好的提法，但是这种提法就像摸着石头过河一样，人类不是为了提法去生活的，也不是为了主义去生活的，人类是为了更好的生活而去生活。所以，你叫它什么并不重要，这个提法可能一直提下去，也可能维持五六年就没了，维持四年就没了，但我不很在意提法问题。

王义桅：中国特色社会主义我觉得有这么两个意思。一个就是我们这种社会主义不完全是欧洲那套，因为社会主义毕竟还是发源于欧洲，社会主义运动也是兴盛于欧洲，到了后来，到了苏联等国，后来又传到我们这里。所以，我们一定程度上是中国化的马克思主义、中国化的社会主义道路，我们在毛主席领导下，在后来社会主义国家建设中，实际上把西方的那个社会主义，包括共产党理想和我们农耕文明时期的大同和小康思想结合得比较好。

另外讲中国特色，就是我们是一个落后国家，是一个发展中国家，搞现代化也好，搞发展也好，走的都是相对比较独特的道路。我们没有说我们代表了整个发展中国家都可以走这条道路。所以，我们一再强调中国的东西是有它的特色的，我们不输出革命，也不输出模式，甚至有没有这个模式大家还有争议。所以我觉得这个特色就是主要强调这两个方面的，但是，这个特色是在一定阶段强调的，比如说因为我们不是前苏联那一套，所以前苏联会崩溃，但我们不会，因为总是有个参照系在里面，到了一定的程度以后这个特色就不言自明，就不用太强调特色，它自然就“桃李不言，下自成蹊”了，所以我觉得将来可能这个特色的用法会越来越淡化一些。

王义桅：中国一直是个世界性的领导型国家

凤凰博报：如果从自身的文明转轨和身份转型上来看，中国如何才能成为一个世界领导型的国家呢？

王义桅：所谓的赶超，所谓的转轨、接轨等，还是因为我们被打败了，在学习、模仿甚至探索的过程中。但我们却忘了中国本身就是一个世界领导型国家。为什么？因为我们是个领导型的文明，我们首先是个文明构成体，是个文明型的国家，不是一般意义上所谓的民族国家，不是一般意义上西方的那一套理。

这个我觉得首先有一个定位，中国现在的发展，包括最近 10 年要解决的历史任务，第一是小康社会。看起来我们古代就有小康社会这个美好的梦想，但是现在我们是要在全球化时代实现小康社会。它的历史意义应该说是非常重大的。同时，当然说要翻两番的最终结果肯定要超过美国，成为世界第一大经济体。有人说 GDP 不算什么，甚至说 GDP 是以牺牲环境、牺牲很多人的权益为代价的，但是 GDP 和金钱一样，有它不是万能的，没它还真不行。我们的经济发展第一次到了历史的顶峰吧，但是现在在新的条件下的历史第一，和历史上农耕时代独立的东亚体系这样一个自然情况下它所达到的历史意义，我觉得是不可同日而语的。

所以我们未来10年要达到这个目标，对内要实现小康，对外要实现所谓的世界第一大经济体，它的意义是非常重大的，超越以前历史上的成就。与此同时，它不光是有器物层面的意义，我觉得还有制度层面的意义。500年以来，西方领先的这个世界，把它自身的很多成长经验说成了普世的或者是人类共同的，当然它有人类共同的因素，这一点我跟吴老师也不矛盾，但是它们现在自己也纳闷，它们问中国你能不能找到一条道路解决我们所面临的问题。它已经感觉到西方的很多政治基因、思想基因，它们内部循环已经走不出去了。它一说就是中了中等收入陷阱，一说就是什么民主、人权。它形容这个古老文明，形容一种全新的时代，可能有一种力不从心的感觉。如果中国能够持续成功，最起码找到一种它们所讲的替代式的——以前是叫无意识的——丰富人类普世价值的内涵，我没说要挑战它、取代它，最起码要告诉你条条大道通罗马，这个世界本来就是多样性的，是多元的。

从这个角度来讲，好多西方基因包括像施密特这样的，还真希望中国成功，还不是简单地都是希望捧杀你的，但是有的政客是这么说的。所以，从这个角度来讲，中国的成功能够从制度意义上去衡量，甚至刚才讲精神文明对人类的一个重要贡献是改变了500年以来以西方为中心的这么一个单向度的全球化，我觉得它的历史意义是非常重大的。

吴稼祥：我不太同意用人类或者地球的领导文明这种概念，我更愿意用“多元化文明”这个概念。中国自古就是这样，是四大文明古国之一，也是四个“轴心国家”之一。四个“轴心国家”的概念是雅斯贝尔斯提出来的，四大“轴心国家”指的就是中华民族、古希腊民族、希伯来民族以及古印度雅利安人。这四个民族是当时的世界四大文明古国，也是“轴心文明”的缔造者。所以，中国在历史上确实是。但这个缔造的过程不是通过抗拒，而是文明的融合。比如说我们有黄帝，有炎帝，后来还有大禹，到西周，每一朝代的发展都融合了更多的其他文明，都在发展，中华文明是同化了印度文明，就是四大“轴心国家”中另一个轴心民族的佛教。中华文明称为东方文明的代表，为什么？中华文明本来是地域化的，现在成了东方文明的一个代表，就是因为它同化了佛教，把它消化了，最后创造了自己的很多具有中国特色的宗教。包括现在我们所谓第二次传播，通过我们这里，像韩国、日本的佛教都是从我们这里传播出去的。应该说禅宗的意义是非常重大的，到目前为止也没多少人真正研究好。

比如说日本，它就没有学习基督教。它就是一个佛教国家和神道教国家。所以，我在美国的时候跟一个人讲马克斯·韦伯的《新教伦理与资本主义精神》，我说这本书具有文化沙龙主义倾向，你们的感觉就是，不需要这本书，或者说不搞新教伦理，资本主义就搞不好。但是日本绝对不是新教伦理，人家的资本主义搞得怎么样？也就是说，文化这个东西——当然，日本的经济发展和它的文化确实跟禅宗也有很大的关系——就是说中华文明确实通过融合印度文明开发出了自己独特的文明。这些文明事实上是中国在唐代就完成了的。

柳宗元专门写了一个复古论，坚决地抗拒佛教，把佛教骂得狗血喷头，但是后来不是这样，不是把它抗拒在外，而是把它融合进来。所以，我们现在这个文化就是三个要素组成的，儒家、佛教、道教就构成了我们这个文明体系。我想下一步也是这样的，中华文明作为东方文明的当代代表，应该要同化和融合西方文明，把它有价值的东西吸取进来，咱们也要把它吞下去消化。这就是我们中国太极文化的一个特点，它受到打击以后会变得更大，不是说待在家里不动，不动它就容易成个球，就是这个意思，它就是在跟外部世界的互动和膨胀中壮大了自己。

我这个意思也不是说一定意义上我们壮大了以后就欺负一下西方，也不是。我觉得全球应该是被分享的，将来我们还要共同分享太空。我们现在在地球上争个你死我活，东方西方，但针对人类以外，针对太空，我们还是一个地球的代表嘛。美国的宇航局还把我们高山流水的曲子融进去了。

王义桅：我刚才说到的领导型的国家，领导不是说支配，也不是说霸权和排斥别人，事实上可以需要好多领导，中国当然是领导之一。我提到这个领导，从文明的角度来讲我觉得中国文明确实应该成为世界文明中一个领导型的文明。这有几个原因，第一个就是古代文明里面像古埃及、希腊、巴比伦这些文明基本上人种都变了，别说信仰，古埃及文和现在埃及文都不一样。而中国连续性最强，比如中国的文字。欧洲的文明应该说连续性还是相当强的，再一个它实行了现代化，有些文明现在阿拉伯春天刚开始，我们的春天在鸦片战争之前就已经来到了。

另外就是所谓世俗化。欧洲世俗化也非常重，中国也非常世俗化，我们有儒道佛三教，但这也很难说就是宗教，实际是文化，我觉得这点跟其他一些文化相比起来世俗化程度比较重。中国以前有规模而没有活力，但是现在既有规模又有活力。到欧洲去才知道什么叫中国活力。我觉得中国确实是个领导型国家，但不是排斥性的，是一种包容性的，绝对不是简单的霸权和排斥别人，以前人家欺负过我，我要打败别人，不是那种文明。

吴稼祥：邓小平的改革让中国梦有了实现基础

凤凰博报：最近习近平总书记提到中国梦的概念，那两位老师觉得中国梦的核心应该是什么呢？

王义桅：中国梦，我就觉得首先这个概念的提出是个进步。以前我们老是提崛起，再之前复兴都提过。崛起首先就是一个贬义词，就容易让人引起一种警惕，或者是在西方话语体系里的一种概念。就像我说你是贼，他说你是个聪明的贼，然后我们老是局限于我们不够聪明，我们还会辩论这个东西，但是你说贼这个事情已经被人贴了标签，是不是聪明的没关系了。所以，在它的话语体系里兜了半天兜不出来。我后来听到郑必坚老师讲的这个，他说和平崛起主要是针对中国会崩溃讲的。为什么讲中国是和平的？因为中国融入了国际体系，所以是和平的。这两个都是有所超越的，第一，现在中国是国际体系中的一个重要成员，不是在国际体系中的关系问题了。第二，谁崩溃还不知道呢，我们有问题，但是不至于崩溃，所以已经超越了这个概念，我觉得用一种新的概念与时俱进地来描述这种发展态势是非常有必要的。当时中国提“复兴”这个概念的时候，周边的国家，尤其原来所谓的朝贡体系的国家是非常紧张的。你要复兴，你想干嘛？你想复兴到唐朝还是宋朝，还是所谓的汉朝？把我又变成你的所谓朝贡国家？所以，它们是有警惕的。

我一再强调，中国未来发展的走向不是简单地复兴，也不是简单地跟西方对抗或者超越，应该是创新型、包容型的发展。所以，我觉得中国梦比较能够被别的国家所接受，因为有美国梦，又有中国梦，又有欧洲梦，还有印度梦，这个都可以有。梦这个概念都来自佛教，所以我觉得中国梦的概念相对来讲就比较与时俱进一点，是语言跟国际上比较接轨，讲起来比较容易理解的一种概念，但对它的含义很多误解。

我觉得还有一个背景，我写了一篇文章讲，美国霸权对中国最大的威胁是让中国美国化，不再做中国梦，大家都做美国梦去了，天天是大房子、大车子，天天是这种思维方式。当然，美国梦也有它积极的、成功的因素。而我们讲中国梦也有三层内涵。第一个讲中国人的梦，我们每个人都有出彩成功的，这有点像美国梦。但是美国梦是有基督教背景的，我们不学这一套东西。第二个，你想欧洲梦讲的是可持续发展，那么讲到这个，整体国家要富强，我还觉得它有文明的复兴，有中华梦，三个一体也好或者什么样的，也就是说提出这个中国梦不是简单地重复以前的美国梦或者欧洲梦，而应该是更加复杂的。因为中国的身份也非常多，中国的发展很难用现代化或者复兴或者简单的一个复古来概括，中国的发展我觉得有更新的一些概念……

吴稼祥：中国梦我觉得从某种意义上来说是对历史的一种回归，我的看法是这样。当然，毛泽东也做过几个梦。1949 年的时候是要赶超苏联，这是第一个梦。中苏决裂以后，毛泽东的梦又升级了，要赶超美国，结果搞了大跃进，农民公社，三面红旗。结果大家都知道，三年自然灾害就是代价。最后一个梦就更加疯狂了，超乎全人类。“文革”就是这样的，因为它是批封资修，也就是说，封建主义代表传统文化，资本主义代表西方文化，修正主义代表前苏联东欧文化，这三个文化全部拒绝。结果，全中国是读一本小书语录和看八个样板戏。这个梦显然也不行。

接着，邓小平又做了他的中国梦，他的中国梦是两句话，中国国家统一和国家富强。国家统一完成了一大半，香港和澳门回归了，但台湾问题解决了一半，实行三通。应该说他的中国梦没有圆满。完成领土统一是中国人共同的梦。另外，国家富强，应该讲这是毛泽东想做而做不到的事，从前门没做到的，邓小平从后面做到了。中国一年赶超一个国家，至于圆梦的路径，你不能脚吊起来头朝下做梦，那个梦一定是噩梦，躺在席榻之上做的才是美梦。

中国这个梦的基础是什么？经过 30 多年改革，应该说中国梦有了一点基础。这个基础就是中国人开始攒了一些肌肉，经济发展是肌肉，没这个肌肉，一有风吹雨打你就生病了。所以这 30 多年来中国的富强梦也确实如此。但是存在的一个问题就在于，我们 30 多年来走的大部分路是坚持效率优先，这就导致了一个结果，弄不好我们就既残酷又腐朽，这绝对不是中国梦。

我刚才说了，中国梦实际上我把它分为上篇和下篇，第一代、第二代、第三代、第四代领导人都没有提出中国梦这个概念，但实际上已经完成中国梦的上篇，也就是说是国家的统一完成了大半部分，国家的富强应该说也完成了相当大的部分。下半部分是什么呢？就是我刚才说的，每一个中国人都能分享到中国的繁荣，这才是中国梦的下篇。

就是说，那些权贵们能够得到好处，能够有俸禄，这样的梦是不行的。现在中国梦应该说，我比较同意刚才他提到的对中国梦的另一种解读，就是中国梦应该加一个字，就是中国人的梦，所谓中国梦，我下个定义就是，每一个中国人都能够完成自己的梦想，那样一种社会状况，我们就叫它中国梦。

凤凰博报：谢谢两位老师给我们分享了这么多，下面是提问的环节。

王义桅：中国梦包括人权、国权与文权

提问：我是来自中国新闻社中文部的记者，我有一个问题，在前天参加清

华的一场国际安全论坛的时候，阎学通老师曾经提到关于中国梦的见解，他认为中国梦比起以前中国崛起或者中国和平发展的概念来讲，是将个人的梦想纳入国家的梦想里面，使它成为就是刚才你所说的国家话语体系的一个组成部分，这是第一点。

第二点，他还提出，中国梦这个概念是让每个人都看得见摸得着的一个梦想。而且相比于以往的领导人来讲，习近平主席在中国梦当中把它细化了，即在他的任期之内就可以实现的中国人的一些具体的福利，比如说到2020年的时候扣除通胀因素，我们普通国民的收入可以翻一番。再比如说，他又提出了三个自信，要沿着这三个自信的道路继续走下去，甚至还把中国梦和中国道路，还有中国的一些发展路径，还有社会主义道路联系在一起，提到了这三个方面的一个解读。

我想问的是，两位老师如何看待阎老师的这种论断，这是第一个问题。第二个问题，在您的心目中，中国梦上升到国家层面，除了国家富强之外，还有没有一些其他的方面，比如说王老师可能提到的，中华文明要为世界文明贡献一些什么？

吴稼祥：中国梦，我在自己的微博上曾经有个解读，就是三轨解读：第一个叫做转轨，第二个叫做并轨，第三个叫做接轨。转轨，因为以前，从十三大开始，我们对中国有一个描述，叫做社会主义初级阶段，社会主义初级阶段必定还有一个中心两个基本点的提法，基于这个提法，就有一个阶段性的梦了，梦就不是一集，可能是连续剧，从社会主义初级阶段的梦到社会主义中级阶段的梦，再到高级阶段，再到共产主义，当然还有一个维度。

这个维度，这样一个梦，就会带来一些疑问，比如说你到达梦的下一集的时候，还会不会重新搞公有制，还要不要搞计划经济。关于初级阶段的解释，实际上江泽民在“三个代表”里已经解答了这个问题，他提出了共产党是先进文化、先进生产力的代表，是全体国民福利的代表、利益的代表。这阶段已经没有一个维度了，就说初级阶段、高级阶段，没有中级阶段这个东西了，我把这个叫做转轨，即从原来的轨道上社会主义发展的五阶段论。现在没有什么阶段论了，现在社会主义就被解释为一种当下圆满的社会，就是文化和生产力是先进的，人民的福利能得到比较大的满足，形成一个幸福的社会，从这个意义上来说，我觉得它是一个转轨。

另外，所谓并轨，比如说中国梦、美国梦，你听起来它就是一种梦想，这个梦想应该说不仅仅是国家的梦想，还应该是每一个人的梦想，因为人或者人类，我真的觉得没有任何人是为了国家活着，首先在为自己活着，比如说，要解释什么的话，这么多的海外华侨怎么算呢？每一个人想要在什么地方更好地实现自己的梦想，他向那个国家去移民，现在的条件下，我们不用对国家说多少好话，我们只需要做一件事情，就是哪个国家适合做梦，国境先打开，看哪个国家的人往哪边跑就行。

比如说，我们把我们跟朝鲜的国境线一打开，除了金正恩家族不跑，其他人全跑了，都跑到中国来了，你说哪边的梦更好？这是最简单的，因为人是在自我选择，在自我选择做什么。从某种意义上，中国梦也是想有一个更高的标准，有一个国际化的标准、世界化的标准，中国梦在收入或者你刚才说的文化供应上也是世界性的，在国家富强上面，应该说它是跟美国梦相提并论的一个追求。

所以我觉得，转轨，和国际接轨，然后再跟我们传统的文化融合，这个不能抛弃，以前毛泽东时代反对封资修，我说还要跟历史有个接轨，比如刚才讲到的，中华文明虽然是农业文明，但是我们创造了一些很好的基因。我对中华文明有一个看法，我们已经有了两次大巨变和一次大裂变，我们正在面临第二次大裂变。第一次巨变是大禹治水之后，建立了一个华夏国家，完成了同化过程。到了三朝末年，专制主义搞得国家不能生存，西周是一次裂变，裂变就由十个县变成一二百个县，都是西周带来的，那是一个更大的文明裂变。后来导致战国的混战，战国七雄，这个社会又遇到问题了，又来了一次巨变，秦始皇统一六国，中华文明实现了第二次巨变，第二次巨变又登上了文明的两个顶峰：

汉和唐。所以，现在我们这个国家正在进行1911年以来的第二次大裂变，裂变的过程，我说重启西周，就是能够达到像西周那个时候在世界上所达到的那样一个局面，从这个意义上来说，这也是我们国家文明的一个梦想，通过这次裂变，确实能够把我们认为的很多问题予以解决，把好的东西学到，每个中国人都能够在这个国家感到自豪。

王义桅：回答这个中国梦的问题，阎老师刚才讲的观点我都非常赞同。谁的梦，什么时候的梦，梦什么？第一说谁的梦，我刚才讲了三个人的梦，一个是中国人的梦，是中等人权；第二是国权；第三中国是文明的，是文权，就是超越国家、超越文明的，是文明的一种诉求，是文明的复兴。

所以这个我刚才已经解释了，这里不用多解释，当然立足点都是中国人的梦，要每个人把自己的梦做好，这个国家才好；国家好，文明才会复兴。这一切都是提醒中国人民自己要好，现在我们的人民有很多抱怨，很多怨言，所以我们要用中国梦把这个往上的精神追求连接起来，达到对美好生活的向往。

第二个就是什么时候，为什么现在这个时候提中国梦，以前我们为什么不提中国梦？我觉得这还是有一定的时代背景的。第一个时代背景就是所谓的金融海啸，到现在，无论是美债危机，欧债危机还是什么，不管怎么说，后西方时代确实已经来临了。西方人讲了很多。比如去年，非OECD的国家超过了OECD的国家，这个世界已经不再是西方或者发达国家主导的世界，显然是齐头并进也好，或者是有一种变动的这样一个世界。在这个变动的世界里，这个世界的价值观念、规则秩序都在重新建构的过程中，从这个角度来讲，这需要中国作出跟自身的国力相称的贡献，比如说，我们对外的影响力实际上跟我们经济上的实力是不匹配的，同时跟我们所谓的文化、文明的世界影响力也是不匹配的，这个世界的游戏规则以及很多价值观念、世界制度的创新都需要中国的贡献，需要中国——作为一个文明国家也好，作为一个新兴国家也好，还是作为一个发展中国家——提出自己的一个见解，不光是代表中国，也是代表发展中国家，代表发展型国家，提出这一套东西。所以，要超越东西方，因为邓小平讲了，有东南西北四大问题，我们老是关心东西方问题，还有南北问题，还有贫穷，还有很落后。如果从扶贫率来看，中国对世界的贡献首屈一指，没有任何国家可以跟中国相提并论。从这个角度来讲，如果说中国还不是民主国家，怎么能够对世界作出这么大的贡献？所以，如果换一种标准，我觉得中国对世界的贡献是非常大的。

世界在变，我归结为五十年、五百年和五千年，五十年经济建设，尤其是最近三十年改革开放，它所创造出的无论是物质财富也好，还是生活、社会的各种广泛的变迁，我觉得有超越中国之外的世界意义。从这个角度看，我们要把世界意义说清楚，要让更多的国家理解我们对世界的贡献。我们的问题也很复杂，面临的挑战也非常巨大，在很大程度上，这是我们快速的工业化、现代化造成的，包括城镇化。

你说工业化起源于英国，第二个工业化的国家是比利时，比利时我在那里生活了3年之久，英国那时候几百万人实现了工业化，到欧洲大陆才几千万人口，到了美国才实现上亿人口，所谓的工业化，中国一家现在13亿，印度还10亿，所以这个数量能不能够远远超过以前历史上的总和？

我以前学理工科，任何模型在这里都是有边界的，无限期到了一定边界以外，牛顿就称为谬误。爱因斯坦说，宏观世界你是王，微观世界我才是王。所以，像中国的挑战，我觉得就是所谓的五百年来这样一个西方式的工业化发展的路径，我觉得我们必须要面对这样一个问题，我们简单通过原来的话语体系、知识体系，不仅不能解决，而且它们自己也很难描述这个新的世界变化，所以只能在民主、人权、中等收入陷阱等概念上绕来绕去。

这世界已经变得那么快，而知识、价值远远跟不上，所以我觉得，中国应该为人类作出更大的贡献，不仅是贡献GDP，也要贡献更多的智慧，贡献更多的价值理念。我们一再强调人类共同价值，人类是命运的共同体，中国现在处于这么一个阶段，我刚才讲，处于同一个起跑线上，这就是我觉得一个时代背景的问题，五百年的问题，还有五千年要复兴的问题。

五千年的文明，我们是农耕文明，是内陆文明，是地区性的文明，现在已经走向海洋了，走向工业化了，走向全球了，所以除了有传统中国、现代中国以外，还有一个全球中国正在形成。从这个角度来讲，不是简单地把孔夫子那套东西漂洋过海就能解决我们的问题，文明要转型，通过自身的文明转型去引领人类文明的转型。人类文明也需要转型。比如说近代以来，以欧洲为主导的所谓人文主义这套价值逻辑实际上造成了很大的破坏，熊彼特说这是创造性毁灭。所以我说，中欧能不能够携手开创新的人文主义，这是对中国人民的一个考验，也是对人类文明的考验，这就是五千年的文明。中国的崛起实际上对人类文明是有担当的，所以对中华的五千年文明也是有担当的。所以我说它有文明担当，不能简单用一个现代化和一个国家来形容我们现在所面临的处境和挑战。我们的问题这么多，挑战这么严峻，但是我们的机遇和我们的意义也是如此深刻和复杂，这些都是我们五千年、五百年和五十年中的一些问题造成的，这就是我所理解的中国梦的丰富内涵。

欧洲梦 vs 中国梦

——熊培云、陈彦眼中的欧洲及中欧关系

嘉宾简介：

熊培云，学者，评论家。《南风窗》驻欧洲记者。《南方都市报》、《新京报》、《南方周末》专栏作家及社论作者。作品有《思想国》《重新发现社会》《自由在高处》。

陈彦，法国巴黎索邦大学历史学博士，中欧社会论坛创始人、执行主席，欧洲华人学会秘书长，法国政治与思想史中心客座研究员。新书《民主与乌托邦》近日在三联书店出版。2005年被《南风窗》评为“为了公共利益年度人物”。

专题地址：http://blog.ifeng.com/zhuanti/zhongouguanxi/

要点

Talk1：我想，如果没有民主，没有法治，这个福利体系是不可能存在的。从法国的角度来讲，它的福利的保障体系是由工会一步一步争取过来的，是慢慢形成的一种制度。

Talk2：这更多的是一种道德式的呼吁。比如说环保的问题，江河湖海那么多被污染，你直接说你慢些走，慢些走，然而地方政府在GDP的冲动下其实是慢不下来的。

Talk3：民主其实也是一种乌托邦，但是这个乌托邦是慢慢的，我们说是试错过程。我们向前走一步大家可以接受，那么就这样做，如果大家接受不了，就慢一点走，但是绝对不能把我们的意志强加于别人。

Talk4：有没有这个根本性的冲突？当然是没有的，欧洲跟中国没有什么领土问题，欧洲当然跟中国有一些制度上的不同，但是欧洲从来没有说因为制度不同要跟你打一仗，好像也不存在这样的问题。

陈彦：没有法治，欧洲的福利制度就不存在

凤凰博报：提到欧洲，大家便会不自觉地想到文艺复兴、工业革命等。作为两大文明的发源地，中国和欧洲一直保持着相互影响和相互学习的关系，到了近代，中欧的关系也变得更加密切了。

我们今天提到中欧关系，在这里不得不向大家介绍一本陈彦老师的书，叫做《民主与乌托邦》，其实这本书是陈彦老师在国内出版的第一本文集，是吧？

陈彦：对，第一本。

凤凰博报：我翻看了一下，发现这里面主要讲的是两大部分内容。前半部

分介绍了20世纪80年代法国的思想界、知识界的一些学者以及社会思潮，后半部分主要是对欧盟以及对中欧关系的一些反思和探索，是吧？对于这本书，老师您有什么想跟大家分享的？

陈彦：我想是这样，这本书跨度是比较大的，可能有十几年。这不是我所写的所有文章，我关于中国的东西其实写得更多。这本书是我对欧洲的观察，对欧洲社会、欧洲思想文化的一个分析的结晶吧。我非常高兴这本书能在国内出版，能够跟大家分享。

大概内容，第一个我想可能是思想文化方面的，就说对法国和欧洲思想界、文化界的介绍，对它们的意义的开掘这方面的东西。另外一个方面是对社会现象的观察，比如说法国关于集体记忆的问题，关于历史庆典的问题。这些都跟中国的现实、中国的启蒙联系在一起。就说怎么样把法国的、欧洲的东西通过关照欧洲来理解中国，又怎么样通过向欧洲提问题来理解中国，同时也把中国的问题带到欧洲的社会现象中去。中国出现的这个问题，假如在欧洲会是如何解决的，我心里边想的可能是中国而写的是欧洲，同时也可能想的是欧洲而会去写中国。

那么第二方面，大的问题我想可能是对欧洲联合进程的观察和分析。有时候我一直在跟踪为什么欧洲走这条路。我们知道中国历史上就是一个大一统的国家，但是欧洲怎么样呢？欧洲现在各个国家还是很清楚的。欧洲从战后以来一直在走统一这条路，它跟中国的统一有什么区别？为什么欧洲没有走中国这条路，比如中国一直是统一的，历史上的欧洲为什么不能统一？欧洲人是不是想统一？有没有人有过这种尝试？中国的情况跟欧洲到底有什么区别？中国为什么走了另外一条路？等等。这些东西就是我一直在思考的问题，从欧洲现在的这个角度来说，比如说欧洲联盟的这条路是怎么走过来的，有什么样的动力，对中国有什么启示，这就是我思考的一些问题。

凤凰博报：我们知道两位老师在欧洲生活了很多年，我们也知道欧洲最令人称道的就是它高保障的社会福利体制。两位老师可不可以先给我们介绍一下亲身经历的一些社会福利制度呢？

熊培云：要我先说的话，其实没有很多可以说的，因为陈彦老师在那待的时间比我长得多。要说福利，我自己有体会的就是原来我在巴黎租房子会有所谓的房补，对于留学生有一个百分之多少的房补，那也算是一种福利，体现了一种公平的精神。

陈彦：欧洲的福利问题，各个国家都不一样，但是整体来说欧洲这条路跟美国是有很大区别的。欧洲人应该说有很大的普遍性，从整体来说，它是一个福利国家的体系。这个体系是欧洲这条道路跟美国一个非常大的区别，比如到底你是重视个人的进取，重视自由的竞争，还是说在这个竞争的前提之下，需要更多的国家来对民众有更多的保障体系。这是在战后发展起来的欧洲比较发展、比较完备的一个体系。

比如从法国来讲，现在已经普及了医疗保险，有工作的人当然就有保险，学生也有学生的保障，对于穷人可能他失业了，但是他同样有医疗保险。另外比如说，外来的居民移民通过一定的手续就可以办全民保险这样一种制度，这些都是非常完备的。你要是生病了，你不会有太多的忧虑，不会说我一生病可能把我的积蓄都花光了，不会存在这种问题。小的区别就是，像在法国，我可能有一个社会保障，只要我有工作，或者没工作，但是我申请。这个体系是政府和社会一起支撑。这个保障不是政府一家的，它是一个社会体系。

在这个体系里边，你75%的东西，即使没有你的医疗费用都没有任何问题。假如说一般人还需要去买另外一个保险，那么这个保险又是你工作的单位和你自己共同出的，其中有很大一部分是工作单位出的。从这个意义上讲，它那部分也是整个保险体系里面的。基本上看病可以不花钱，是没有太大出入的，可以这么说。

凤凰博报：在刚刚结束的两会上，习近平总书记提到了中国梦这样一个概念，那两位觉得欧洲的这种高福利和高保障的受惠制度是中国梦最终要实现的一个目标吗？

陈彦：我想是高福利，就是福利国家。欧洲的这个体系确实是一个梦，欧洲已经实现了。中国是不是也希望有这么个梦，我想也应该有的。当然，中国的民众应该享有这样的制度，享有这样的保障，但是我认为它仅仅是整个制度当中的一个辅助，这个体制要真是社会福利，它不是一个单独存在的。如果没有民主，没有法制，国家这个福利体系是不可能存在的。从法国的角度来讲，比如说它的妇女的选举权是一步步争过来的，它的福利的保障体系是由工会一步一步争取过来的，是慢慢形成的一种制度。而不是说一开始哪一个总统、哪一个政府就说我们应该有一套制度来保障，不是这样的，它是通过社会的博弈一步一步走过来的。

比如说福利制度，从工人和老板的角度看，我们可能认为福利多了对老板不利，因为老板肯定不愿意给你买福利，但是从整个社会、整个经济的发展来看，福利制度实际上带动了市场的兴起。假如你这个福利不行，我的钱就存在银行里，假如我认为我有了保障，我就可以放心来消费，这从经济学的角度来讲完全是一个促进的作用。所以我想，这个梦应该是一个比较完整的梦，不是仅仅在某一个面上、某一个点上的梦。

熊培云：这点我也比较认同陈老师的说法，中国梦也不是说让大家就去享福。有一个福利你享福了就实现了，那你享的福或你得到的权是不是会失去，还有你的权利怎么来的，是不是上面施舍给你的？其实不是的，那同样说中国梦，我个人感觉更多自由的梦想是一种幸福的梦想，它包括很多层面。刚才陈老师也说了，实际上很多东西是通过博弈获得的。同样说中国梦，很多人也在对比美国梦，甚至有人做了一个区分，说美国梦是一个个人主义的梦想，而中国梦是一个民族复兴的梦想。各种解读都有，大家有各自的表述。我自己倾向于是一个个人的梦想，让所有个人的梦想汇集在一起，如果有国家所谓的自由繁荣，那当然是最好的事情。

同样，刚才说到美国梦，就所谓的那种抗争，为什么奥巴马能够在美国实现美国梦？最开始 15 世纪的时候美洲也有黑人，但他们是以奴隶的身份存在的，然后到林肯，到开始禁止跨州的贸易，就是不能够再买卖非洲的奴隶，要买卖只能买卖美国本土的奴隶。又有华盛顿那些人，就是主张所谓的美国独立，但是华盛顿也没有解放黑奴，甚至他自己家的奴隶他也不解放，奴隶跑掉了他要去追捕。这不是美国的国父吗？美国的国父为什么要虐待美国的国民呢？

如果我们回到这个场景来看的话，那当时糟糕透了。但为什么他还是建立了一个所谓的伟大的国家，就是因为他有一套宪政体系，大家可以表达，可以组织起来一起做所谓推动社会进步的事业，当然也包括价值观的引领，他们的《独立宣言》也好，《五月花号公约》也好，还是有非常多的，今天我们会称道的价值观一直在延续，一直在努力。所以，林肯后来就解放了黑奴，也包括后来黑人获得选举权，也包括爱丽丝·保罗那些人推动美国妇女获得了选举权，这是美国宪法第 19 条修正案，还包括后来马丁·路德·金等一些人的努力。

在这个基础上，才有后来的所谓奥巴马获得竞选总统的机会，直至成功当选，而且获得了连任。这些对于奥巴马本人来说就是一个美国梦，他在那里实现了。这不是从一开始恩赐给他的，而是几代人不断努力的结果。我想，今天大家讲中国梦，实际上也少不了两个东西，一个是契约，就说你订立怎样的契约。第二个是，这契约可能并不完备，或者说也没有人真正遵守，在这个时候就有抗争。所以，我想更多地回到陈老师开始时说的话，更多地就是在契约与抗争之间，然后慢慢获得社会的进步，然后大家也能够在一个非常好的环境下有所谓的梦想的实现。而且如果没有整体性的推进，个人奋斗也是不够的。

举一个简单的例子，2003 年，当时孙志刚案件就是大家知道的，他死掉了，为什么很多人特别伤心，有人说，如果他不是大学生的话那会伤心吗？这就是很关键的地方，如果他是农民工的话，也许这个伤心的强烈度就不像大学生那么大。不是说大家没有同情心，而是看到一种绝望，是什么呢？通过个人奋斗改变不了你的命运，就是你上了大学，你找到了一个工作，但你不能确保你走在大街上安全。所以说，如果没有一个整体性的推进，没有一个制度性的设计，那这个国家其实就像在沼泽上行走。政府说你有很好的福利了，但是不能够保证你在家里享受福利的时候不被另外一个人敲门，然后说你被捕了，因为你可能在网上说了官员的一句坏话。所以，要有个整体性的推进。

熊培云：充满仇恨的民族主义差点毁灭欧洲

凤凰博报：作为两大文明的发源地，中国和欧洲都有悠久的文化还有历史，那两位觉得现在的欧洲会是中国奋斗的未来吗？

陈彦：我想首先就是对比欧洲和中国这两个文化有非常大的不同，尤其从历史这么发展过来，整个文化系统是不一样的。如果说世界上有哪一个文明体系跟西方的文明体系是完全不同的，那就是中国的文明体系。比如说我们还有其他的文明体系。像印度的文明体系，印度文明体系，我们可以说有印欧语系，还是同一个脉络的，它在语言上的根还是扎在一起的，我们可以找到很多相似性。

但是中国的象形文字、表意文字，中国整个从甲骨文开始这一套东西，儒家这些，都是中国独特的东西。我不是说这两个东西不能接轨，我是说我们的文化是不同的，我们的历史传统也是不一样的，但是我们必须要找到我们有哪些共同的东西。只有在知道了共同点之后，才可以对它们进行比较。如果只说中国，那么每一个个人之间如何交流呢？我们每个人都是不一样，都是独特的，都是个体，是唯一的，没有说我跟你完全一样，我们都是中国人。

但是我们每一个中国人都是不一样的，所以从这个意义上讲，我们说形同实异。我们会有共同的东西，我们共同的东西是什么呢？就是共同的价值观。哪些是我们共同的价值观？就中国人来说，把中国跟欧洲比，跟美国比，跟亚洲其他国家比，我们有没有共同的价值观？

比如说，跟欧洲人怎么交流？我们跟它们完全没有共同点，所以其实这肯定是不对的，我们有共同的东西，我们有共同的价值观，我们希望大家都能够和平相处，我们希望大家能够共同发展。这些都是共同的价值观。有了这些以后，我们就可以知道哪些东西我们是可以追求的，别人也是可以追求的，二者之间是有共同理想的，从这个意义上讲，欧洲的梦和中国的梦是完全可以重合的，但是有阶段上的不同，也有认识上的不同。

我简单举一个例子，比如说民族主义这个问题，现在可能比如说对日本，对越南，对整个南海问题，我们有些民族上的纠纷，有些领土问题，我们也可能有过去战争的阴影，还可能有些仇恨的东西，这些就为民族主义从情绪上奠定了一个非常强烈的基础。而实际上我为什么提这个问题？就说我们知道欧洲曾经发生过两次世界大战，世界大战都是从欧洲发生的。

那是为什么呢？其中一个非常重要的原因就是，欧洲的民族主义在那个时候是非常强大的，因为我有我的民族主义，你有你的民族主义，我要战胜你，你要战胜我，或者你战胜了我一回，下回我一定要战胜你，这就是德国人打败了一定要再打回来，这就是它为什么有两次世界大战。只是在第二次世界大战以后，法国人也好，德国人也好，其他斗争也好，包括美国人也好，都觉得这实在太没有意义了，我们伤亡这么重，我们的疆土都被破坏掉了，生灵涂炭，我们得到了什么呢？我们的一寸土地对于一个生命来说到底是什么样的价值呢？

它们现在发现了这个问题，就觉得和平、和解才是共同的东西，战争绝对不是出路，从这个意义上讲，我想可能我们会想在亚洲还不行，因为我们曾经打过，可能我们曾经打赢了，也可能我们曾经打败了。我打赢了就好办，我要保住我胜利的成果；我没打赢，打输了，那我现在可能要找个机会，我现在强大得要把这个仇再报回来，再来一次，那这肯定又是一次生灵的涂炭，又是一次金瓯破裂，这个代价是非常大的，也可能把我们的建设成果全部给葬送掉了，中国又重新走一回我们近代以来的曲折之路都完全是可能的。

我们如果不能吸取欧洲人所经受的那种教训——欧洲人已经打了几次，发现都是自己死掉了，没有别的什么好处，所以就不愿意再打了。我们会觉得，为什么不打，你原来打过我，过去当然有这个问题。但是我们如果不向前看，那我们就一定会卷在这个仇恨的循环里面冲不出来。所以，从这个意义上讲，比如说欧洲现在联合的梦，统一的梦，民主统一的梦，这个梦我们当然是有共同性的，当然可以说是中国的梦。

熊培云：说打仗也挺有意思的，美国是打过南北战争的，但是在国内就打过这一次仗，之后就不打了。它们对南北战争的总结是非常到位的，如果你去看它们关于南北战争的历史，最后也是达成了一种和解，如果你现在去比如说哥伦比亚那个城市，它那里还有南军原来的 UNION 的旗帜，有它们的纪念碑，而美国和联邦军队、联邦政府不会认为这是对它们所谓传统价值的一种破坏。

美国对那些牺牲的人也是抱着一种同情态度的，允许当地的人纪念他们，因为他们也是为了当地所谓的自由在努力，所以当时南北战争被当做美国的第二次独立战争，南方人认为那是他们的第二次独立战争。相比较而言，我们今天其实是没有做到这种和解的。当然，刚才陈老师说欧洲，欧洲是不长记性，世界大战打了两次。而中国这边从清末算起就打了无数次仗，一直打到后来。我们讲我们这个国家是热土，就是打得没法凉下去了，一直在打，包括武斗也是一样。

那怎么长记性呢？我觉得我们搞文化建设的或者政府都应该努力促进地区的和解，让和解的种子能够生根发芽。有一个我们很不愿意看到的现象，比如说现在看抗日的片子，有时晚上我会看一些，我为什么看？因为我睡不着，我要拿它催眠。我自己知道片子是怎么拍的，它再残酷我可能也觉得没什么关系，所以它再残酷你也觉得好玩儿，就像童话一样，但并不是所有人都像我这么心平气和地去看。比如说《金陵十三钗》，拍完了以后很快有影响力的人在网上说很脏的话，说“我一定要打到日本去”类似的话。

所以我说，同样是看战争的片子，比如说你看《辛德勒的名单》，你看《南北军将士》，看这个片子的时候，你会想这个战争发生了，我们再也不能够有这样的战争。但是在中国看到战争片，你看完了以后巴不得我们再打一场仗，那肯定是片子里的内容有问题。所以我想，如果说想避免东亚这边再出现大的问题，避免出现欧洲那样的它们自己在尽可能避免的所谓的世界大战，还是应该从这方面做一些努力。

熊培云：中国发展遇危机，不能仅有道德呼吁

凤凰博报：我们也提到欧洲2009年开始的欧债危机，欧盟当时很多国家也向中国来借钱，这样的现象不免会导致中国民间很多人对欧洲产生一种轻视的态度。那两位如何看待中国人轻视欧洲的这样一种态度呢？

熊培云：这种轻视是有的。比如说，原来我接触到一些留学生，他们坐飞机到达了戴高乐机场以后，立刻就对法国抱有一种特别蔑视的态度：机场这么破，远不如我们首都的机场，不如上海的机场。我想其实一个国家所具有的东西不是这么简单看一个建筑就能够量化出来的，所以如果说因为欧洲向中国借钱，然后你就得出那个地方非常糟糕的评判，这也是不公允的。

陈彦：借钱这个事本身，美国不也向中国借钱了嘛，在世界经济一体化的情况下，借钱或者是还钱，或者是贷款，都是非常顺理成章的事情，本身并不能说明任何问题。当然，欧洲在欧债危机以后确实处于一种危机之中，欧债危机反映出来的一些问题也有很深层次的因素。但是从本身来说，这些我觉得都不能成为轻视欧洲的基础，这个理由是站不住脚的。因为我们富起来了，因为我们中国很富，然后在这几年之间，我们就可以蔑视别人几个世纪都雄居于世界之首的这样一个历史，这是个什么心理？这其实是很简单的一件事情，假如从现在开始我们这个状况可以持续，我相信也非常之好。

假如我们这个状况能持续下去，比如以世纪和年来相比的话，等于就这么几天，你富了，你拿了一点钱装在兜里面，你就可以嘲笑世代书香人家吗？这是不可以的，我的意思不是说把中国与暴发户或者什么相比，这还不完全一样，因为中国其实有非常深厚的文化，不应该是一个暴发户心态，这个心态同中国文化的根基是不相称的。我们本来就不应该这样，而且我们本来就应该具有很高的文化素养，本来就应该对这个世界、对中国本身、对我们的邻国都有博大的胸怀，有比较虚怀若谷的这样一种气质。

如果没有这样一种气质，现在如果有人是这样看别人，就说我现在钱比你多，所以我就比你高贵，所以我就比你优越，那么这是非常浅薄的心态。而且从整体上讲，他也完全没有理解，既没有理解别人，又没有理解自己，就是他把自己的传统给忘了。过去是什么？我们的文化为什么伟大？是因为我们包容，我们近代受难，那是因为我们自己没有努力，是因为我们自己没有觉醒，而不是因为别的。如果别人现在有难，我们应该怎么样看待别人？我们不说伸手相助，起码可以理解别人现在的困难到底是因为什么，如果这个都不能理清楚的话，抱着一种轻视的态度是很浅薄的。

熊培云：所以我觉得，看到欧债危机，中国人想得更多的应该是：这个危机它们怎么解决，假如我们出现相同的情况，我们会怎么解决，除此之外，我们又有其他什么样的危机？其实对于中国的前景，当然我可以说我是保持了乐观，但这种乐观是非常谨慎的，什么原因呢？打一个比方，中国就非常像一辆车，它在高速奔跑，但它有一个很大的问题，就是没有一个非常好的刹车机制。它能够很快地跑，但是真遇到什么问题要停下来的话，可能停不下来。甚至也有人讲，这多像自行车，如果你不运行的话，只要是停下来，它立刻会倒掉，这和我们的制度设计、我们的民情等各方面都是有关系的。所以，我们与其有那么多心思去笑话别人，笑话其他国家的挫折，不如拿这个经历来反省自己，就是我们国家可能有些什么样的危机需要去克服，需要去预防。

但是这更多的是一种道德式的呼吁，你并不能通过选票说我们能停下来一点点，降速一点点，这个问题在哪里？比如说环保的问题，现在江河湖海那么多被污染，你直接说你慢些走，慢些走，然而地方政府在 GDP 的冲动下其实是慢不下来的。而且，也因为有所谓的考评体系在里头，如果这种考评不是上级的官员来决定，而是当地的百姓来决定，他们能决定一个县长的职务，我想那些哪怕是所谓的流官——流官就是异地为官的那些人——也会考虑他自己的这些所谓的政绩。

凤凰博报：那是不是可以说欧洲虽然经历了欧债危机，但是它实际上底子还是很厚，不会那样轻易被打倒吧？

陈彦：欧洲是这样的，它从二战后的联合进程是一个非常成功的过程，我们现在知道欧盟向心力越来越大。现在已经有 27 个国家加入进去，还有非常多的国家想进去，包括非欧洲国家，像土耳其就非常想进去。现在在欧洲也有很多讨论，这个到底怎么办，欧洲有没有边界，等等。你从什么角度去看欧洲到底出了什么问题以及什么原因，这是不一样的。比如欧债，仅仅从经济的角度来看，很多人现在有一些困难，但是从它的政治，从它对人类前途的探索这点上来说，它是远远走在我们前头的。我们不管怎么说，我想大家都能够有这个共识，现在中国发达起来了，钱比过去多了，但是我们大概不会说我们已经走到最前面了，我们还是在说我们应该有一个赶超。我们在一段时间里面走得很快，现在已经有人觉得走得太快了，应该慢一点。

也就是说，实际上我们还是在沿着别人的路走，我们现在没有什么创新，我们工业上、技术上以及我们的高科技有多少创新的东西呢？我们还处在一个赶超的过程中。从这个角度讲，我们现在没有遇到而欧洲现在遇到的问题，我们也同样会遇到。我们如果走到一定程度以后，可能会发现原来欧洲遇到的这个问题是我们现在还不可能遇到的问题，以为它走在前面，这是很简单的一件事。

中国现在后期加入，因为中国个头大，对世界资源的整体协调和利用都会有很大的冲击，这是肯定的，其实欧洲的经济也跟中国的冲击是非常有关系的。从这个意义上讲，这个世界连成一体，那我们要知道哪些问题是属于欧洲本身的问题，哪些问题是全球化带来的。要解决全球化带来的问题，也不是一个国家就能够单独解决的，就像欧洲问题可能是欧洲单独解决不了的。

那么中国的问题现在也同样如此，我们如果没有欧洲的市场怎么办？我们如果没有美国的市场，我们自己的市场能够使我们的经济起来吗？我想是不会的，而且到现在为止，应该说中国经济的发展就是因为开放，你不开放就死掉了，这个没有话说。所以从这个意义上讲，我们应该把欧洲的问题看作中国的一个契机，能够从中看到我们可能遇到的问题，然后找到可能解决的办法。

从欧洲的角度来讲，是这样的一个过程。这个过程欧洲现在停不下来，它要往前走，它确实是走在前面，走在前面意味着什么呢？它在探路，它前面是未知世界。而我们其实知道我们前面是什么，我们知道我们现在的目标是什么。

因为别人走过，我们在赶着，我们在追求，包括经济的、政治的，包括所谓的整个一套制度体系，我们都知道我们应该往哪里走，只是大家可能没有达成共识，想象得不一样。政府和民间、民间的左派和右派可能想得不完全一样，但是我们知道前面有些什么参照系统，我们的参照系统还是西方的、欧美的这一套系统，我想没有人去参照比如非洲的系统，谈不上。所以，欧洲现在是为人类在探索，它在前面走，我们在后面跟着，它不知道往哪里走，我们知道往哪里走，因为我们跟着它，所以它解决它的问题是比较困难的。但是从经济危机的角度看，我们就会很狭隘地理解，你看它出了问题，因为它现在不行了，欧洲人很懒，或者欧洲人福利体系要崩溃了，以后就不行了，不能从这个意义上去理解。

熊培云：刚才陈老师说欧洲的这种探索，我原来一直很关注欧盟，我感觉其实最大的一个贡献就是对主权本身的理解，就是主权可以互相让渡。当一个国家，比如说法国，它面积可能就跟四川一样大，但是如果开放了边界，整个欧盟互相开放边界，那获得的疆界、获得的面积就是整个欧盟这么大。所以，实际上是通过这种让渡给大家来做加法，给各个国家的国民做加法，在这个过程中当然也会有一些问题，我觉得整个问题是在前进过程中出现的，它不是要回到过去，它在解决问题，但不是要重新回到过去，所以这种探索当然会有一些风险。

在这方面，其实中国人我想就是所谓的有天下主义的传统，对欧盟的建设更多还是抱一种支持、同情的态度，希望欧洲能够把欧盟建设好；而且对于整个东亚来说，也可以作为一个经验来借鉴，因为东亚前些年也一直有一个讨论，就是是不是要用亚元，甚至也包括东亚的领土纷争问题到底是不是有更好的方式来解决。我想从这方面说，欧盟的那种协商式、让渡式的探索对中国、对整个亚洲也是非常有意义的。

陈彦：欧洲只是经济出了问题，说衰落有点早

凤凰博报：据两位老师的观察，现在欧洲人普遍是一个什么样的生活状况呢？

陈彦：现在的问题是它有比较高的失业率，因为经济增长乏力，有些失业的问题不太容易解决，所以就会影响到整个社会的气氛，也会影响大家，也会促进大家的反思。我们这套福利制度是不是能继续维系下去。但是整个因为是一个民主体制，是一个宪政体制，短期的问题不会马上就能够寻得解决，经济毕竟还是有一个周期，有危机的时候，也有复兴的时候，可能关键问题是现在这个危机持续的时间比较长一点，持续的时间长也并不完全是欧洲的问题。

比如，欧债开始出现问题，然后美国又出现危机，所以就把欧洲复兴的势头给压下去了。如果说中国经济成长得很好，欧洲其实很寄希望于中国的经济成长。当然，如果中国的经济成长也慢下来的话，那欧洲的经济复苏也更加会慢一点，但是我想这个过程它会走过去。

熊培云：它不会处在一个衰退的过程中，因为它们的社会力量各方面还是很发达的，我对经济没有特别好的一个判断，但是就像陈老师刚才说的，可能有一个周期，这个周期也是互相影响的，如果整个经济好起来，也不会出现一个只是欧洲衰退的过程。

陈彦：衰退是看你怎么样理解，如果说经济增长乏力这个算衰退的话，当然也可以说是；但是如果你说它的社会因此就衰退了，这倒不至于，因为它整个体系还是很完备的，而且欧盟本身各个国家也并不是一样的，有些国家情况好一点，有的情况差一点，现在因为有欧洲联盟，所以它们就在同一条船上，大家同舟共济，这使很多国家避免了陷入更深危机的命运。

这实际上应该是欧盟这个体制所带来的好处，而不是它的坏处，所以说今后每一次的欧洲联盟的进程都必须有危机的触动，要是没有危机它就不能往前推进，只有在有危机的情况下它才能够继续往前推进，因为它知道需要解决哪些问题，如果说所有路都很顺利的话，那它就不知道怎么样往前走了。往前走会遇到问题，肯定要遇到问题，因为没有人走过。遇到了问题怎么去解决？就是通过这个过程一步一步往前走。

那么比如说现在出现了关于欧元的问题，关于各个国家是不是应该有统一税收的问题，各个国家是不是统一，欧洲央行是不是能够起到更大的作用，是不是应该加强欧洲联盟委员会的作用，是不是应该加强欧洲议会的作用，这些都提到日程上来，只有危机才能够促进这些，没有危机领导人可能都觉得好像我把自己国家的事弄好了就可以了，但是有了危机他才发现欧洲必须更紧密地联合起来才能够解决危机。

熊培云：这个角度很好，危机的价值就在于暴露问题，然后去解决它。

陈彦：法国虽有国企，但政府很难干预运营

凤凰博报：说到经济，很多人都了解法国的奢侈品，但是对于法国的经济体制并不是很了解。法国是一个国家主导型的市场体制，也就是说在法国煤炭、铁路、电力都是国企。那么国企比例如此大，是否会阻碍法国市场经济的正常发展呢？

陈彦：不能说法国是一个政府主导型的市场经济，这个判断肯定是不准确的。法国已经没有煤炭工业了，这个早就关闭了，因为煤炭污染太严重了，在20世纪70年代还有一点，到80年代基本上就没有了，像铁路等经营有一些是属于国家体制的，但不完全是我们想象的由这个国家指导。

比如说铁路，不是说由政府来主导。国家在这里边有股份，比如某一个企业，国家在它里面有股份，国家是必须通过市场来调节它的股份的，比如国家主导的企业，像电力，像铁路，国家有50%的股份或者有30%的股份，是占大股的，但是整个决定，它的运营是如何进行的，不是由政府决定的，政府在其

中可以起到投一票的作用，但是并不能起到所有的作用，而且，我们不能把中国的现实套在法国的体系之上，因为在法国，第一，政府所干预的范围是非常有限的。第二，它有很严格的规定，它要通过什么程序才可以干预，比如说，法国现在左派政府上台，奥朗德提出一个非常重要的口号，在竞选的时候，就是，我要给富人上75%的税，给很富的那种人。因为法国是个平等传统很深厚的国家，大家希望平等，宁可少一点自由，但是要多一点平等，法国的左派力量很强。

在这种情况下，他打出这种口号，法国虽然有一半人并不一定同意，因为他真是51%的选票当选的。那他当选了总统，他就希望不食言，他要推进这个政策，就是说要上75%的税，虽然政府出台了这么一个政策，并且议会多数通过了，但是法国还有一个体制，有宪法最高制宪委员会，宪法委员会说你这个不行，不可以这样做，所以就把这个政策给撤了，并不是说总统也好，总理也罢，有那么大的权力，他想做什么就做什么，不存在这个问题。

法国还有非常完备的保障新闻自由的一套法律制度。比如，法国的电视台有国家电视台，法国电台有国家电台，都是国家投资的，但是政府对它不能干预，这是有法律规定的，政府如果干预的话就成了一个丑闻。所以，我们看到的一面就是，相对于英美来说，法国政府比较大一点，法国人也希望政府的作用大一点，这实际上是一个传统，但是并不因为它的政府大一点，政府就可以为所欲为。

那么如果政府大一点，怎么样制约它呢？就是用这一套法律体系，我规定你政府是这样做，你就只能这样做，假如你超出一点点范围，我们就会把你批得体无完肤，所以它是不可以这样做的，即使是它给钱，比如说，这个电视台使用国家的预算，那么国家想干预它，能行吗？

那不行，比如说在竞选的时候，他要计终点的，你是现任总统也好，还是一个完全不知名的竞选人也好，你们两个用的时间必须是一样的，你是10分钟，它也是10分钟，并不因为你是总统你就比他多1分钟，不可以，你要是多了1分钟下次你就减1分钟，这是很简单的事情。所以，并不是他有这个政府，他就说我可以占尽便宜，不可以的，占便宜他反而选不上。

熊培云：还有一个很大的力量，也就是狭义的社会力量工会，工会对政府的影响、对企业的影响是非常大的，但可以说这个政府有时候会限制资本，然后好像是在帮着民众做事情，但它也有可能朝着另外一个方向发展，就是它对这个企业好，但是对工人不好，出台那样的政策，就是比较右的政策，那这时工会的作用会体现出来。所以，法国就是给人家一个很极端的印象，一方面好像政府力量非常非常大，另一方面觉得工会力量非常非常大，所以到处都是游行罢工，实际上这也不是说这个国家就到了两个极端，就是工人都不干活，然后政府什么都管，没有到这个地步。

陈彦：民主是一种比较人性的乌托邦

凤凰博报：在陈彦老师的书中，您也提到这样一个概念，您说，随着前苏联解体和东西方冷战的结束，人类的信仰也遭到毁灭性的打击，这就意味着人类自己创造的乌托邦破灭了，整个社会陷入了焦虑当中，那也有学者提出回归宗教才能找到心灵真正的安宁。

陈彦：乌托邦这个问题是非常有趣的，人之所以为人，就是要做梦，他有梦想的，这跟猪不一样，这个梦想有个人的梦想，也有代表很多人意志的一种梦想。所以乌托邦实际上相对来说是一个比较普遍的东西，就是大家都会觉得我们现在对现实肯定是不满意的，乌托邦的发明其实是我们可以利用乌托邦来照一照现实社会，这个现实社会有哪些不同，哪些值得批判，我们应该怎样改进，这都是乌托邦起到的非常好的作用，但这可能是工业革命的原因。

尤其是在当时，比如说，马克思、恩格斯看到工人阶级很悲惨的工作生活状况以后，他们觉得这个世界不可以这样下去，所以就有一个比较系统的乌托邦，这个系统的乌托邦就是我们后来所称的共产主义。共产主义作为乌托邦我觉得是一个很好的东西，因为我们可以想象，有这么好的制度，假如大家都可以享受平等，大家都可以过非常幸福的生活，人人心情舒畅，这当然非常之好。问题在于，如果要实现乌托邦，怎么样实现，手段是什么？假如我们这个手段是一种强制的手段，你做你的梦，我做我的梦，我认为我的梦就是你的梦，你不同意也不行，就说你不能做你的梦，只能做我的梦，我的梦就是你的梦，你要是不同意那我也没辙。

如果我有权力的话，我就可以把我的梦强加于你，你要是不同意我的梦，那你肯定就要被淘汰掉或者要怎么样了，这个就叫乌托邦的强制化，这种强制的乌托邦就成了问题，如果说这是一个由组织甚至武装组织来实现的一种乌托邦，那这就给人类带来了灾难。从这个意义上讲，就说我们有乌托邦可以，但是不能把乌托邦强加给别人，这是绝对应该避免的。

你看我的《民主与乌托邦》这本书，它是要说明什么问题呢？它就说民主其实也是一种乌托邦，但是这个乌托邦是一个慢慢慢慢的试错过程，是一个慢慢建成的过程，跟现在的欧洲联盟的建设其实是一样的，我们往前走一步，觉得这个可以走，大家可以接受，那么就这样做，如果大家接受不了，我们就慢一点走，但是我们绝对不能把我们的意志强加给别人。

其实中国的传统也是这样的，己所不欲，勿施于人嘛，人家不愿意，你为什么要让别人去做呢？即使自己觉得好的，也不能说你就好。比如，父亲跟儿子说，那个媳妇挺好，你应该娶她。儿子说，也不是你娶，我娶的我知道。我们说，你的鞋子合适不合适，只有脚才知道，但是我们的脚是千差万别的，你的脚是你的脚，我的脚是我的脚，我的脚才知道我的鞋子怎么样，所以，我们不能把我们的东西强加给别人。

从这个意义上讲，只有民主才能保证我们这个乌托邦慢慢走向一种比较人性的乌托邦，这个乌托邦当然要打点折扣，它不是那么理想，不尽完善，它甚至可能有危机发生，我们很多时候可能还遇到一种迷茫，但是有了这样的乌托邦，我们既可以参照现实，让现实变得更好一点，又可以给我们带来一定的希望，又不致把我们引向灾难。

熊培云：所以，有一句话是这么说的，说如果没有暴力，共产主义是一种人道主义。过去很多国家在追求共产主义的过程中，有太多暴力造成的血流成河，如果不是那种暴力在起作用，而是大家在共同商量，一起来推进一些事情，不管是革命还是改良，不仅仅是去消灭一部分，然后分光他的家产，而是说大家一起活下去，一起找出口，那才会让共产主义达到一个所谓的好的境界。

刚才陈老师也说了，乌托邦是整个人类共有的一个东西，每个人对世界可能都有一个非常完美的印象，就包括我们小时候会想长大以后生活在一个什么样的地方。中国古代的儒家也有他的乌托邦。在古希腊，在雅典，那些哲人也有他的乌托邦理想，最远的可以达到柏拉图，包括后来在宗教领域的所谓对上帝的推崇，实际上也是一种乌托邦天国。天堂实际上是一种乌托邦，随着启蒙运动的发展，大家就觉得人类理性可以在地球上制造一个所谓的人间天堂，这时候又有一个所谓的理性的乌托邦，因为后来破灭了，然后有人甚至把这个板子打回来，认为人类理性有问题，是太骄傲了，没有看到自身的缺陷。

但我觉得理性本身没有问题，问题在哪里？是因为他在通过暴力推行他的理性，我想不管是上帝所谓的天堂的乌托邦，还是人间通过理性获得的所谓追求的乌托邦，实际上是两个极致。通过信仰获得的乌托邦更多的不是理性，它是心灵层面的，当你把心灵上想要的东西推到极致，你信仰一个神，这时候就有一个所谓的乌托邦。而当你把理性推到一个极端，通过它来产生一个乌托邦，这就是理性的一个极致。

我想不管是个人信仰上帝，还是一个群体推广一种主义，在这个过程中要保留的一个底线就是你可以实现你的梦想，你可以去幻想你有怎么样的乌托邦，但是你不能通过一种暴力的方式来实现它。如果完全通过一个暴力的方式来实现，就会有所谓的十字军东征；如果完全通过暴力的方式来推动所谓的主义，就会有20世纪或者说19世纪开始的血流成河，这都是人类历史上的教训。

凤凰博报：其实我也发现，像我们这代年轻人，尤其是生活在北上广这些大城市的年轻人，都会不由得迷茫无助。对于我们这代人来说，如何去解决自身的焦虑呢？工作压力、生活压力确实让我们觉得担子挺大的。

陈彦：其实这个乔布斯有很好的答案，乔布斯说，你要寻得你的所爱。比如像你们这一代，或者更年轻的青年人，他个人的忧虑和共同的忧虑有多大的重复空间？共同的忧虑是什么？个人的忧虑是什么？比如，你找不到你的所爱，这是一种忧虑，这是个人层面的。你说你找不到房子，这可能就是共同的。

你说我们有感情，有情绪，但没有办法把它宣泄出来，这可能也是一种忧虑。也就是说，哪种忧虑都应该有不同的解救办法。同时，我想也有心灵的问题。心灵的自由就是说，你完全应该有这种自由，如果你要去信佛，为什么不行呢？你要去信基督也可以。你要是什么都不信，但是你觉得活得很舒适，这也是可以的。如果说我们的社会往前走，而我们不清楚是往哪个方向，走的迷茫，这可能就是我们舆论的引导，我们共同的讨论，我们有没有自由发生这样一个条件等，这些可能跟学生的教育都有一定的关系。

熊培云：中国知识分子说话勇气差从前很多

凤凰博报：我们了解到，在法国出现了很多享誉世界的知识分子，他们会通过自己的知识分子身份来影响社会，干预社会，并且推动整个法国社会的进步。我们也发现，现在在中国微博越来越普及，也有很多中国的知识分子通过这样一个平台来发表自己的言论还有对于社会政治的一些评论。那对于这样的现象两位老师怎么看呢？

陈彦：中国的知识分子应该起更大的作用，也有很多知识分子在推动，包括我们的熊老师也是，属于其中很重要的一员。

熊培云：当然需要更多的人参与到所谓的社会改造里头，但是我想有很多人说法国也在讲，包括福柯、萨特那些知识分子，他们也在积极推动社会进步。当然，更往前推一点有左拉在德雷福斯案中的参与。但我想这种所谓的道德资源、智力资源在中国其实也是有很多的。有这样一个传统，就包括中国古人也讲要有士人风骨，有的人说他们屈从于王权，但是好像也并不都是这样的。在古代也有带着棺材上朝的人，他们也敢于直言。今天从整体上来说，我觉得知识分子当然也在参与社会建设、社会改造，但是要说勇气的话，我觉得比左拉那个时代，比中国古代，整体来说是要差很多的。

其实我也不想批判这些事情，就是的确有很多人在过去也许可以很激烈地去反对一些事情，但现在都变得顾虑重重。对于整个社会，就像我开始说的，对于一个国家来说，如果需要一个刹车的，知识分子的言论应该是非常重要的一部分，这当然在成长，但是我想从整体上来说还是不尽如人意的。

凤凰博报：那两位觉得知识分子干预社会这样一种现象，会对推动社会进步有多大的作用呢？

熊培云：这要看你怎么看，就是知识分子表现出来的要真是理性的东西。知识分子我想最重要的还是生产理性，就是能够保持一个旁观者的态度，就像法国有一个思想家原来写过一本书叫《知识分子的背叛》，里头也谈到知识分子在社会参与中需要注意的一个问题，就是你在参与社会的过程中，是不是有可能把你自己的理性丢掉，为了所谓的理想，最后你变得和庸众一样只会喊口号，只会冲锋陷阵，但是最后方向可能完全错了，甚至像我们讲得那样，就是你要过河，但是你最后完全上错了岸。事实上，在法国历史上也不是没有过这样的时期，法国的知识分子也有自己的反思。

陈彦：知识分子问题是非常重要的一个问题，就是说我想知识分子作用非常之大，知识分子是社会的良心，如果知识分子的声音不能得到表达的话，那我们可能会失去良知，只有他们的思考、他们的理性、他们的声音才能使整个社会保持一个比较平衡的状态，保持一个不要发狂的状态。我们无论是因为经济的增长发狂，还是因为经济的衰退发狂，还是因为战争的声音在慢慢走近而发狂，都必须有知识分子，必须听到知识分子的声音。

尤其是，如果这种知识分子的声音是多元的则更是重要，就是我们需要有自由的讨论，我们需要让这些不同的理性声音能够充分表达出来，社会在这些理性的声音中可以选择，他们可以判断，但是这些声音都是必须有的，社会需要，政府需要，国家需要，整个民族更是非常需要，其实中国知识分子的作用也是非常突出的。

我们可以举例，比如1978年，邓小平发起了关于真理标准问题的讨论，认为实践是检验真理的唯一标准。这表明我们突破了理论的禁忌，我们认为这是实践上出现了什么问题，我们能否解决这些问题，这是你的标准，这从哲学上讲可以讨论。这实际上打破了当时的一种思想禁忌。

后来整个20世纪80年代的讨论，实际上到现在为止，包括我们的媒体，我们年轻的一代，都受到当时的影响，就是我们可以走出教条，可以把自己放到一个更大的背景下来思考问题，我们有共产主义这套理论，我们可能也有自由主义这套理论，我们也有保守主义这套理论，这些理论都是人类的财富，我们必须具有，然后在这个基础之上才能够作出我们自己的判断。如果没有整个80年代的讨论，我想我们今天不会是这个样子，包括今天的开放，今天对世界的开放，今天我们在经济等各方面取得的成就，也都是因为有了当时很多讨论的价值观上所达成的共识，才能走到这一步。

包括我们说摸着石头过河，这类话也都是当时提出来的。为什么要摸着石头过河呢？就是原来那套东西不行了，我们才要往前走，但是我们不知道往哪里走，我们就要比较谨慎，但这其实是因为有知识分子的讨论，是因为有全社会比较广泛的参与，我们才能找到，我们其实是有方向、有理论来引导的，然后才走到现在这个地步。然而这里面有很多的问题，走了很多的歧路，走到岔路上去了，所以带来一些问题。我们要是能够持续这样的讨论，就能够避免犯更多的错误。

熊培云：但实际上知识分子的角色也并不都这么光彩，因为比如刚才说到真理标准问题的大讨论，那么在那之前为什么失去了这些讨论？是不是只是权力部门说你们不许讨论，然后我们就形成一个封闭的环境？事实上，在那个社会封闭的过程中，有很多知识分子还是配合了，就说是他们帮着当时的权力部门、掌权者完成了对社会的封闭。

说到这一点，其实还是要探讨清楚知识分子怎么能够保持独立的立场，或者说也包括这个制度，它本身能够确保知识分子、确保言说者能够尽情表达自己的思想，表达自己的想法，否则知识分子就有可能变成一股什么力量呢？他做好事的时候非常好，他有可能做坏事的时候也非常坏，因为你不能够保证在一个恶劣的环境下所有的人都能够仗义执言，更多的人还是会趋利避害，这时候知识分子应有的作用起不到，而且甚至会起反作用。

就是说正常情况下，如果在很恶劣的环境下，他不说话，明哲保身，但至少也没害人；但有时候，如果环境非常恶劣的话，他甚至可能会说假话、谎话，最后把这个社会的灾难带向更深的一个地步，包括当年的所谓浮夸风，类似这样的事情，其实也有很多知识分子参与了造假，那个时候哪看得到什么良心、理智，什么都没有。

熊培云：政府反美言论是说给中国百姓听

凤凰博报：我们再回到中欧关系上，有很多对于国际政治有研究的学者都认为欧盟的强大将会对中国有利，因为这可以分散美国对于中国崛起的过分防范。

陈彦：这里面有一个假设，就是说美国把中国当成敌人，欧洲没有把中国当成敌人，欧洲反而可以平衡，这是一个预设性的东西。

熊培云：还有一个预设，认为美国和欧洲至今有非常大的矛盾。

陈彦：欧洲可以平衡美国的这样一种态势，实际上要是现在从经济上看，比如说，美国和中国分得开吗？这不是你中有我，我中有你嘛，如果美国失去中国这个市场，它的经济也起不来；而如果中国完全失去美国这个市场，我看中国经济肯定就会一落千丈。所以说，这个立论本身就是站不住的。实际上，欧洲的发展对中国当然是有好处的，就像中国的发展对欧洲也是有好处的一样，同时，中国的发展、欧洲的发展对美国都是有好处的。

我们好像经常在官方立场上会听到一句话，就是所谓的冷战思维，我们去反对美国说，你美国冷战思维，老是把我们当成围堵对象，但实际上我们说这个话的时候也是个冷战思维，我们认为现在我们跟美国是对手，那么我们很可能朝这个方向走，那不是自己把自己说的话演变成真实了？我碰到很多美国人，我有很多美国的朋友，我看到像奥巴马他们这些人，好像并没有说一定要把中国当做敌人来处理。

中国会有些问题，美国也可能会有一些问题，这需要两方面通过协商、通过对话来解决，而不是说我把你当成敌人。中国的崛起当然要冲击世界秩序，从地缘政治的角度来讲，这是毫无疑问的。问题在于如何解决这个冲击，如何使这个冲击变得比较平和。这就需要美国能够接受，需要欧洲能够接受，同时需要中国作出努力，作出妥协，作出更多的对话。

这个过程就使得中国慢慢地真正融入世界当中去，既不能说中国要求世界改变世界，然后适应我们中国，中国也要适应世界；同时也不能说美国和欧洲我都看不到这种现象，认为只有把中国堵住，那我们才有自己生存的可能。我没有看到这样一种极端的观点，只是认为如何跟中国打交道，使中国的崛起也变成世界的一个机会。假如我们从这个角度去思考，就不会想到要么就是你，要么就是我，有你无我，有我无你，这样一种心态确实是一种冷战思维。

熊培云：我觉得这个事没有那么复杂，其实中国从来没有真正把美国当过敌人，如果中国把美国当敌人，有那么危险的话，我们的很多官员不会把子女送到美国去，中国反对美国的时候只是外交部发言人会说反对美国，这句话也不是说给美国人听的，而是说给中国的老百姓听的，当然也迎合了一些心理，也平复了一些矛盾，这是第一。

第二，对比美国和欧洲，我感觉欧洲就像欧洲，而美国不像美国，美国更像世界。我说这话是什么意思呢？中国完全没有必要把美国当做敌人，因为它容纳了世界各地的精华，它在那么短的时间内能够成为一个所谓的超级大国，一定是有非常多的理由，包括刚才说的它有非常好的制度，它有来自全世界各地的精英，也包括它能够有一个非常好的自救、自我改良的传统，它在历史上发生过战争，但之后就没有发生过战争，等等。这些都是可以让中国去学习的。

而不是说作为一个所谓的敌人，然后出现预言自我实现这样一个悲剧，就是我把他当敌人，最后他也把我当敌人，然后两国就互相打起来，那是非常糟糕的一个情况。更多的、更好的一个方式还是中国能够和美国一起并肩成长，美国也有美国的问题，中国也有中国的问题，但是如果中国能够从美国身上学到更多的东西，我相信中国在美国身上学到的东西一定比美国在中国身上学到的东西要多，还是开始那句话，因为美国的确容纳了世界各地的精华。

凤凰博报：那两位觉得中欧之间真的就没有利害冲突吗？

熊培云：冲突当然是看一个具体的情况，我看过一部法国的电影叫《饿狼时刻》，要么就叫《暴狼时刻》，是什么意思呢？就是发生了一个非常大的饥荒，然后原来非常文明的法国社区就出现了像霍布斯讲的这样的人对人似狼的一种狼战。我想，如果这个世界经济崩溃了，社会崩溃了，出现特别大的问题的时候，那可能也不光是美国和中国或者欧洲和中国会出现所谓的大众敌对厮杀的场面，我想邻里之间也是一样，所以我们没法去说在一个恶劣的环境下人是处于一个什么样的状态，想得更多的是在一个理性的情况下，大家怎么尽可能地避免那种灾难发生，以及尽可能地让人性中非常好的东西能够推动人类社会朝好的方向发展，我觉得想的更多的是这些，而不是说去预言那种灾难在一种什么极端的情况下发生。

陈彦：有没有利害冲突？有，比如说贸易的不平衡，欧洲总是说我们之间的贸易逆差太大，我买你的东西多，你买我的东西少，所以你是不是应该更加开放你的市场，这类冲突是经常发生的。欧洲也会说，你现在卖给我们的纺织品太多了，我们反倾销等等。这都属于冲突，冲突当然是可以通过谈判解决的，是可以通过各方面的妥协解决的。有没有根本性的冲突？当然是没有的，欧洲跟中国没有什么领土问题，欧洲跟中国当然有一些制度上的不同，但是欧洲从来没有说因为制度不同要跟你打一仗，好像也不存在这样的问题。

熊培云：对，也不存在暴力的倾向。

陈彦：不存在这样的冲突，要说中国和欧洲之间更多的当然是共同的东西，尤其我想，中国和欧洲共同需要面对的问题特别多，这个不是冲突，但有些共同面对的问题，如果不能够协商，不能够对话，不能够有更多的共识，那也可能变成冲突，比如对资源的争夺问题，比如非洲可能会说中国现在没有按照国际一般性规范来，比如说你贷款，有些独裁国家贷款有没有条件，这类问题上也有一定的冲突，但是这些我想都是在过程中可以解决的问题，这是必须共同面对的，比如我们面临的能源危机如何解决，实际上世界就那么多能源。

熊培云：能源危机最好的解决办法是中国和欧洲、美国大家一起在能源濒临危机的时候开发出新能源，我想不出有更好的办法，因为总有一天会用光的。

陈彦：实际上现在就有这个问题，就说我们需要找到新的能源，但是新的能源之前呢？还是要用旧的能源、已经知道的能源，在这些能源上就有你争我夺的问题了。这实际上有一个简单的设想，假如我们因为要能源就跟某一个国家打一仗……

熊培云：那会消耗更多的能源。

陈彦：那就把我们可以共享的能源给消耗掉了，大家都没用上能源。

熊培云：所以有一个成本核算的问题。

记者：民主、乌托邦对当代中国意味着什么

凤凰博报：其实我们今天演播室还来了几位记者，他们也有一些问题想跟两位老师一起探讨一下，接下来的时间让我们来看看他们有哪些问题想问大家。

记者A：我想问陈老师一个问题，这几天在拜读您这本新作，您的标题是《民主与乌托邦》，刚才的发言中您也在某种程度上论述了您定这个题目的一些用意。我在读这本书的时候感觉您可能有三层用意，第一层用意就是民主、乌托邦这两个关键词是近现代欧洲文化的精髓所在；第二层用意就是民主和乌托邦这两者之间存在一种张力，存在某种非常紧密而且充满张力的关系；第三层当然就是这两个关键词和近现代中国有非常紧密的关系。刚才因为您的发言里

面主要是谈到前两层关系，我在这里就想听听，这两个关键词在当代中国语境之下，您觉得应该怎么来定位，或者说您觉得这两个关键词对当代中国意味着什么？

陈彦：其实我觉得刚才你说得非常好。关于三层关系这样一个理解，我刚才也谈到这个问题，如果我们旧有的乌托邦破灭了，或者给我们带来了一些不应该带来的损失、灾难，那么我觉得我们不应该全部抛弃这个乌托邦，还是应该有乌托邦的。只要是人类就免不了有乌托邦，我们不可能说，我们会做一个经济人，我们就像一个动物一样，完全没有任何梦想，没有任何希望，这是不可能的，人必须有这个东西，而且它本来就是人性当中的一环。这样的情况不是说，因为我们某一个乌托邦失败了，那我们就完全放弃所有的乌托邦，乌托邦还是有的，但是这个乌托邦我刚才谈到了不能是强制的，你不可以把你的乌托邦强加于我。既然不是强制的乌托邦，那是什么样的乌托邦呢？其实那就是民主，民主也是一种乌托邦，但是这个乌托邦是可能实现的，而且是一种渐进的乌托邦，也是希望在大家都能够达成共识的前提下，慢慢推进这个乌托邦，从这个意义上讲，从中国的现状来看，要是能够有一个尤其是个体意志能够得到充分展现的这样一种乌托邦，那我想对中国现在还是非常有借鉴意义的。

熊培云：我补充一句，我觉得乌托邦就像爱情一样古老，不会因为某些人离婚然后其他人就不去谈恋爱了，或者说原来有悲剧的话是因为没有自由恋爱，而是通过抢亲等方式去实现所谓的爱情，那在那种环境下当然是非常糟糕的。

记者 B：刚才陈老师讲到乌托邦有一句话叫做鞋子合适不合适只有脚知道，习近平主席访问俄罗斯时，有一个最新的说法叫做鞋子合适不合适只有穿了以后才知道，可能这个意思要比您说的意思更进了一步，因为脚不会说话，有人可能替脚来说不合适，穿了以后脚可以说话，这个意思是什么呢？就说我们没有一个先验的或者替别人去判断的依据，先试，比如说我们曾经宣传宣讲，我们宣布这个不搞，那个不搞，这就是没有穿就替脚做了一个回答。穿上了以后才知道合适不合适，就是说我们可以试，可以闯，可以实践，让实践来回答。

我觉得可能习主席这个最新的说法值得我们在讨论乌托邦这个问题的时候给予关注。

我特别同意刚才两位嘉宾讲到的乌托邦和强制之间的关系，我们以往把一些乌托邦的实现做成一种纲领，然后变成一种强制性的计划，可能我们在 20 世纪也付出了很大的代价。我看陈老师这本书里很多地方涉及这个问题，现在我觉得中国人已经很少去谈那种乌托邦的纲领化或者说怎么计划，怎么实施，我们新的领导人可能更加务实，所以我觉得，在乌托邦乃至意识形态这方面我们可能正在淡化。

我想请教一下陈老师，以您这样一个角度，您在欧洲怎么评价我们十八大和两会以及新一届政府的一些新的大政方针？

陈彦：这个问题其实挺具挑战性的，我最近这一段时间倒没有特别关心整个政策的出台，以我看到的一些情况来看，我还没有看出特别多的新东西的出台，当然有一些比如反腐的行动，有一些清明的举动，这些在我看来还不足以使中国民众现在开始有比较多的乌托邦这样的观念出来。我们也有中国梦，大家现在也很流行讲中国梦，我们领导人也在讲这个梦。这样的梦我们可以赋予它一些什么样的内容，哪些内容是属于我们这个梦里面的？富国强兵，我当然也不完全反对，但是强兵的这个兵需要加个引号，并且仅仅是富国强兵够不够？也就是说，民族的梦我们要做，但是个体的梦我们也需要做，民族的梦不可以代替个体的梦，个体的梦也需要大家能够达成共识。

同时，需要有制度保障个体能够有个体的梦，这样我想才能够走得更远，也才能使得中国可持续发展，能够持续下去。实际上，我还没有看出来现在有没有更多新的东西，可能会有更多的新政策出台，让我们看到能够保障中国的民众有可以实现的这样一种中国梦，尤其相对于欧洲梦来说，中国梦到底跟欧洲梦有什么区别，它的特点是什么，或者个体的梦能不能在这个中国梦里面得到体现，这可能还有待观察吧。

“中国大妈”单挑华尔街

——徐立凡、童大焕解黄金暴跌之谜

嘉宾简介：

徐立凡，《华夏时报》编委、专栏作家、著名评论人。

童大焕，东方早报评论专栏作者、曾任中国青年报《青年话题》主任编辑。著有《俯仰天地间》、《江湖上的中国》、《冰封的火焰》、《中国钥匙》等书。

专题地址：http://blog.ifeng.com/zhuanti/huangjin/

要点

Talk1：我们应该习惯了中国的所有在经济领域的排名，现在是在前三甲之类的，各种各样的习惯。黄金储备排名非常低，就是75%都在欧美国家手里，中国应该比日本还低一些。

Talk2：9·11那天就涨到1850美元，它跌也应该是一个阴跌，是一个正常的跌，但是它不可能是断崖式的下坠，断崖式的下坠一定会被反抽的，就是现在不能通过这个断崖式下坠的曲线就来断定黄金有用没用。

Talk3：黄金不仅是在中国这种不安全感的基因下有价值，你就拿这个东西去美国也有价值，这是肯定的，所以你去买它不会说血本无归，这是一定的，但是你买了它是否就能够——我们现在是有一些比较功利的，比如说中国大妈抄底，你真能抄着那个底，那我就哈哈一乐。

Talk4：它跟着经济景气情况走，经济景气的时候，大家就不太关注黄金；经济不景气的时候黄金是可以保命的，这就值钱了。这应该是主要规律。

徐立凡：中国黄金储备排名为何比日本还低

凤凰博报：有分析指出，在内地的股市长期低迷、楼市长期调控、银行长期不长利息的情况下，中国大妈们的选择余地是越来越少了，从而才会出现这次疯狂抢夺黄金的热潮。那么投资黄金是否存在风险？是否真的可以收获价值呢？在今天的节目中，让我们来听听两位嘉宾的意见。首先向大家介绍一下今天的两位嘉宾，他们是华夏时报编委专栏作家、著名评论员徐立凡老师，欢迎您。著名时评家、作家童大焕老师，欢迎您。

两位老师可不可以先跟我们介绍一下现今世界上黄金储备量的状况呢？

徐立凡：大致是这样的，就全球范围内来讲，现在可流通的黄金大约是6万吨。我为什么一定要说这个数字呢？这个数字和中国大妈所谓的300吨黄金，能否PK掉黄金的做市商和黄金商人们，是有一定关系的。流通是6万吨，大约是这样，只是一个大数，不流通大概有9万吨，基本上就是这样一个情况。流通6万吨说的是大范围流通，包括有时候我们手机也会用到一些黄金的东西，包括黄金饰品、金条等，大致就是这么一个概念，这是总量。

从储备的情况看，美国是绝对的第一，占全球1/4，即将近9000吨在美国手里，这个我们就不展开说了，它是历史的原因造成的，就是二战之后布雷顿森林体系都托管给美国，那个地方不会被打，我们被打怕了，所以交给美国去代管，当然最近德国等国开始要往回拿，这是另一个事件。第二位就是德国。第三位现在应该是IMF，就是国际货币基金组织。作为全球金融秩序的最后一个经管者，也是最后代管人，它手里必须有黄金，因为出了问题都得去找它要钱，当然它会给你签很严苛的协议，所以现在它是第三。那么欧洲央行，现在知道有欧洲债务危机，欧洲央行也在猛涨，以前欧洲是不太重视黄金储备的。中国大约是在10~11位左右，600吨。这个600吨数据至少是官方数据，到目前还没有变。

我们知道最近一段时间中国大量进口，那么（2013年）4月的贸易数据有些人说失真不对，这里头可能未必真有大家想象的这种主观上的失真、作假，不一定是这样。它有可能是两类。一类是热钱。热钱是经常项目进来了，这是一类。还有一类是进口黄金。这两类不属于我们那种常规的贸易数据，这个统计数据就跟相关贸易伙伴的统计数据差距很大，有可能是这样一个原因造成的，所以说这个是动态的。我个人认为现在不止600吨。我们应该习惯了中国的所有在经济领域的排名，现在是在前三甲之类的，各种各样的习惯。但是黄金储备排名非常低，75%都在欧美国家手里，中国应该比日本还低一些，就是在这么一个排区上。

徐立凡：黄金突然暴跌意味美国经济实质复苏

凤凰博报：对于这次黄金的金价下跌的原因，很多人说是国际金融大鳄集体做空的行为，也有人持这种阴谋论，说是美联储打压金价造成的。两位觉得呢？

徐立凡：做空一定是做空的，我是想说，阴谋这个事情我们得两方面看，任何公司的决策都可能是一种阴谋，它一定是秘密开会的，它不可能说大喇叭放着让市场对手什么的都知道，不可能的，它一定是一种比较隐秘的行为，是突击性的行为，从这个角度说它有阴谋的成分，但是我们如果把所有东西都归结为阴谋论，就是挺没意思的一件事情。现在是这样，大致决定这个国际黄金市场的是三票人马。第一票人马就是做黄金期货的，是在美国。美国是一个场内交易，交易所那个交易，很规范的，每周你要公开你的数据，这是一类。第二类就是世界黄金协会。它有基金，就是一种开放式基金、黄金基金，但是世界黄金协会到底是一个什么样的组织，至少我不太清楚，我也不是很专业。

那么关键的、最重要的决定权在谁手里？在伦敦交易市场，伦敦交易市场的场外交易。场外交易就是柜台交易或者咱们俩打电话，我和童大焕打电话，咱们定个价，就某一类黄金比如饰品定个价，它不属于场内交易，是不受监管的，所以只要是要搞一些突然的袭击，不光是黄金市场，其他市场也一样，搞突然袭击一般都是从场外交易开始，因为我和童大焕就可以定了，只要我俩有足够的实力。

凤凰博报：没有人监管是吗？

徐立凡：这个是没有任何监管的，而且不允许监管，欧美的法律体系不允许，因为只要一监管，就会消灭很多错乱性，场外交易有很多错乱性的手段、工具。现在是五大做市商，比如我们知道的摩根大通、高盛，黄金的定价全在这些人手里，就是五大做市商和跟随他们的一大批金商，在他们手里，这是一个现状。这次黄金确实是暴跌，暴跌我刚才说了一定是突然的、袭击性的，就是手法凶狠的，但是这未必是阴谋。这两天非常奇怪地传出来说，美联储可能要做退出的文本了，美联储现在每个月在给美国提供发改部851亿美元的流动性资金，这是支撑美国经济的重要的鸡血，每个月都会打851亿美元的鸡血，它现在要搞退出，这意味着什么呢？至少是要搞退出的文本，不一定是马上实施，但这正意味着美国现在确确实实是好了。其实大家仔细看看美国的这些经济数据，美国经济确确实实跟欧洲不能同日而语，跟日本也不一样，甚至在核心事实上比中国还好，美国是这样一个状态。

我昨天看到就重点联想起来，五大做市商比如高盛这些人是整天研究策略报告的，整天盯着美国、中国的行情，你们这个经济基础到底怎么样，他们肯定比我知道得早，美国实质复苏的情况他们肯定比我们知道得全面。如果是美国经济复苏的话，就不需要打鸡血了，对吧？

那就不需要每个月往里头打851亿美元的鸡血，如果是这样一个情况，那美元就会坚挺起来。我们说盛世收藏，乱世黄金，如果美元坚挺起来，黄金还有什么必要呢？

童大焕：黄金价格即使有阴谋也并非针对中国

徐立凡：我们如果要去换块面包，我拿美金换可能比扛个金条给他更好。所以我个人看法是，这次突然的袭击、做空黄金一定是五大做市商做的，别人没有这个能力，他们突然做空的背后是对于美元的一个基本的认知，他们认为美国经济会好，美元会坚挺起来，那么黄金就没意义了，黄金就是乱的时候才有用的。

凤凰博报：价值是吗？

徐立凡：不，它天然是有货币价值的，但是乱的时候才有升值的空间，你才可以想象得更大一些，所以我觉得这个不是阴谋，这就是一个基本链，对于主要经济体机制面认知的一个市场的行为而已，这是一个。第二个就是说，黄金这么暴跌，我发现现在好多人预期未来会怎么样，是有些混乱的，我们知道这样暴跌一定会报复性反弹，这个暴跌的曲线，这个暴跌走势，它一定会反抽的。因为从黄金上1000美元，就是2001年开始国际金价就上了4位数，我们姑且假设现在本·拉登袭击美国，它确实改变了国际市场很多价格，就是说9·11改变了很多价格。

那么黄金涨了12~13年，大家想一想，它跌就断崖式地跌下去？不可能，真正从长期看它跌也是一个阴跌，涨也不是一天，9·11那天就涨到1850美元，是一个正常的跌，断崖式的下坠一定会被反抽的，就是现在不能通过这个断崖式下坠的曲线就来断定黄金有用没用。我想，黄金有用没用，它首先是和经济周期有关的，如果我们相信一定存在一个经济景气周期的话，那么黄金大致是跟着这个周期走的。

那么影响它的第二个因素是什么呢？就是9·11之类的事件，这样一个突发性的，会让全球政治、经济形势逆转的事件，会导致黄金突然就变得活跃起来。它跟着经济景气情况走，经济景气的时候，大家就不太关注黄金，经济不景气的时候，黄金是可以保命的，这就值钱了。这应该是主要规律。从这个角度来说，现在做任何判断，未来10年、未来20年怎么怎么样，在我看来就是巫师。因为我们经济周期是七八年来一次，七八年由盛而衰，我们其实看20世纪90年代以来的规律，互联网繁荣泡沫崩了，纳斯达克股崩了，房地产泡沫崩了，中国泡沫还没崩。总之，它甚至是五六年会出现一个周期，所以我想，最合适我们判断黄金有用无用的时间以五六年为限比较好。

凤凰博报：童大焕老师？

童大焕：对，我说简洁一点，徐老师介绍的都是背景的知识。我觉得的确是，第一个是黄金的价格，你看的是经济大环境、大趋势。然后如果真有阴谋论的话，它也绝对不是针对你中国，你中国才那么一点点，算什么，是不是？所以，要真正看到一个趋势。还有一个就是说咱们黄金的未来市场，我不认为黄金是一个很好的东西、很好的投资品种，因为未来的世界在我看来，整体的这种大的和平下，黄金比历史上任何时候都要多，这是我的一个基本判断。

凤凰博报：对这个黄金的金价下跌问题，财经专家牛刀老师也在他的博客里写道，他说炒作黄金是21世纪最大的一个笑话，他说300吨这个数字是完全没有办法核实的，而且中国一年的黄金总销量只有830吨，说中国大妈一天就可以买走300吨是荒唐的事情。

徐立凡：我不知道他的判断依据从何而来，但是黄金不可笑，我们判断任何一个行为，特别是这种群体行为，都应该考虑到中国特色。中国人的基因当中，就是习惯于做储备来防止乱的，在我来看这是一种基因，这种心理准备是一种基因，这是中国的投资或者消费行为的一个重要来源。正如中国为什么是高储蓄率，无非是对未来有不安全感嘛，这很可能就是聚焦个人，童大焕说我就是有不安全感，或者我也没有不安全感，但是群体是有一个基因的，这等于是之前日子不太好的时候传下来的构想。从这个角度讲，炒作黄金是不是非常可笑？一点不可笑，有什么可笑的？这就和以前农民家里今年丰收了，赶紧弄点余粮存在那儿，防止明年灾荒一样，这是中国人特有的一种理财思维，对这样的理财思维不要去取笑，以极端的思维去形容一件事情非常可笑，这才是可笑的，这是第一个。

第二个，我们必须看到一个特点，根据目前最新数据，中国的M2就是说现金加定期加活期，简单讲就是可流通的钱，是103万亿。103万亿意味着什么呢？有非常大的通胀压力，就是钱会毛，大家一直都担心钱毛，刚才你也说了，就是它也不生息，这个钱就容易毛，毛怎么办？我们没有一个多好的保值手段，黄金和房子一样，我都不指望靠它发大财，也别说我是投机，至少它能保值对吧，这可笑吗？每个人都应该做一个理性经纪人，都应该会理财。黄金可以保值，第一保命，第二保值，这有何可笑而言？

童大焕：中国人“乱世藏金”观念该改改

凤凰博报：储备它规避未来发生的一些风险？

徐立凡：我们对群体的未来还是有一些不可预期的东西，所以这个对我来说并不可笑，比如说我们中国大妈是否PK掉了伦敦的那些，也包括华尔街，主要是伦敦嘛，伦敦的五大做市商？当然是不可能的，我刚才说了，因为纸黄金还有期指，种种市场，它最后可以撬动很大的市值，我们这个 300 吨黄金即使是真的，因为我现在不知道这个进口数据的真假，但我一开始说了，即使是真的，我们表现出强大的购买力，这个强大的购买力在强大的资本面前也是不堪一击的。

童大焕：我也说两点，一是它那个所谓的 300 吨跟我们一年产销 800 多吨，二者之间没有必然的联系，因为其实黄金生产了以后，大部分是进入流通市场炒作，极少部分是用在我们所谓的挤压上面，真正的使用量是很少的，大部分都是在炒作，所以目前 300 吨这个数据或者是多少应该由市场的统计数据来决定，而不是说我这样根据产量来判断，这是没有依据的。第二是关于这个环境的，我认为今天的中国人还在抱着乱世藏金这么一个观念，这是一个传统的文化习惯，也就是徐老师说的一个基因在起作用，真正的黄金到底能不能保命，我建议从长远看，我们不能够停留在过去，我们不能生活在过去，我们应该生活在未来，我们今天应该换一种思维方式，应该思考未来会发生什么，未来会怎么样。如果还完全停留在过去那种文化习惯、文化传统上，可能会被时代抛弃。

徐立凡：中国大妈抄底黄金让我高度怀疑

凤凰博报：但是您说的这个未来，有学者认为未来全球通胀压力必将增大，黄金肯定会有用武之地的。

徐立凡：这个特别在当前是比较有益的，当下除了中国和美国，以日本为代表的现在都在降息，主要经济体全都降息了，最近韩国也在降，今天是以色列降息，大家的经济差不多都是在降息这么一个背景下。降息之后，钱当然会越发越多，然后就会毛。中国是要赶这趟车，还是盯着美国不赶这趟车，这是一个问题。现在国内也在说，一派说降息，一派说不敢降息，也有两种不同的观点。

我觉得黄金是这样，大焕刚才说的也不是没道理，黄金的物理功能真是很少的，我看它更大价值在于能够起到安定自己的作用，安稳人心，安定自己，然后我有安全感了，我被羽绒衣包裹起来了，确实有这样一个心理作用，但它是不是一点没价值，肯定有，它是天然货币，一定的时候，我们要拿黄金换取一些，它是有交换价值的，这是一定的，这是全球通用的。这就不仅是在中国这种不安全感的基因下有价值，你就拿着这个东西去美国也有价值，这是肯定的，所以你去买它不会说血本无归，这是一定的，但是你买了它是否就能够——我们现在是有一些比较功利的，比如说中国大妈抄底，你真能抄着那个底，那我就哈哈一乐，那是不可能的事情。它是这样的，它有它的基本价值，但是我们是否能够抓住它所谓在不太景气周期时的那种升值空间，我高度怀疑，所以这个地方还是有风险的。

徐立凡：国人搞西方设计的股票没耐心，很业余

凤凰博报：但是有很多人这次买黄金并不是为了投资，而是因为需求才去买的，像我之前买了一个送给我朋友的小孩，有一部分是这样购买黄金的。

徐立凡：黄金饰品的话，可能不是为了高抛低吸，因为就是摆件或者是要自己佩戴这种，基本上一般的情况下不会再流入市场，一般都不会。而从纯粹的投资角度说非常有风险，我就是想告诉大家，大妈们非常有风险，这跟当初大妈们或者大爷们在股票最高峰的时候——6014 点的时候——疯狂买入是一个道理。就是人人都说那是发财机会，我告诉你那一定不是。

凤凰博报：所以您说的这一现象已经有显现，那么在前期长达 3 周的抢金潮中，中国大妈其实真的是买入了很多，但是也有很多被套出的现象，就是说现在多数大妈进入了被套的阶段，最惨的深度高达 28%以上。

徐立凡：这点就特别奇怪，中国的投资者在股市方面是特别精明的，在黄金上也是，所以你看大焕，我刚才为什么说黄金是中国的基因，股票跟东方都没有什么关系，股票完全就是欧美制市场设计的一个东西，所以中国投资者在股票方面表现得极其没有耐心，极其没有智慧，极其愿意投机，极其愿意打探什么小消息，搞的是这一套业余的手法。而黄金可能几千年以来真的是沉淀了，结果中国大妈说现在赔就赔了，多少时间之后还会增长。黄金有一个特点，它很可能让你有机会去解套，这和中国资本市场是部分一样。

有的公司会把你害惨了，然后这个公司也就歇菜了，比如上市公司。黄金我一开始说它是周期的嘛，经济景气是有周期的，熊彼特说创造性破坏嘛，每次就是先你们折腾，折腾了，然后就破坏掉了，破坏掉之后，从这个废墟上接着创造，它是这样一个景气周期，有解套的可能，这样的话，它的风险其实由于我们中国的大妈投资者们，黄金方面确实是价值投资了，所以在我看来反而安全边界比股票要高一些。

童大焕：但是有一点，你不知道它什么时候能解套。所以如果是买黄金，希望哪一天能够变现的时候，那有可能你随时都需要做好90%以上割肉的准备。

徐立凡：9·11和本·拉登支撑金价不正常攀升

凤凰博报：那从长期的发展形势来看，黄金是否还会下跌呢？

徐立凡：我们如果从2001年9月11日开始算，它涨了12年，当然更早一些的话，就是布雷顿森林体系以后，它涨到1000以下，那么2001年开始就几乎一直奔到2000，高的时候要上2000，1850为高点，你看它是涨了12年，所以我的观点就是，真正长期以12年为一个周期的话，它是一个阴跌的过程，除非中间发生这种经济周期或者是不可逆的全球性政治事件，那么它会中断。其实本身2001年以来，黄金上了1000美元，我是按那个算，它本身就是一个不正常的逆转，只不过是向上逆转了，它不值那么多钱，就是它也没有这么乱。它后来为什么直升攀上呢？本·拉登炸了一下，然后方向泡沫破裂，2007年资贷危机出现，2008年金融危机出现，以雷曼兄弟倒闭为标志，10月6日。你看黄金还是有用的嘛，从2008年到现在又5年了，所以黄金是在几个不正常事件的情况下支撑到了一个点，它本身不值那么多钱，我想就从还原它本身价值的情况看，这是一个应接的过程。

凤凰博报：我记得在九几年的时候，买黄金才九十几块钱一克。但是现在长得有点离谱，前段时间去买的时候，是380多块钱一克。

童大焕：但是相对于通胀来说，它还没有涨到通胀水平。还有一个就是说，如果这个黄金跟我们的货币不直接连通，就是部分作为储备货币以后，大家会觉得它跟货币没有什么关系，但这是会逐渐减少的，剩下的就是那几大黄金商不甘心，要借很多的机会重新给它放起来而已，其他人还有多少机会？没有很多机会的。

徐立凡：黄金这个东西真的是涉及每个人对于现实和未来的判断，就是你是乐观的还是悲观的，你是不安稳的还是安稳的，这两种意见哪一派的人多，哪一派的你想拉，哪一派会决定黄金的走势，但是这种走势是一种阶段性走势，我想不会有什么。它现在应该是价格失真，这个大家都承认吧？否则它不会20世纪90年代还卖90多，现在400，不可能这样，它有一个回落的过程，但是这个回落的过程不是以目前这种跳水方式来回落的，跳水就是市场行为了，它不是一个我自己回到发现自我的过程，它就是只要你跳水就要反抽，股票也是一样，所以这还需要很长时间才能看出来。

徐立凡："金本位时代回归"是不可能的

凤凰博报：作为全球储蓄的货币，黄金确实受到很多经济学者的追捧，林毅夫在他的《从西潮到东风》一书中都曾提过用纸黄金来构筑新的全球货币体系。那两位老师觉得这个金本位的时代会回归吗？

徐立凡：不可能，林先生现在讲的这个新结构经济学我还没太懂，但是就我个人来看不可能。第一，全球的黄金挖出来也不够15万吨，15万吨可以成为一个价钱，但是满足不了全球经济的需要，它承担不了货币的功能。先不说你背着黄金不如插个卡方便。第二，目前就是纸黄金市场给你提供一些弹性空间，就是不需要实物黄金作为抵押，然后炒作，但是纸黄金市场现在只有高抛低吸，就和倒爷一样，就目前这个资本市场的发育看，我们知道纸黄金就是一个高抛低吸，如果股票、债券这些都算是一种货币的话，但纸黄金不具备那些功能的，它不会给你发红利的。

它没有债券这些功能，它不给你搞这个东西，但是我们知道中国还买了1万亿美金的债券，这都属于广义的货币，从货币范围看，现在这个经济形态很复杂，需要债券、股票，也需要现金，也需要各种，我实在想不通为什么要买纸黄金。

童大焕：它本身就是一个炒作工具。

徐立凡：从工具到它的种类来说，它离一种货币还很远，我想这没有什么。所谓聪明主义经常就是一些概念，可能林先生也很聪明。我说的意思是实际上要老老实实地去改造人民币，你无他路可走，那都是一些空中楼阁，老老实实地让人民币成为现在缅甸或者周边人民信任的货币。美国人也愿意，问题不在于美元有什么问题、日元有什么问题，我觉得最老实的态度是人民币有什么问题，其实未来的货币形式已经非常非常多，全世界的货币都可以在全世界流通以后，慢慢地比如说你放开我们现在的信用货币，我们的支票不就是跟信用货币差不多嘛，在这种货币量非常大的时候，黄金跟美金相比不可能再成为金本，根本就没有可能。

“中国大爷”做着股票中国梦，更可怜

凤凰博报：有财经评论家称，中国大妈去疯狂扫金，中国的大爷多做股票。两位嘉宾对于中国大爷的这个股票中国梦，有什么好的建议吗？

徐立凡：快点醒来吧，就是这么一个情况。它是这样，非常奇怪的现象现在，我特别喜欢这个话题，为什么呢？因为这两天美股又新高了，又在开始跳高，跳高，往上攀。其实美国经济的基本面仅仅是脆弱复苏，人家就敢新高，现在是扎实复苏，当然继续新高。如果按一些比例，比如说拿美债的价格相比的话，美国股票仍然是便宜的。就是创了新高还是便宜的，我们的情况是我们

的 GDP 好像一直都还不错，但为什么很不像一个晴雨表，而像一个反向晴雨表这个问题其实也很简单，就是我们的资本市场的设计有大问题，它首先是为国有企业融资的，后来为企业融资，因为国有企业改为股份制了，国企改革了，所以为企业融资，这就是我们的出发点，而不是保护中小投资者利益。

而保护中小投资者利益是美国证券会的第一条例，我不是以美国为榜样，我是以美国三大指数为榜样，因为创造条件让老百姓获得更多的财产性收入，这是我们官方的语言表达，到目前为止仅仅是表达而已，实际上大家在资本市场是哀鸿遍野。这第一是因为资本市场没有反映出中国经济的基本面。第二，你确实伤害了投资者利益。所以，我觉得这个我们要改。比如最近万福生科造假出事，发审委不是你批的吗？怎么现在处罚了平原证券之类的发审委呢？我们特别是 IPO 环境上，有很多很多寻租空间，有很多很多寻租漏洞，那么我为了上市找您，最后上市了，我付出的这个腐败成本是要摊到股价上的，所以我们的股票从询价开始就不反映这个公司的真实情况了，它的市盈率就高得过分了。

童大焕：正常的股市应该是老百姓来分享经济增长的红利，是和企业一起分享，而我们现在的股市不是，它是先为企业融资，这是它最大的目的。然后我们还有一个著名的上市公司，世界上最赚钱企业的老总说了一句话，他说我的股东在二级市场赚钱了。我说你好意思说这种话，世界上最赚钱的公司没有给股东分红，然后说从二级市场赚钱，二级市场就是一个赌场嘛，是不是？我赚钱的人肯定是从亏钱的人身上得的嘛，还要缴税，而且还是缴税以后才赚钱，哪有这样不负责任的公司！在这种情况下，中国股市想好没门，根本就没有门。

徐立凡：我觉得相对于中国大妈，中国大爷的风险更高。因为黄金存在基本价值，但是股票，我们设想一下，一个打通一路关口的皮包公司——其实创业板公司中有这样的，就是这个公司未必比我们庞大，但是它就上市了——你要是摊上这么一家，你买它的股票，那就是废纸。

凤凰博报：随时都有崩盘的现象。

徐立凡：是吧？黄金还有基本价值，所以大爷们可能更要担心一些。

童大焕：我不认可茅于轼房地产“破产论”

凤凰博报：谈到养老金的问题，茅于轼老师也说由于房地产泡沫的破裂，很多人投资房地产破产，那房地产的投资是否还有希望呢？有人会因为投资房地产而破产？因为之前在海南有一些房地产人就是这样的，它的价格很高，但是泡沫破裂之后，很多人的房子都已经不值钱了。

徐立凡：我看海南当时开发还真不完全是要干，它就过了，就是我们三个人，我跟他，他比如是有关方，我跟他占大条子，你在那个房间等着，然后我从你这儿一批条子，我反手，这条子可能是花了 5 毛钱你批给我的，反手到那儿就卖 500 块钱，这就不一样。因为现在我们上市市场已经发展这么多年，毕竟是解决了好多人住的问题，你算算那个数据的话可以看出来，人均的面积还是大了很多，比我们小时候还是要大了很多，现在人均二三十平米都是很正常的吧。

这跟以前是不一样的，就是说房地产是有两面，刚才我说它有两个功能，一个是商品功能，商品功能是什么呢？它就是让人住的；但是在中国的现实情况下，它确实有投资功能、金融功能，这个你不能否认。你不能把所有的投资全当投机，这个词其实很不好，投机倒把这个词好像太古老了吧。

童大焕：股市和黄金全是投机。

徐立凡：对，现在叫投资。我就说没有任何一个商品是有原罪的，方便面和商品房是一样的，它是没有原罪的，如果它有原罪，一定是人加上去的。我把钱花在房子上和花在方便面上，一样是纯洁无瑕的，一样是没有道德瑕疵的。那为什么你买方便面随便买，他也不管，但是买房子就会被说成投机？所以，我们调控的有些逻辑至少是有更新的必要。实际上从结果看，是什么样子就不用多说了。茅老（于轼）我很尊敬他，可能他的一个想法是，20 年后的那一代人，爷爷奶奶包括我们这一代人，我们攒了好几套房子给他了，中国的城镇化也就结束了，城镇化率到达一定水平，那个时候房子会降下来。我想那个时候是有可能的，但是我们对于一个行业的判断，假如我说 50 年后的石油是没有意义的，因为 50 年后它没了，中东也快没了，所以这是没有意义的。所以，现在我买房子一是道德不道德，二是安全不安全？在这两个方面，我都可以给出肯定的回答。

凤凰博报：也就是说，现在投资房地产还是有希望、有机会的，是吧？

徐立凡：对，当然，（2013 年）5 月 6 日国务院常务会议刚刚有一个文件，其中关于九项领域的改革有一句很重要的话：建立个人境外投资制度。我们现在为什么流动性都往房子上涌？第一它来钱快。假如说咱们三个人弄个事，那肯定是投资房子了，你要建工厂的话会有很多束缚对吧，工厂招人，你得符合劳动法，等等，所以不如这个来得轻快，这是一个。而更深层的原因是，假如有了一些积蓄之后，你没地方消费，没地方投资，你只能投股市，但股市又这个样子，至少楼市还能有六块砖嘛。

童大焕：那对，从 1998 年咱们城市住宅私有化以来——货币化改革，我把它称为私有化以来——其实也就是我们改革开放以来才稍微有一点财富的积累，但是这么多年过来，人们发现其实真正比较靠谱的还是楼市，黄金也不行，股市更不行，然后土地不让买卖，矿商是国有的，文物也是国有的，你有什么？人民币也不能自由兑换。都不可以，你还有什么？什么都没有。所以，今天的中国人你说幸福也幸福，也就是 60 多年来，很少，很短暂地，甚至 200 年来很短暂地在和平环境下拥有一点财富，可是又很悲哀地没有地方去。

徐立凡：没有钱你也储值不了。这就是刚才我为什么说 5 月 6 日国务院建立境外投资制度至少给了我想象的空间，当然现在这还都没有开始，没有操作细则，没有步骤，当然操作细则的前提肯定是人民币可以自由兑换了，否则的话，你拿人民币怎么计价？你到境外去计价是一个问题，你到美国、到日本很难计价。这些前提准备好之后，我想象以后可能会比现在情况好一些，如果真的顺利实施境外个人投资制度的话会好很多。比如说你可以买一个苹果公司的股票，简单地说哪怕我对美国股票市场一窍不通，我就买那个品牌的或者我就买那种年年分红的。香港地区投资者其实比我们还不懂呢，他现在是谁大方，谁分红，就买谁。汇丰好吧？那就汇丰吧，就这样。如果那个渠道顺利地打开的话可能会好一些，就是比千军万马涌向房地产会好一些。但是我们知道那个渠道是极其漫长的过程，在这些条件都没有开辟之前，在投资通道开辟之前，我觉得房地产还是一个很好的项目。

凤凰博报：现在很多投资的品种，比如说股票、债券、黄金、基金、保险，再就是房地产，哪一项是风险最低、收益最高的呢？

童大焕：就是房地产，而且茅于轼老先生说的什么过去有亏损，我是没看到。要不然就是未来，未来比如说像您刚才说的 20 年以后，那可能是在今天房价的 5 倍甚至 10 倍以后再来跌，那有什么意义吗？我们今天大量的人还是要面对物价和房价的不断上涨。当然，过去比如说有一些旅游地产，还有一些商铺，因为大家一开始不知道旅游地产是怎么回事，听那个开发商忽悠，你这边有一套房子，然后可以长年去那边度假，其实根本就不可能去度假，那个房子的确有些地方是多出来了很多，但在那边是有价无市。

徐立凡：对于商品房我们也确实需要提醒一下，它是分地方的。你想，一线城市，在北京和在一个山区完全是两个概念，财富的聚集效应不一样，导致的房价也不一样，购买力也不一样，北京每年总是有增量的人。我经常举的一个例子就是，比如有 100 个毕业生留下了，哪怕只有一户是家里有能力给他买房子的，他就一定会买，这个增量需求每年都有。而在存量的需求上，还有好多刚需没解决，就是要分一线城市以及二线、三四线，这个要分一下。

凤凰博报：酌情考虑一下，是吧？其实可以投资的项目也是很多的，但是每一个项目都有它存在的风险。在这里我要提醒广大投资者，要理性投资，不要盲目跟从。

中国如何做大国

——华黎明、金灿荣等与北外学子畅谈外交

嘉宾简介：

华黎明，现任中国国际问题研究所特邀研究员、中国联合国协会常务理事。中国前驻伊朗、阿联酋、荷兰大使

金灿荣，现为中国人民大学国际关系学院副院长、教授、外交学专业博士生导师，中国人民大学国究中心学术委员会主任，中国人民大学美国研究中心副主任。

专题地址：http://blog.ifeng.com/zhuanti/daguozhidao/

要点

Talk1：中国政府的自我定位是比较复杂的，经济上的定位还是发展中国家。地缘上的定位是东亚区域大国。还有一个，原来可能不太注意，就是我们还面临台湾问题，这是我们中国政府的主要问题。

Talk2：在当今这样一个西方主导的体系里面，你作为一个异类，这么快速地增长，人家要排斥你，你感到有点难受，我觉得这太正常不过了。

Talk3：现在对我们大国责任建设不太有利的就是世界上的战略精英，特别是美国的战略精英，认定中国是唯一可以取代美国的国家。

Talk4：奥巴马总统送了习主席一个加州红木做的双人椅，两人坐在上面，所以我觉得中国外交成功就是这张照片的成功。这张照片我们一摆，很多想捣乱的国家心里就慌了，它不知道你俩什么关系。

李永辉：将起未起的中国面临哪些变数与挑战

凤凰博报：随着经济全球化的高速发展以及中国改革开放的不断进步，中国的综合国力可以说是逐年攀升，与世界的沟通也越发频繁。世界各国对于中国的态度以及认知也越发不同了。那在今天活动现场，将由我以及我们北京外国语大学的周鑫宇老师带领大家一起来和现场的几位嘉宾进行互动和交流，共同探讨一下我们现在应该如何做大国。

首先，我们先来介绍一下到场的各位嘉宾。他们是前驻伊大使华黎明大使，欢迎您。中国人民大学国际关系学院副院长金灿荣先生，欢迎您。博联社创始人、总裁、国际问题专家、北京外国语大学客座教授马晓霖老师，欢迎您。上海社科院国际关系研究所研究员李开盛老师，欢迎您。北京外国语大学国际关系学院院长李永辉院长，欢迎您。凤凰网核心项目部总监王冲先生，欢迎您。接下来，有请北京外国语大学国际关系学院院长李永辉院长为我们致辞。

李永辉：尊敬的华大使，尊敬的各位嘉宾、各位朋友、各位老师还有同学，大家下午好，非常高兴，也非常荣幸有机会和凤凰网合作，今天共同来举办这样一场活动，我们确实深感荣幸。我们大家知道，凤凰网应该说是一个在国内外都非常知名的网络媒体，长期以来他们非常关注国际问题和中国对外政策的问题，在他们的周围也聚集了一批非常著名的国际问题专家，比如我们的这些老外交官、老大使以及一些有影响的媒体人和博客的写手，有着非常大的影响。我们北京外国语大学是中国一所非常著名的大学，有着外交官摇篮这样一个美誉，长期以来也培养了很多外交官，包括今天在座的我们的华黎明大使，也是我们学校的校友。

我们国际关系学院应该说秉承了学校的这样一个光荣的传统，长期以来在人才培养、学术理论研究以及政策研究方面也形成了自己的特色。特别是我们2010年成立的公共外交研究中心是国内高校第一家同类研究中心，也在国内同类的研究中居于领先的地位。所以今天我想由我们两家来合作，共同举办这样一场对话，会是一个非常好的合作模式，我相信这样一个好的合作模式我们今后还会继续下去，我相信今天初次的合作也一定会非常成功。

我们今天的对话会，这场活动的主题是如何做大国，这是一个很大的题目，是一个很重要的题目。我们大家也都知道，当前国际关系的形势是我们正处在一个国际关系转型的时期，但是这个转型还处在这样一个进程中，可以称作变而未革，虽然是这样一场变革，但是还有很多不确定的因素。对于中国来说，我们是一个正在崛起的大国，但是我们也经常说，现在我们还处在一个将起未起的状态，在这样一个崛起的过程中，我们未来发展的道路还有很多问题，面临很多挑战，甚至还有一些不确定的变数存在。

从国际关系的历史来看，近代以来大国崛起、大国争霸这样一个模式显然已经不能够适应我们当代这样一个新形势，那么从我们中国的传统来看，我们有很多优良的传统，有很多好的元素，这对于中国作为崛起大国未来的对外政策会有很多的警示，可以有很好的帮助。但是我想，同样，所谓的朝贡体系，也就是以中国为核心的这样一种传统的东亚的国际秩序，显然也不具备当代的合法性以及现实的可操作性。所以无论从国际关系、从世界范围来看，还是从中国的历史来看，我们现在所面临的都是一个前所未有的挑战，我们需要去探索一些信号、一些道理，这就是成长为大国之路，以及成长为大国之道。

作为一个研究国际关系的人，我想，我们中国文化里面有句话叫做大有大的难处，做大国很不容易，尤其做一个超级大国或者准超级大国更不容易。其实做大国，我个人的一点想法是，不妨我们从小的问题说起。我由此想到了两个人的话，一个是老子，他的那句话大家都非常熟悉，叫做“治大国若烹小鲜”，是大家耳熟能详的，我们可以把它稍微延伸一下，我们可以说“治大国关系若烹小鲜”，是一个需要非常谨慎小心处理的重大事情。我想到的另外一个人是 19 世纪英国的威灵顿公爵，他曾经有句话叫做“大国无小战”，我想也可以稍微引申一下，进一步地说“大国无小事”，或者“大国外交无小事”。所以，作为一个大国，一个非常重要的素质我觉得就是这种审慎，这种理性的态度和行为的方式，我觉得这可能是中外的哲人、战略家们给我们的一些启示。

我们今天请到了几位资深的外交官、专家、学者和媒体人。他们将就当前我们所面临的重大问题进行一场深入的对话，我相信大家会从他们的对话中获得很多启发和教育，我想这对于我们中国政府部门，对于我们的外交政策来讲，也会具有一些借鉴的意义。我们非常期待下边他们要进行的精彩对话，最后，作为这次活动的合作者和承办方，我想借这个机会代表我们北外的国际关系学院对各位嘉宾的到来，对他们将要呈献的这样一场精彩的对话表示欢迎，也对他们表示衷心的感谢。我也感谢我的同事们以及凤凰网的朋友们为这次活动作出的艰苦努力，也感谢在座所有同学的参与，谢谢大家。

王冲：借出那么多钱的中国为何得不到一句好

凤凰博报：接下来，请凤凰网核心项目总监王冲先生为我们致辞，有请。

王冲：谢谢大家，刚才李老师讲得非常好，其实前几天我一直在想，这个开场白我来说什么呢？我想一般开场白都说这是一个秋高气爽、阳光明媚的日子，可是早上一看，外面雾霾太严重，所以我这句话就可以省略了。其实我特别想说的就是感谢大家，我想在这个周末，可能有的人去购物，有的人逛街，能来到这里参加这么一场思想的盛宴，就说明大家都是爱学习、爱思考的同学，所以我想对大家的到来表示欢迎和感谢。

第二，我想用一种比较轻松的语言介绍一下各位嘉宾，因为有人对各位嘉宾可能比较熟悉，有人可能不熟悉。我想说，第一个，华黎明大使，是荣誉奥斯卡最帅的大使，大家待会儿看看。第二个，金灿荣老师，是说话最大胆的国际关系学者，在电视上听过他讲话的人知道，如果你不知道，待会儿可以听听，他一定会有惊人之语，我们可以记下来，看看有多少。第三个，马晓霖老师，是微博上粉丝最多的，也是长得最帅的国际问题专家。李开盛老师是从上海飞过来的，李开盛老师在国际关系学者里面是对国内国际问题都关注的，你如果上网搜他的一些文章，或者他在凤凰网上的博客，我们给他开的博客，时政问题，他对国内国际都有很深厚的研究与设定。把这几个人请在一起，这个主题就是国际，我们非常希望从中国如何做这个角度来谈一谈。其实在国际关系方面，我们经常听到的就是利益两个字，就是中国跟谁有多少年的经济合作，有多么密切的经济关系，有多少贸易额。但实际上，利益能解决一切吗？大家有没有注意到，前几天美国的 ABC 有一个主持人问一个小孩，如果我们美国人那么多的国债还不起中国怎么办？这个小孩就说，把中国人全杀了。

我们那么多钱借出去了，结果得不来好，这就是说，国与国之间单靠利益是解决不了问题的。那么第二呢，第二层就是责任，从责任的角度来说，对于全球变暖，每个国家都有责任，对于恐怖主义，每个国家都有责任，对于索马里海盗，每个国家都有责任，但是这种责任如何分担？像前些年全球变暖的这些会议，每一次都有微小的进步，然后又有很大的退步，这样进两步退三步，每个人都在说，但是每个人所承担的责任都不够。很多国家都要求中国做负责任的大国，那怎么定义负责任？第三层面就是道义层面或者价值观层面。我们知道美国之所以在全球有超强的地位，第一是它本身的国力，第二就是它有很多同盟，比如说在欧洲周围有同盟，在亚洲也有，在很多地方都有。而同盟的基础就是它有共同的价值观，那么这一块，我们中国有多少盟友？好像巴基斯坦跟我们关系不错，朝鲜也还不错，就是不听我们话。这几个方面我们怎么平衡，哪个更重要？未来在这几个方面，除了国家层面之外，我们个人又能做些什么？这就希望今天下午各位专家能碰撞出一些思想的火花，跟我们大家一起分享。最后，我想特别感谢北京外国语大学及其国际关系学院，特别感谢几位嘉宾还有周鑫宇老师所付出的辛勤努力，再次感谢各位同学以及媒体的朋友到场，谢谢大家。

华黎明：选择的道路不被认可导致中国盟友少

凤凰博报：接下来我也不多说了，就赶快请出我们今天的两位嘉宾，华黎明大使和金灿荣老师。我们今天的话题是如何做大国，可以说这十几年来中国的发展速度非常快，在国际上的影响力也有变化，就是很有影响力，今年我们的对外储备在世界上可以说是在前列的，我们经济也超过了日本，成为第二大经济体。所以中国很多高官都会认为中国现在已经跻身为世界一流大国了。那两位老师觉得现在的中国是真正意义上的大国吗？

华黎明：刚才说到了大国的崛起，我们中国人都很喜欢听大国的崛起，但是我想说的可能大家不是太喜欢，就是中国还不是一个完全意义上的大国，而且崛起可能听起来不是太舒服。大国，中国这 30 多年来的发展在全世界来看确实很快，在中国的历史上甚至在世界的历史上都少有这样的情况。但是，如果我们冷静地想想，我们之所以是大国，无非就是国土面积大，人口多，另外一块，我们的 GDP 是世界第二，我们的外汇储备是世界第一，我们的进出口贸易量是世界第一，如此而已，其他方面可能我们都不是世界第一。

我记得30多年以前邓小平说过，中国要加入世界上发达国家的行列还需要几代人甚至十几代人的努力，中国实际上不是个完全意义上的大国。所谓大国，我们都不要轻易地叫大国，因为在英语里，大国不是big country，是big power，power是什么意思？这里具备了这个power，其实我们在很多方面并不是big power，我们的人均GDP水平较低，我们的污染是全世界最厉害的，我们的国民素质，我们的社会管理等各方面在世界上都属于比较落后的。所以，我们的外交要根据我们自己的能力量力而行，我们可以做的事情我们要争取，我们力所不能及的事情就不要去做。

凤凰博报：金老师您怎么看这个问题？

金灿荣：我们中国政府的自我定位是比较复杂的，中国政府经济上的定位还是发展中国家，刚才大使也提到了。然后政策上的定位就是走社会主义道路，大国里面唯一一个走社会主义道路的。地缘上面的定位是东亚区域大国。还有一个，原来可能不太注意，就是我们还面临台湾问题，这是我们中国政府的主要问题。

我今天想讲这个，就是美国眼里的中国，因为我是研究美国的，我已经去了七次美国，很快要去第八次，我觉得美国认为中国就是第二，而且很快会赶上它，那么这对国际政治的影响比我们中国自己认为的更大，因为美国是唯一超级大国，世界的一把手。那么政治逻辑上我们经常说，比如我们当国内的党委书记，领导说你行，你就行，不行也行。国际政治也一样，美国说你行，你就行，你自己瞎想没用，是不是这个情况？所以，现在中国其实难就难在这儿，就是真知道我们现在还是挺难的，家务事非常多，要好好发展自己。但是现在的情况是，美国以及美国的盟友认定中国就是第二，现在有潜力。我们这个第二跟以前的日本不一样，日本混到第二基本是美国扶植起来的，吃奶的劲拿出来了，要不然死过去了。中国这个劲是小荷才露尖尖角，只要中国人不犯错误，未来10年想不当第一都不行。有的事跟你想不想没有关系，我们恐慌的关键原因有客观形势，毕竟你要承担大国责任，那么要为此做准备。

凤凰博报：有人说，其实历史中的中国在社会上、在世界上也是一个大国，因为东亚地区很多文化都是从中国传出去的，比如像日本和朝鲜都是从中国流入的。然而现在的中国仅仅是在经济上居于世界的前列，在文化方面却远不及以前。

华黎明：中国的文化，我们自己觉得我们有五千年的很深厚的文化基础，自从俄国的十月革命到现在，世界上就是两种社会制度。刚才理论上讲了，为什么美国有那么多盟国，中国却没有那么多盟国呢？原因很多，其中之一就是中国现在所选择的道路，我们所选择的意识形态到目前为止肯定没有被世界上多数国家认可，这就是中国的很大一个不同，我们所选择的价值观并不被世界接受，我本人在欧洲的 3 年时间里深深体会到这一点。就是说他们都很敬仰中国五千年的文化，也对中国 30 多年的经济发展很敬佩，但一提到中国的社会制度、中国的价值观念，多数人，应该说是西方人，还有世界上其他很多国家的人，他们并不认同。所以，世界上盟国盟友很多，美国的盟友，它首先有共同的价值观，提出公众的意识形态，这一点上我们是比较弱的。另外就是，国家与国家的关系很多时候确实不一定是利益能够解释的。

昨天我在跟几个英国的学者讨论的时候，我提了一个问题，就是最近中国在英国投资核电站，我认为这是对双方都有利的事情，对英国也是有好处的事情，为什么英国的舆论对此有负面反应呢？他说这是因为中国的形象问题，就是很多英国人，和其他欧洲人一样，认为中国的形象不是正面的，还是负面的，比如说环境污染问题，比如说劳工的待遇，当然有些话他可能不好意思跟我讲，他可能还认为这与中国的社会有关系。因此我们应该很现实地看待自己。

凤凰博报：确实有很多人说现在的中国其实还不如历史上。

金灿荣：这很正常，历史都是有起有伏的，但历史上像中国这样有复兴历史的很少，西方文明基本上是一锤子买卖，然后没了，找不着了。复兴这个概念它们是没有的，复兴是中国特有的概念，老打不死。我们有春秋时代，那是很辉煌的时代，然后秦汉、隋唐、明初、清初都不错，但是也有混得很惨的时候，所以这是正常的历史。那么中国现在是这样，就是处在一个低潮期，而且还是比较罕见的一个低潮期，就是我们在五百多年前，在欧洲那个地方开始进入一个新的体制的资本主义，然后在资本主义的推动之下产生了工业化，而工业化就导致西方主导天下。今天我们说比较边缘的话，因为这个天下是西方的，你本质上是冲击西方的，你不边缘化，西方人就神经病了，西方人觉得你起来冲击他，然后很高兴，那不神经病是什么？中国起来对西方有一个挑战，他就不高兴，要整你，天经地义，一定要清楚。然后它是有优势的，因为它工业化，大家请记住，我跟学生们经常讲，解释这五百年近代历史的关键词就是这个工业化。因为工业化，我们人类进化到现在，没有工业化我们还在前进。因为工业化，西方脱颖而出，形成了西方主导的天下。

反过来讲，西方没有工业化，跟阿拉伯打，它基本上是输多赢少，10 次运动 9 次都是失败，然后你看阿拉伯稍微出来统一的，萨拉丁，就把西方人打得鬼哭狼嚎。然后奥斯曼、土耳其帝国起来，兵峰直指维也纳，整个巴尔干都给占领了，好多年，好几百年。所以，西方文明原来并不是很出色。但是后来它因祸得福。西方文明本质上是商业文明，我们是农工文化，这是两个本质的东西。然后，商业文明要赚钱吧？那最赚钱的是什么？丝绸之路啊，可是奥斯曼人起来以后丝绸之路没了，它必须搞商业赚钱，但是最赚钱的弄没了，怎么办？地理大发现呗。当时世界是不是圆的其实还是个假设呢，然后有一个人还真发现了美洲，南北美洲跟澳洲。地理大发现以后，它就把人家给占了，人家本来是有印第安人，然后它们法律说那是无主地就占了，占完了以后它人手不够，这个时候它就发展大工业，机器就出来了。它一旦有了坚船利炮和连发火器，就是机关枪，再回过头打欧亚大陆的马上文明，它就厉害了。原来在工业化以前，我们人类是骑兵角色，谁有骑兵谁老大，但是骑兵一旦碰到机关枪，骑兵的使命就结束了，1 万个骑兵面对 100 挺机枪就是一堆肉，军事上是没有意义的。西方人不是真的力量强、会打仗，他是拿着 100 挺机枪来的，他把人家给横扫了，然后就把全世界给占了。实际上他想全面占了，南北美洲、澳洲，非洲好一点的南非也给占了。

那么剩下人太多了，他就给殖民呗，非洲殖民了，一半人都卖出去了，其实有相当多到美国过上了好日子，然后我们中东、南亚、东南亚，大部分都殖民了。中国在近代史中其实算混得不错的，就是我们没完全被殖民。现在的情况是这样，这是我的一个基本观念，就是看待近代史的观念，一个非西方国家起来的关键是什么呢？就是你也要工业化，如果你在工业化的成就上跟它一样，你就可以跟它平起平坐。那么在全世界的非西方国家中，现在谁能够工业化？那就是东亚的儒家文明圈可以工业化，原来是亚洲四小龙对不对，现在是我们中国大陆，我觉得只有中国的崛起才从真正意义上代表亚洲的崛起。中国过去崛起，光是亚洲四小龙，西方也可以这么解释，说它投降了我，跟着我走它富了，跟在你们家后面它是穷光蛋一个，把任何思想都能解释成它的什么。但是中国的崛起确实跟它无关，因为中国是走自己的路，确实走自己的路，中国想学日本还真学不来，我们太大了。我们 14 亿人，14 亿人什么概念大家知道吗？

华黎明：把俄罗斯的欧洲部分，以西全部算给欧洲是 7 个亿，两个欧洲加起来等于一个中国，所以中国还学不了谁，中国学谁谁倒霉，学前苏联，前苏联没了，学南斯拉夫，南斯拉夫没了，学日本，日本惨了，对不对？后来我们学美国，美国经济危机了。学谁谁倒霉，就是你太大了。中国跟一般小国相比，连一个选择都选择不了，比如说新加坡很简单，小国家，谁强跟谁走，抱谁大腿。中国这个不行的，中国就说我投降，我跟美国谈我加入你，我是一州，美国肯定得吓死了，那就把美国变成中国不可分割的一部分了。因为你块头太大，你搭谁的便车，就会把那车给压垮了。这跟我们主观其实没有关系，就是中国毕竟有自己的路。现在的情况就是中国用自己的路走上了工业化，那这对西方的挑战就太大了。所以，在当今这样一个西方主导的体系里面，你作为一个异类，这么快速地增长，人家要排斥你，你感到有点难受，我觉得这太正常不过了。如果他不这么做，他就不是正常人。所以，我们自己现在也放平和一点，就是我们这么大块头，这么快速崛起，然后人家有一种不舒服，这很正常。

凤凰博报：很正常。其实今年可以看到，习近平、李克强也是频频走访。习近平已经走了差不多有五大洲十几个国家。那他这一年走访下来，中国外交形势会有什么样的变化？是不是通过这样的方式来展现一个大国的风范？

华黎明：中国新的领导人开始执政以后，确实有很多新的气象，我们媒体称之为全方位的外交，包括到中国来访的，还有出访的，已经接触了几十个国家的元首。这确实给人一种印象，中国是友善的大国，中国是希望以自己的发展，以自己的富裕，同时也为世界上作出一份贡献。本来这个事我觉得应该是很清楚的，就是占世界 1/5 的人口摆脱了贫困，吃饱饭了，不仅吃饱饭了，而且越来越好过，国内稳定了，这对世界和平是一种关心，对全人类是个贡献。包括西方在内的所有国家应该感谢中华民族，感谢中国对世界的发展、对人类作出的贡献。设想，如果中国没有这 30 几年的发展，中国现在还在贫困中挣扎，国内还在互动，这种情况下，每年可能有几百万甚至超过几百万人要非法移民到国外，这个世界就大不一样了。如果中国还处在贫困的状态下，2008 年世界上遇到那么大的金融危机，我相信没有中国这个坎儿世界过不去，不能跨越这一关。就是因为有了中国，金融危机这一关才能过去，而且世界上所有的发展国家都享受到中国发展和富裕的红利。

但是可能世界上有相当多的人并没有意识到这个，或者西方人不愿意承认这个，客观上当然是这样的。所以，我们要把这个信息尤其传递给我们周围的人，要告诉他们中国的发展有利于世界上所有的国家，尤其有利于我们的邻国，而且中国的复兴的哲学就是这样，只要我们的邻国，只要世界各国都富裕了，都发展起来了，中国本身才能保持自己的稳定和发展。

金灿荣：精英认定唯一可取代美国的是中国

凤凰博报：您说西方人并不认可，或者说不敢承认中国可以成为一个这样有影响的国家。其实我们看到 2013 年 3 月的时候，美国的安全顾问发表了长篇演讲，在中间提到中美关系，她是这样说的，她说她认为美国的战略支柱之一是与中国建立建设性的关系，奥巴马对此也十分重视，因为如果没有中国的参与和协商，如果中美两国不建立广泛而富有长效的建设性关系，那么世界上几乎所有外交和经济或者是安全挑战问题都无法解决。其实这样来看，美国也是认可的。

金灿荣：这个是前国家安全顾问，应该是那位女士吧，很凶的那位女士，老单身，我们见过她，我认为是非常好的，她那个讲话是在华盛顿发布的，事先她的助手把文本都寄过来了。她主要是解释回归亚太不是针对中国。因为大家都知道前几年奥巴马第一任期的一个主要事情就是回归亚太，后来就改成转向，她主要是想减少刺激性。最早她说回归亚太把小国都气得够呛，说你从来没有离开，怎么说回归亚太，把她给骂了一顿。后来欧洲很生气，怎么把我给忘了，我都跟你过 60 年了，想甩我啊，不可能的，所以现在来了。

这个提出来以后，毫无疑问是有一点复杂的影响，比如说跟中国闹事那些国家胆子就壮了，对不对？中国肯定有点不高兴。所以她 2013 年就花了很大的篇幅来解释，就是我回归亚太是建设性的，是参与地区合作的，不是制约中国的。她讲的这个话，其实他们很早就讲了，我刚才讲过，因为美国对中国的看重比中国人对自己的看重要高得多。现在发现对我们大国责任建设不太有利的就是世界上的战略精英，特别是美国的战略精英，认定中国是唯一可以取代美国的国家，所以对中国看得非常重。美国的战略精英是集体地、真诚地认为中国人很行，然后中国的知识精英很奇怪，集体地、真诚地说中国人不行，中国在里面夹着很难受。美国说你行，你得承担这个事，中国人就干起来；老百姓又说你不行，你干嘛承担这个责任？所以，中国是里外两边受气，夹心层。美国是真的很看重中国，然后希望中国成为它能控制的伙伴，或者叫符合美国规范的伙伴。

2012 年美国大选，两党领导人其实都在说，我都是把中国当伙伴，但你必须是符合美国规范的伙伴，都是这么说的，大家潜意识里就是说你现在不是很符合我的规范。当然，还有一个新情况，就是随着中国的快速发展，美国有没有信心塑造中国成为符合它规范的伙伴？它现在还没有把握，这个没有把握就导致了猜疑，这就是中美关系的问题。目前中国的外交内外都有问题。外部是两个问题。一个就是这个，就是世界老大，一把手，它怀疑你，它猜忌你。大家想，你待在一个单位，你们单位党委书记天天整你，你有多难受？这是中国的第一个问题。

第二个问题就是周边有些国家要跟中国闹事。但凡有一些摩擦，都想跟中国闹，因为它们是这么一个逻辑，原来它们同意邓小平那个思维叫搁置争议、共同开发，现在虽然说你发展快，你块头大，搁着搁着不就搁到你们家里去了吗？所以，你将起未起，似强非强，趁着美国老大过来我给你弄了。这是中国现在外交中的两个问题，一个美国，一个周边。

我们外交内部也有两个问题。一个就是说我们国内民意压力上来了。改革开放 30 多年，中国政治方面的变化是什么呢？就是国家与社会选择变了，原来是强国压迫社会，现在国家仍然强，但是社会也比较强了，所以任何公共政策都要批准，包括外交政策，这是第一个，我们还不适应。第二个就是部门第一，利益集团趁机出来了，这个利益集团以改革的名字捞自己的好处。这个时候企业就比以前难了，这是内部的情况。

那么就外部讲，你知道亚洲问题，一个美国，一个周边，但是周边跟美国又有点相互影响。所以怎么说呢，今年我们新班子上来，我觉得其实是集中处理这两个问题。实际上，6~7 月集中处理中美关系问题，8 月好像停了一下，然后 9~10 月集中处理周边。前天有个周边工作会议结束，可以想象以后周边外交在我们整个外交当中地位挺高的，可能会有一些比较大的收益出来。

华黎明：中美新型大国关系就是老大老二的关系

凤凰博报：其实新领导班子上台之后，提出了一个新概念叫做新型大国关系，我们也看到，他们在走访的时候跟很多国家都强调了新型大国关系这个概念。之前我们采访了卡特中心的专家，如果中国和所有国家都搞新型大国关系的话，就我们跟所有国家都搞新型大国关系，那两位老师怎么定义这样的新型大国关系？

华黎明：新型大国关系主要指的是中国关系，因为刚才金老师已经讲了，美国已经认定中国是老二，那么老大和老二之间总归会有问题，就是将来老二要取代老大。而现实中从罗马帝国到现在，世界的历史都是这样，都是用战争的方式，最后老大和老二有一拼，然后以一个战败或者一个崩溃为代价，另外一个成为世界霸权。所以，我认为新型大国关系是一个很好的理想，美国人也说，我们中国人说得更多，新型大国关系能不能从中美关系这个地方，不要像过去那样，总是一个大国取代另一个大国，而且以战争的方式，就是以另一个大国崩溃的方式来接受这个历史。这要看中国人和美国人或者全社会有没有这个智慧来打破这个恶性循环。但是实际上从美国来看，刚才金老师已经讲了美国认定中国是老二，其实这里面我觉得还有一个，美国人很看重中国，但是美国人还有一个忧患意识，美国这个国家，这个民族，是愿意把自己的问题放在屋顶上高声喊叫的这么一个民族，就是在西点军校里头可以把美国所有战败的例子都拿出来天天讨论的这么一个国家，所以它宁可把自己面临的问题说得更重。我们拿地铁一号线打个比喻，美国人已经到了，而我们还在西单，但是他一口咬定你已经到了八宝山，实际上我们没有到。所以为什么中国人的认知和美国人的认知不一样，这可能是美国宣传的需要。另外，美国人居安思危，这其实是美国人的一大优点。

金灿荣：新型大国也是一样，肯定是属于习李政府的一个外交平台。所以，我们政府会推进一段时间，但是最后能不能建成，取决于两边的实践。这具体是 2012 年 2 月习主席以副主席身份访问的时候提出的，然后 2012 年 5 月在北京开战略与经济对话时胡出席就说了，它应该是两代领导人的共识。提出来以后，美国曾经是比较犹豫的，刚才华大使讲了一点，就是美国其实也有愿望摆脱守成大国与新兴大国必须有一战的这么一个历史悲剧，奥巴马曾经讲过很多次，希拉里·克林顿国务卿也讲过很多次，这是双方共同的意愿。

但这一次被中国抢了个先，所以美国曾经有一段时间挺不高兴的，美国人喜欢这样，就是我提口号你来学习，你提我学习就难受，因为他很长时间很暧昧，他不否认。但是2012年9月5日、6日在圣彼得堡开20国集团峰会，奥巴马总统第一次全面地、正式地、积极地回应了这个新型大国关系问题，所以我估计这是以后我们要推进的东西。

当然，新型大国关系现在分成两类，一类是专门针对中美的，具体解决老大老二很难处的这么一个关系。但是现在也有第二种定义就是，以后可能变成处理中国与其他大国的关系，主要是强调双赢，不要零和反应，主要强调这个。

稍微总结一下就是，我们新班子的外交应该这么看，就是说从党内的程序来讲，2012年11月十八大我们党内的交接班就结束了，但是从政府角度来讲是两次才结束，这个班子在宪法意义上是从3月15日结束。那7个月就外交来讲，它的特点是改革很积极，投入非常多，目标非常高，很积极。大战略还是和以前一样，还是强调和平发展，就是中国是发展中国家。战术层面，这7个月确实有新的风格、新的特点。其中一个风格就是以前的外交相对被动一点，哪有问题我就管哪，有点像救火队员，挺累的，有一点被动。

但这个班子好像很自信，以我为主，然后很有主动性。中国外交我刚才讲了，有两个问题，一个美国，一个周边，他们原来的反应是先去处理这两个，但我们新班子先跑俄罗斯、非洲，然后在非洲搞了一个新型大国关系会。

金灿荣：习奥会的一张照片令想捣乱的国家心慌

凤凰博报：您是说先去跟美国关系不好的那些国家访问？

金灿荣：倒不是不好，因为有很多关系非常好，我们到印度和德国，德国很好啊，尽管这两年吵架，但总体来讲很好。包括去了拉美，李源潮副主席去了，习近平主席自己去了，我把它总结叫先外围后内线，先巩固友谊，再处理问题。美国一把手在家里等着你，结果等半天没来，一看外面人声嘈杂，中国人在外面摆酒席了，20 桌，摆完了他有点失落感，这个时候摆放他效果就比较好。

在这两个矛盾中，先处理和美国的，然后再处理周边的。我记得在安纳伯格庄园，奥巴马总统送了习主席一个加州红木做的双人椅，两人坐在上面，所以我觉得中国外交成功就是这张照片的成功，这张照片我们一摆，很多想捣乱的国家心里就慌了，他不知道你俩什么关系。分开讲，中国原来是普通党员，现在被破格提拔为书记，书记、副书记关系不好应该打仗，但是挺好，一块儿喝茅台，这个时候所有的人都晕了。但是就有第三国的外交官找我说，你们是不是搞接触技术？当然，我是按照官方的，他们不搞技术，越说他越不信。你看这个时候效果就达到了。第二就是全方位。全方位有两个含义，其中一个是内容要全方位。以前我们谈外交一般谈大国关系、周边关系、经济、安全，现在有一个特点就是谈全球治理，就是中国看样子准备承担大国责任。

此外就是中国外交有个底线原则，现在你看习主席、李总理讲了和平发展，坚持走和平发展道路绝不意味着牺牲核心利益，我们中国其实有底线原则，之前我们不说，现在我们就大声说了。所以说，外交的一个特点就是个人风格，现在领导人讲话喜欢开个玩笑，讲一点大白话，李总理我看有时候讲两句英文，李总理有家教。当然，第一夫人外交也比较出彩。所以，这是国际媒体现在都承认的，就是战术层面有很多新的特点。总体来讲就是，外界媒体觉得中国现在这个班子的外交特别强势。

华黎明：新一届领导班子确实有新的感觉，当然，我同意金教授刚才讲的，就是这实际是战术上的，战略上其实并没有大的变化，有些事情我们之所以可以做，也是中国的国力到了这个份上才能做这个事情。如果日本人不购岛，我们怎么会派船到那儿去宣示我的主权？不可能，因为过去大家都有一个共识，现在既然你占了岛，机会来了，而且现在中国有了这个实力，30 年以前中国做不到，现在可以派海监船去，可以派飞机去，在那里宣示我的主权。

在南海也是这样，我们经常听到有很多人抱怨我们怎么丢了这么多岛。大家想想过去30年前、40年前，人家占着岛，我们没有能力去把这个岛占过来，我们也没有这个能力去南海开采石油，因为我们没有这个钻井平台，没有这个技术，也没有这个能力。我们想同西方石油公司一起去开采，但西方石油公司宁肯跟菲律宾也不愿意跟中国合作。而现在中国有了这个技术，而且中国有了海军的力量，我们才能去南海宣示主权，中国才有了这个本钱来做这些事情，我想这是中国国力能够做到的事情，我们一定不会失去机会去做这个事情，但是绝不做与我们自己国力不相称的事情。

凤凰博报：其实中国现在面临这样一个状况，他们提出要中国做一个负责任的大国。那两位老师怎么理解他们所说的这个负责任呢？

金灿荣：中国认为我们一直是负责任的。中国的第一个负责任就是把14亿人肚子喂饱，然后生活要过好，这应该讲取得了相当大的成果。可能算下，过去中国30年6亿人脱贫，他的标准是现在一天1.75元，全世界如果把中国脱贫拿掉是负1亿的，所以现在有个奇怪的现象就是说，我们中国说我们不要世界银行贷款了，世界银行说不行，你必须得贷，为什么？这跟它的政绩有关，因为世行有扶贫的责任，如果中国不是它的顾客，不是它贷款的对象，它整个30年的成绩是负数的，中国一加进去，正面成绩很好，一走不行了，所以这是很有意思的。我觉得，中国首先对中国人民负责，对中国人民负责还是发展，发展这方面成就是可以的，至于说别的方面的权利，当然我们还要再争取。

中国第二部分的责任就是国际责任，国际责任我觉得中国在维持地区稳定方面做了很多的工作。这么跟大家讲吧，从1972年开始到现在，我们亚洲地区没有大的战争，1972年以前，无论美国的联盟体系多么强大，若中国发火，那还真就打起来了。

我（2013年）10月2日到6日在美国开会，观察美国怎么放假，美国人不是被迫放无薪假吗？全国性郁闷，我们其实就谈了这个问题，就谈了中美关系，中国跟美国的基本关系，就是中美关系的战略价值要大于日美关系，日美联盟再怎么强大，如果把中国得罪了，这个地方是有战争的，朝鲜战争、越南战争都是正面的战争。但如果中美关系好了，这个地方根本就不会有战争，所以二者价值是完全不一样的。中国这几十年来，坦率来讲地方问题非常重要，我们的国内问题，台湾岛、台湾海峡问题以及南海、东海、朝鲜，其实这些地方的和平一直维持得挺好。欧洲人老想教育我们亚洲人，说我这个地区建设搞得好，跟欧洲不能比，但是它的科索沃、波黑打得一塌糊涂。

经济学学得好不一定会赚钱，体制搞得好不一定能解决问题，这个地方的安全问题其实解决得很好，这里面中国是有贡献的，这是对亚洲多大的贡献！亚洲地区占世界一半人口。其他的就是国际组织，比如说我们对联合国的贡献，对国际体系的贡献，维和，中国是五大常任理事国里面派维和士兵最多的。所以你换个角度，因为现在全世界都有一个毛病，都是被美国佬洗脑了，洗脑以后呢，美国有时候也不太现实，明明这个事情在他眼前，他自己可以看到，他说不行，他一定要跑到老远，拿美国望远镜看一眼，这神经病，这在学术上叫什么？后殖民主义，殖民地结束了，他还怀念生活在那个时代，这就叫后殖民主义。发展中国家的知识分子这个情况特别严重。按我的逻辑看，我们中国用40年生活水平好了，这说明我们负责任。然后，我们维持了亚洲地区40年的和平，还有其他的。所以换一个角度，我当然觉得我们是负责任的大国。美国那个角度不一样，美国就觉得你在发展中国家表现得不错，但是还不能完全满足我的要求。

凤凰博报：其实还是不符合他的要求。

金灿荣：不是完全符合，美国对中国的行为是满意的，我是老跑美国的，美国其实对中国心里还挺喜欢的，可是呢，他老是这么跟我说，你不能老跟第三世界国家比，你是中国啊，他说跟伊拉克，弄个维权，恢复秩序就可以了，你们中国不能满足这个，治理标准要更高，他是这么说的。总之他对我们就是有要求，这个要求是我们满足不了的。

总体来讲，换一个角度，我们就是一个负责任的大国。但是下面，我用这一段话做结束，中国是一个伟大的国家，从毛主席到小平，到江主席，都有这个意识，我们中国要做更大的贡献，所以，站到高标准、严要求，为世界的治理、全球治理做更大贡献这个角度来看，以后中国可以做得更多。

华黎明：负责任的大国我还想补充一点，就是美国要求我们做负责任的大国，跟中国的概念好像不太一样。美国是要中国向美国的政策负责，而中国是向世界和平负责，比如说美国打伊拉克战争是负责任大国吗？不负责任，它打了8年，拍屁股走了，烂摊子留给伊拉克人。搞叙利亚，打利比亚，这都是负责任大国吗？所以，中国人就是在这些问题上，比如伊朗的核问题也是这样，美国人老是经常跟我说，涉及核扩散的问题，中国要像个负责任的大国，但是负责任的大国就可以轻易制裁别人吗？就可以轻易动武吗？这是负责任的大国吗？所以，中国是对世界和平负责，我觉得这个概念要经常跟美国人说清楚。

金灿荣：我相信10年后的中日关系会变好

凤凰博报：谢谢两位的分享，今天现场也来了一些同学，我相信现场同学应该也有自己的一些问题，如果有的话可以举手示意我，有人想第一个发问吗？

北外学生：金老师你好，我是来自北京外国语大学国际关系学院的学生，您刚才强调中国要呈现负责任大国的形象，我的问题是，自从今年（2013年）上半年以来，美国利用南亚几个小国创立了TPP这个组织，就是所谓的环太平洋经济自贸区，在亚太地区大力推进，日本最近也加入了TPP的谈判。而美国在TPP谈判中没有邀请中国。您如何看待TPP对于中国履行负责任大国义务的影响？TPP在美国亚太再平衡战略中起什么样的作用？谢谢。

金灿荣：是这样，TPP首先是个经济的议题，而且它的提出还有个伙伴，就是在大西洋那边，欧洲方向那个，TTIP，那边叫大西洋自由贸易区，我们这边叫环太平洋战略经济伙伴关系，这两个是同时规定的，主要的动机是改进贸易规则。TTIP和TTP主要是加强服务贸易的自由化，它的大背景应该是这样，就是原来美国有一套世界规则，主要是由WTO来代表，结果中国加入了，加入了以后玩得比美国好，这时候美国伤心了，伤自尊了，我制定的规则，你比我还玩得好，这个时候它也不好意思推翻WTO对吧，怎么办呢？它就搞出一套新标准，比WTO高，这就是TTP和TTIP。所以这首先是经济竞争的产物，但是特别着重于服务贸易，这是美国的形象，它的商品已经不行了，它服务贸易比较强，它推出服务贸易的新规则，这样能够把中国框在里面。

所以，这首先是个经济上的问题。第二，TPP确实也是美国回归亚太政策的一部分，回归亚太在军事上有60%军力过来，有政治上的加强同盟关系、建立新伙伴，有经济上的TPP。那么TPP到底会搞成什么样呢？谁都不知道。美国现在很热心，但是具体行动都不知道，本来APEC会议，奥巴马不仅开个会，还要跟这些国家谈TPP。比如，我知道马来西亚为了迎接奥巴马在吉隆坡还专门修了第二条跑道，结果最后一刻人家不来了，马来西亚伤心得不得了。所以，TTP也就往后推了。

另外就是这些参加国实际都是有条件的，比如，越南就提出8年之内不执行任何TPP协议；日本有六大类是不谈的，你再看这六大类都是实质性的。我的美国朋友告诉我，这里面最顽固的就是提出TPP的新加坡，新加坡蔫坏蔫坏的，比日本还坏，因为日本还说出来六个我不谈，新加坡就搞不清楚，它就跟你拖，也不说行，也不说不行。所以我自己觉得TPP这个事大家淡然去看，不会让它那么快搞成，而且搞成以后也是跟美国所设想的不一样的，所以中国不要怕。

大家可以这么想，中国总比越南强吧，它能进去我们怎么不能进去，对不对？事实上还有另外一个角度，就中国政府现在看，中国政府还真的愿意按照TPP的标准来提升我们的经济，具体的标准是在上海搞了个自贸区，就是为了进入TPP。从某种意义上讲，虽然我们在TPP以外，但实际上中国非常认真地在做这个事情，真有行动。那么中国现在非常认真地推TPP，主要的原因是什么？从国内发展的角度看，我们现在真想通过进一步开放来促进下一步改革，中国现在改革很困难。所以，我个人觉得，我们搞自贸区名义上就是为了达到TTP的标准，但实际上我们内心有个期待，用进一步的开放来促进下一步的改革。

北外学生：为何整个世界好像都在孤立中国

北外学生：两位老师好，我是北京外国语大学计算机系的学生，老师您刚才说到世界不能缺少中国，但是我们现在来看，比如说我们周边的朋友，还有一直以来跟咱们中国关系不算太近的一些国家，它们好像是渐行渐远，我们花费了很多，投入很多资金、很多人力来构建我们的文化关系，但现在随着日本的介入，受到了一定程度的削弱。我们应该知道世界不能缺少中国，但是为什么整个世界好像都在孤立中国？请问两位老师对这个问题有何看法，出路在何方？

华黎明：中国跟亚洲周边的国家和非洲国家的关系还没有像你叙述得那么差，实际上我在外交部工作了将近 40 年，我觉得现在中国同周边国家的关系，尤其跟非洲国家的关系远比十几年前要好得多，而且这种关系已经在超越原来政治上的那种关系。邻国比如说同日本，同南亚、东南亚这些国家，有一个领土纠纷的问题，但是在经济上，日本对中国的依赖是很深的，对中国这个市场的依赖是很深的。南亚最近开始了东盟与中国（10+1）会议，为什么东盟国家跟中国发展经贸关系会这么热？

因为这个经济体太大了，它们要发展经济就离不开中国，确实是这样，尤其是经过 1998 年的亚洲金融危机以后，东南亚这些个国家心里明白，在经济上、金融上都是靠不上的，中国只有到了危难的时候，而且中国整个西南部分在交通、金融等各方面都是从东南亚打通的，这是一个密不可分的事情。中国同非洲国家的关系表面上看好像没有像过去革命年代那种火热的场面，但是现在中国在非洲这个市场上所拥有的地位是世界上没有一个国家可以比的。所以，我对中国同非洲和周围国家的关系还是很乐观的。

金灿荣：就中国外部环境我补充一点，其实还是不错的，我同意大使的判断，现在网络上把问题给夸大了，比如说我们中国和拉美关系相当好，我们成了巴西的第一大贸易口岸。我去年跑了两趟巴西，都是对方邀请的，工业联合会等等，而且都是公务舱，花很多钱，来回一趟 6 万块钱，他舍得花钱请你去就是跟你交流有价值，非常简单的道理。再如墨西哥、哥斯达黎加，总之现在中拉关系相当好，我觉得可能是历史上最好的。过去我们弱小，人家跟我们都不建交，现在从政治上、能力上讲，我们一声令下，拉美的五个跟台湾地区建交的国家都跑到我们这儿来了，现在都跟我们说要建交，我们北京照顾面子，现在让他们暂时冷静点。中国和欧洲关系也不错，中国、德国很好。德国大使请我吃饭，我们俩谈了两个多钟头，谈得非常愉快。再比如中俄关系，至少官方关系非常好，达到冷战结束以来最好的局面。然后中亚四个国家现在不是挺好嘛，并没什么大问题。我觉得我们自己年轻人要注意一下，主要是我们心态变了，心理承受能力不行了。

新中国成立初期，还有20世纪60年代，那时是很难的，中印战争，中苏战争，那真叫难，现在等于是和平已久，人娇气了，知道吧？娇气以后，手上一滴血都觉得把自己感动得不行，要死过去了。战争年代，肠子出来，塞一塞继续打。现在你脆弱啊，所以看到问题你就夸大了，事实上我们现在的外交，总体外部形势肯定不是最难的，可以说比以前复杂了，但是说我们外交很糟糕是不对的。因为我主要是研究美国，所以我看美国的反应，美国还是世界老大，他现在对中国外交的进展是有点紧张，这个紧张的表情就证明了中国外交的成绩嘛。

如何树立大国形象

——马晓霖、李开盛、周鑫宇谈国家形象与国际道义

嘉宾简介：

马晓霖，中东问题专家，博联社总裁。曾任新华社国际部国际观察编辑室主任，新华社世界问题研究中心研究员，《环球》杂志总编辑，大旗网总裁等。著有《巴以生死日记》、《穿越生死线》、《两河生死劫》等。

李开盛，法学博士（国际关系专业），湘潭大学哲学与历史文化学院副教授。

周鑫宇，北京外国语大学公共外交研究中心主任助理。国际问题学者、政治学博士、自由撰稿人。

专题地址：http://blog.ifeng.com/zhuanti/daguoxingxiang/

要点

Talk1：中国作为负责任的大国，是对世界格局负责，不是对美国负责。所以，比如在叙利亚这个问题上，中国如何做负责任的大国，实际上美国和中国的看法不一样。

Talk2：比如我们现在讲核心利益，坦白地讲，这个词我觉得提得太多了，给人一种侵犯的感觉，这就是我们的，你要来抢我的话我就要跟你拼命。

Talk3：我觉得日本之所以国际形象在中国，甚至还在美国之前，可能在于世界上很多国家在跟日本的交往中得到了很多好处，所以留下了比较和平的印象。

Talk4：我们生活的这个世界从工业革命到现在，维持这个世界的是西方人的思想，很多道义观念也是西方人的话语权，我觉得一方面要加以利用，另一方面不能盲目地跟着它走。

李开盛：总提核心利益容易制造国际冲突

周鑫宇：欢迎大家来参加我们的北京外国语大学和凤凰网一起合作举办的中国外交论坛，这也是我们凤凰网的名牌栏目《纵议院》走进北京外国语大学。我是周鑫宇，也是国际关系学院老师，我来主持下面的活动。我们这边有一位刚才已经介绍过了，马晓霖先生，他是我们的杰出校友，而且是男校友，两位可能不知道，现在学校里男生是越来越少了。另外一位是李开盛老师，是网络大V，而且是提供正能量。

现在我们来到一个学者级的论坛，现在北外在讨论要搞苏格拉底式提问，就是我不断地追问你。但是苏格拉底的学生柏拉图也是个男生，这个对话既然是苏格拉底式的，我们就抽象来说利益、责任、道义。刚才前面的嘉宾谈利益和责任谈了很多，但是反过来从道义上来说，因为马基雅维利很早就说过，他说政治上的道德和普通的道德是不一样的，这造成我们在政治之中有一种去道德化的趋势。就是对于政治，每个国家可以不讲我们普通人那种道德。那道义这个东西到底在国际关系中是有的吗？如果有的话，什么是国家的道义呢？请两位回答。

马晓霖：我觉得国际政治最重要的体现，比方说一个共同价值观，咱们现在很忌讳说普世价值观，我个人一直主张普世价值观。普世价值观真是放之四海而皆准。其实不同国家、不同文化对普世的理解也不一样。比方说我自己提出爱国主义，我认为就是一个普世价值观。狗都爱家，没有人不爱家的。如果哪个人说我不爱我的国家，那我觉得全世界 70 亿人民中可能站起来连的 99.99%的零点都不到。我觉得这是有道理的，在国际治理体系中它体现了国际法，国际法里面这些战争法也好，比方说咱们的华大使说的维也纳外交公约也好，这也是有道理的。

国家也好，你要有一个底线，有边界。不管是你为了自己的民族，为了你的命运共同体，还是为了你国家的利益，或者是为了世界的利益。所以，咱们过去讲师出有名，现在也是。只不过在我们遵守这个道德的时候，往往会出现双重标准，而双重标准我认为任何人都不能免除，任何国家都面临这个困局。

李开盛：其实我觉得今天我们探讨这个话题，应该说就反映了国际社会或我们自己被这种国际道德造成的一种焦虑，一种追求。因为现在确实有一些批评的声音说中国你不能够只听自己的核心利益。我觉得从这种焦虑、从国际社会的普遍反映来看，这是有道理的。其实我非常赞同马老师的意见，现在关键的问题不是有没有道德，而是怎么样去界定这个道德。在我们中国看来，这个道德可能更——比如说刚才马老师提到——更要符合国际法，我觉得这当然是毫无疑问的。比如我们现在讲核心利益，坦白地讲，核心利益这个词我觉得提得太多了。我觉得我们中央现在有一个很好的提法，但是没有把它提到一个更高的位置，就是正当利益。其实我觉得这个词含义更丰富，而且正好可以把今天这几个题目——利益、道义和责任做一个很好的平衡。可惜这个词没有得到很好的重视。应该说核心利益就给人一种侵犯的感觉，这就是我们的，你要来抢我的话我就要跟你拼命，所以它老是给人一种比较冲突的感觉。

但是正当利益这个词就不太一样。比如我们按国际规范、国际标准去套的话，在南海问题上，我们谈主权，我觉得有点为中国抱屈。小国说南海是我的，他是在伸张他的权益，那如果中国说南海是我的，好像就说中国是不是在搞侵略，从这点来讲我是为中国抱屈的。但是我觉得如果我们把正当利益这个概念给用足，只要我觉得利益是符合国际规范的，主权是国际法所认同的，那么这个利益应该大大地去诉求，去伸张。

现在，可能国际社会确实有一种普遍的趋势，就是对道义的界定对我们有一个挑战。现在说来，在以国际法上的国家这个层次来作为道义标准之外，谈民主人权更多是从个人的角度来谈。这个国家、这个政府保不保护民权，促不促进民主，这对我们中国来讲可能就是一个很大的困扰。所以，这里面有一个话语权的争夺。到底是以国家标准去界定这种利益的正当性还是以人的标准——或者是个人的标准，或者说人类的标准——来界定这种利益的正当性，这里面有一个斗争。这对中国来讲也是一个考验。

马晓霖：不承认中国主导亚洲格局的人都是精神病

周鑫宇：现在问题就是，假设就以海岛争议来看，它是我们的核心国家利益，我们都说领土神圣不可侵犯。另外还有别的，比如说我们去做生意的时候，我们的国家利益，比如说我们公司的利益，我们能源的安全，这都是利的一方面。那么在益这方面，在道德这方面又要做多得人心、暖人心之事，增加亲和力、号召力、感召力。这中间有矛盾吗？应该怎么去处理？

马晓霖：我觉得也不矛盾，主权肯定是每个国家都要维护的。

周鑫宇：我们觉得主权要维护，别的国家也会觉得主权要维护，这个冲突怎么解决？你想跟我一对一谈判，你不跟我多边谈，你大国想以大欺小，这就上升到道义层面。美国就会说航行自由，呼吁中国要承担责任，这个怎么理解？

马晓霖：主权首先牵扯面子问题，说到底还有情感问题，特别是被殖民国家侵略过、占领过的国家，对主权维护特别敏感。像有些国家，比方说过去像荷兰这种靠贸易立国的国家，它这里没有国王，那宁可请西班牙国王，请英国国王来给自己当国王。只要你保护我挣钱，没关系。甚至比方说刚才西班牙跟荷兰开战的时候，荷兰竟然还可以贷款给西班牙，这让我觉得现在特别想笑，因为在他们眼里钱最重要，钱是爷爷，主权不重要，我们俩虽然交战，你拿我的钱只要给我付利息就 OK。

但我觉得确实从现在来讲还有一个例子，说的是领土也好，领海也好，不就是海岸国土面积还有大陆架，还有水里的这种资源嘛。实际上像这个问题，跟利益相关的，我们怎么处理利益，过去在越南时代就是简单的谁有蛮力，谁有实力，咱就争夺，那就是简单的搏杀。现在全球化时代恐怕不是那样，因为大家边界都已经乱了，你中有我，我中有你，像咱们很难说要闭关锁国，丝绸之路没了。现在没有，谁都离不开之后，我觉得这就是贡献。第二就是利益，眼前利益跟长远利益。

第三还有交换，我在这边吃点亏，但在别的地方你让着我。因为战争、讨伐、冷战、隔绝制裁，你现在看到的是成本最大的，死人最多的，花钱最多的。如果把那个比如说用于边境战争，用于领土争端，我们修很多军舰，搞很多这种东西，花这个钱来让我们共同发点财，这可能是对方的最大化。所以我就觉得，在处理主权跟利益这方面更多的是一个治理思路的问题。

比如咱们跟印度那么大面积的争端，你要想过去那就会打得你死我活，25亿人开战吧，那就半个世界都会打起来。跟日本再打，以中国现在的实力，我们伤日本肯定也亡，这无话可说。前两天日本说要击落咱们的无人机，我想那中国肯定会击落你的有人机。我过去是搞中东研究的，那么多年的中东战乱，想来想去大家都是盯眼前的一点小利。要用以色列前总统的话说，巴以的面积两万多平方公里打了近百年，没有长一寸，也没有少一寸，死的人太多了，错过了与世界发展的机会。

相反，咱们中印之争也好，在南海跟东盟国家的争端也好，跟日本也好，我觉得是不是可以换个思路，换个共赢的思路。大时代开始了，咱们民族国家边界的概念是不是可以淡化一些。比如我经常说钓鱼岛，我去了两趟日本，去了以后印象非常好。我觉得日本对中华文化继承得最好，最尊重。你不同意没关系，我写个条说想去哪去哪，日本老人会拿纸条写上怎么走，那个感觉非常好。

我就觉得现在咱们飞东京两个小时，飞三亚三四个小时，这个空间的距离由于交通工具的改善已经被打破了。我们经常说钓鱼岛，争来争去，大家可能为一勺饭而把整个餐桌掀翻了，把厨房也点着了，最后把俩人过日子的整个楼也整塌了，这不值得。那你搁一搁，或者比如说咱们将来共享，共享的话无非就是咱们怎么相互定位的问题。

我经常说要把钓鱼岛比作中国衣服上的一个扣子，左边的衣襟是中国，右边的是日本，将来一起行不行，咱们搞一下流通，或者搞一个——刚才金先生还讲到，现在已经重归中国主导亚洲这个格局时代，承认这格局的都是正常人，不承认这个格局的一定是狂人，一定有精神病。这种情况下，我觉得文化同根同种，可以重新建立一个以中国为主导、以和平方式同在的亚洲联盟，我甚至还可以起名叫中日国。当然有人会骂我你这不是大东亚共荣圈吗，你这不是“马精卫”吗？我说叫什么没关系，关键是这个大东亚共荣圈主导过去为什么特让人反感。

第一，日本要主导，就说你这个鸡蛋小国家，你要主导我们几亿的人口，这不可能。

第二，你积极策划战争，这是不可以的，那你相当于王老虎抢亲。我觉得，应该由中国这个拥有十几亿人口的国家来主导，而且以这种和平发展的方式，日本就这么点面积，又处在一个地震带上，三天两头地震，还引起海啸，弄起一个核辐射对世界都是灾难。要我觉得，咱们有北京，有西京，有南京，还缺一个东京。日本人很悲观，他就是悲观人，一说什么不行，一说明天就要灭亡，因为他们总地震。

那么以后好了，中国现在已经进入老龄化时代，人口过了拐点，我们以后面临人口不足的问题，不是人口过剩。我想日本以后也没有太多变革，日本人如果你愿意到中国大陆，觉得青藏高原好你就去青藏高原，觉得云南好你就去香格里拉，觉得北京的 PM2. 5 没关系，那你就来北京好了。甚至将来有可能我们经济发展以后，世界大同了。也许我们将来产生一个比如说日本裔的总书记都有可能，我觉得不是不可以，只要大家认同。所以从这个角度上讲，靠战争来解决历史的冲突这个观念可以改变了。基础改变了，我觉得利益的问题也就跟着解决了。

马晓霖：崇拜中华文化的日本为何曾想灭了中国

周鑫宇：超越民族国家这个词，对我们学国际关系的人来说是非常值得深度思考的一个概念，刚才马老师讲得非常好，领土争议我们要把它谈透，有几种模式假设，我来总结一下。

一种是德国跟法国这种模式，为了阿尔萨斯和洛林也打了很多年，几百年反复争斗，但是现在好像不打了。他们觉得这是你的我的已经不重要了。这就是刚才马老师描述的中国跟日本的关系，这是第一种模式。

第二种模式是耶路撒冷。为了一座城市，死了很多人，现在仍然是世界火药桶之一，牵动全世界的神经。我们没有生活在那里，我们看到的是一个时事热点，生活在那里的人叫水深火热，你们应该很幸运你们生活在这里。

第三种模式很奇妙，叫美国跟墨西哥之间的模式。美国今天的领土资源丰富，它整个西太平洋出海口以及今天最富有的加利福尼亚州都是从墨西哥抢过来的，但是今天墨西哥也没有想从美国抢回去，没有说我们势不两立，我们有世仇，历史问题必须得到解决。但是今天，存在一个强国和一个相对来说更小点的国家，发展中国家，他们愿意建立一个解决领土问题的模式这样一种现状。我想请开盛老师谈一谈，就中国周边领土问题，现在有这些模式，您觉得未来的前景是什么样的？什么样的方式会更好地解决问题？刚才马老师说的那种领土国家可以超越，领土问题我们可以再思考思考，这个领土的观念、城镇的观念是从哪里来的？您给我们解析解析。

李开盛：谢谢鑫宇，这个问题很有挑战性，我们习总还不一定有答案，但是我们可以先做一个探讨。对于刚才鑫宇提到的几种模式，我觉得，可能法德模式是大家现在比较倾向的一种模式。因为像巴以模式，大家都知道已经打了几十年，这种模式无论对中国还是对相关国家来讲都不是一个理想的状况。至于美国跟墨西哥的模式，那么现在如果要像历史上美国那么做，在国际法上行不通，如果要去扮演一个墨西哥的角色可能中国也不愿意。我们现在好像唯一能够做的就是去实现法德式的一个和解，或者说达成这种领土问题的解决。但是坦白地讲，如果从某一个角度来看，就是针对法德模式去比较的话，中国的一些民族问题包括中日关系可能也会不一样。悲观，为什么呢？因为法德之间的历史事实上近代以来可以说你来我往地打了无数场战争，中国跟日本当然也打得比较多。如果说跟法德之间比的话可能还不够，可能战争还没有打到双方都比较疲劳的时候，就像二战以后，法国跟德国两个国家知道我们再也不能打了，再打下去就是新的一战二战。

现在看，日本的右翼思潮也好，中国的民族主义也好，好像双方都已经成为主流思潮，但没有说以后我们就真的不能再打了，我们历史的伤痛太惨重了。中国当然也这么想，但是这种想法的一个后果就是，我们现在好像不是去和解，而是要去胜过日本。从这个角度来讲，我确确实实对中国的和解是不是能够走上一条法德式的道路很悲观。大家也知道，其实现在欧洲国家有点类似于后民族国家。所谓后民族国家就是国家的边界、民族的属性在淡化，他们强调自己是欧洲人，甚至现在比如说欧盟会不会成为一个欧洲国，这完全有可能。但是中国跟日本，我们说现在实际上还是民族国家，坦白来讲，我们现在国内存在一些民族问题，国家民族的整合、国家的认同等方面还有很多问题。所以，我们现在还是大力强调自己的民族国家属性。

我们知道主权也是民族国家的一个最核心的特征，但是在这种情况之下，两个国家能不能实现法德式的和解，我个人也是比较悲观。但是我觉得我们也不要完全这样看未来，因为新的历史条件确实不一样。以前法国跟德国也打来打去，没有关系，顶多就是有人员的伤亡，也产生了损失，但中国跟日本现在可能不是那么一种后果，中国有核武器了，日本虽然现在公开说没有核武器，但是它在美国有保护伞，有同盟条约，所以这样一场战争的可能后果就是超越历史的更惨重的后果。

我觉得当大家都意识到我们都在一个悬崖边上跳舞的时候，我相信我们可能会有一些新的智慧，还有一些新的做法。这包括当前大家看到很多问题没有解决，比如说钓鱼岛问题，还有很多中东问题没有解决，但实际上这些问题的存在倒是没有爆发冲突，从法制的角度来讲未尝不是一个成绩。几十年来争议都存在，但是没有上升为一场冲突，没有上升为战争，这其实未尝不是一个进展。所以我觉得民族问题确实对中国利益特别是正当的利益很有挑战性，但是应该还是可以找到一些新的办法，我们不说下一代，但是至少还是有一些办法值得我们去摸索去探索的。

马晓霖：我想就这个事补充几句，我认为时间是最长久。中日其实你看有三千年的历史，和睦友好是第一，真正交恶就是这么几百年的历史。放眼历史长河，从大陆方面来看一切都不是问题，中日现在很多是心结问题。从日本来讲它会去崇拜中华文化，到后来又这么欺凌中华民族是觉得你们已经不行了。我看到有研究说日本人最早到中国大陆一看，我们几千年中华文明就是这样，有人就剖腹自杀了，他是一种希望的幻灭，到后来他自己又想取而代之。

曾经不是有《田中奏折》，说要把中国灭了，然后天皇也迁到大陆来。说白了，他还是觉得他是一个中华文化的学生，他想来领导亚洲经济往前走。但这实际上不可能。你只能当学生，只能当孙子，你只能坐副驾驶。这有一个前提就是中国必须很强大，日本是一个崇拜强者的民族。岛国文化，倭寇这种文化，你像美国给他扔两个原子弹打服了他，他就永远服美国。而我觉得中国要让日本心服口服，将来能按照中国主导的格局走，咱们一定要超过美国，至少跟美国一样，从硬实力、软实力来讲都是老大，那亚洲你没有可争议的，中国不仅是老大，而且你差得十万八千里，那么日本就还没话说了。

第二，对于解决问题，就刚才讲的中国民族主义，我有时候讲中国为什么跟日本就历史问题那么揪住不放，一个原因是日本不能很好地悔罪，这点我们当然不能轻易放过它。第二我觉得更重要的是，我们当年作为一个拥有 4 亿人口的世界第一人口大国，被根本不到 1 亿人口的国家欺负、杀戮、糟蹋、蹂躏，我们这个民族心理上受不得这口气。就好比我一大小伙子，我走在大街上，被一个幼儿园的小孩当着一街的人拽倒了，拳打脚踢，就是那种受伤性的。

我经常在想，如果当年占领中国的不是日本，是前苏联，是美国，我估计今天中国这种对占领者的心理是不一样的。因为你认为我非常强大，结果被你糟蹋这么几十年。那么这个怎么治疗呢？第一是日本真诚地悔罪，第二就是中国真正强大以后，你有了强大的自信以后，会原谅过去伤害过你的人。咱们想想人的关系不也这样吗，当你有势力、有地位的时候，你会忽然觉得过去那些人对你做的伤害不算什么，你可以原谅。你可以不说原谅，但你可以忘记。

我想，再过二三十年，我们实力能够让日本心服口服，再有那么五六十年，在世界大环境的经济推进下，这个问题是可以解决的，因为大家经过几百年的历史打来打去，最终伤害了人，这个代价是最高的，成本也是最高的，得利是最小的。

马晓霖：中国拼国际形象为何拼不过日本

周鑫宇：今天我们的主题是如何做大国，这个大国首先是实力，但有的时候，我们富了，强了，但是由于心态不对，最后就像生活中的暴发户，他有很多自卑的心理。我们国家不敢说是不是暴发户，但是我们现在确实大国的心态还差一些。比如在日本这个问题上确实有一种典型，就是我们在国内越来越缺乏一种开放的态度。比如在国内日本成为一种政治正确性的判断，说日本好是政治上不正确的。总之，这个问题非常敏感，有的人喜欢，还有的人不喜欢。现在中国的问题就是喜欢的人还不敢说。

不过我们看看实践的情况。我这里有一个统计数据，就在 2013 年 5 月份的时候 BBC 做了一个全球的调查，他们联合了世界上的一些调查机构，大概在全世界 2.5 万人中做了一个看起来还不错的调查，把一些重要国家的形象做了一个排名。排在第一位的是德国，第二个是加拿大、第三个是英国，第四个就是日本，美国排在第八，中国还不错，只距美国一位，再次证明我们仅次于美国的地位。我不想谈美国，也不想谈第一名德国，我们就谈日本。

日本全世界形象指数排名第四，比我们中国高。美国在全世界的排名没有日本高，就是刚刚大使说的，美国形象是有问题的。德国其实也是一个战争国，现在全世界排名第一，但是这都不说，就说日本。请两位谈一谈为什么日本在全世界这么多人心目中国家形象还蛮好的呢？

李开盛：我觉得这应该有很多原因，一个方面是日本确实做了很多事情。比如说东南亚，比如说亚洲的其他一些国家，可能很多东南亚国家看日本跟中国、韩国看日本不一样，我觉得其中有很多原因，当然，历史上这些国家受日本侵略的程度可能跟中国还会有区别。另外，日本当时到这些国家的时候，是打着解放的旗号去的。当时确实有一些人是信的，当时很多东南亚国家是受欧洲国家的殖民，当然后来发现日本人做了烧杀抢掠的事。但日本在推进跟这些国家关系正常化的过程中也确实做了很多事情，做了一些补偿的。

所以，在这些国家中日本形象确实很好。我觉得日本之所以它的国际形象甚至还在中国、美国之前，可能还有一个因素，它占了一个便宜。我觉得应该看到，它在国际事务中跟美国不一样，美国是很高调的，它作为一个世界警察有些要管或者想管。比如说伊拉克，比如说阿富汗，那么一管下去以后很多问题就来了。有些人说美国做了一件好事情，把独裁者、殖民者推翻了，但是很多人也会说你在这里造成了一个大的烂摊子。所以，这就肯定会对美国造成很多差评。而日本没有这样的问题，它不会像美国在世界上这里捅一个漏子，那里捅一个漏子，所以除了中国、韩国这些国家，就是说除了对日本有一个比较惨重的这种战争、这种伤痛、这种侵略的记忆的国家之外，可能世界上其他很多国家在跟日本的交往中得到了很多好处，所以留了比较和平的印象。

而且坦白讲，日本国民的素质跟中国比，我们跟他们可能是有差距的。这点我觉得也是一个国家得到认同的非常重要的原因。所以，我们在外交中要非常强调的一点就是人的形象、人的素质，当然包括人的利益，我们这个主题就涉及国家利益的问题，总的来讲我觉得在人的层面，现在国家对外政策考虑中确实考虑得不够。

马晓霖：我想，第一从历史上来讲，日本过去毕竟是一个地区大国，二战中是一个侵略国，是轴心国之一。但是它的伤害也许对英美法殖民地这块而言，它没有打到欧洲本土去，就说对整个世界主流发展的这些民众来讲，对它的印象不那么坏。就跟我们现在甚至好多人还崇拜希特勒一样，因为希特勒没打中国人，要谈意大利，很多人好像对意大利也没有什么恶感，就好像忘记了它们曾经是第二次世界大战中的三个罪魁国家一样。

第二，日本战后这些年，是唯一没有发动或参与过战争的国家，这点连日本人自己都很自豪，说你看我们，你不能老让我们道歉，我有罪，我爸爸道歉，我的孩子道歉，为什么我的孙子还要道歉？我们 60 年没有打仗了，没有对任何国家动过一枪一炮。那么它在国际社会中的参与，刚才你也讲了，美国警察到处开枪动炮，日本更多人作文书，甚至有去做战地救护这样人道主义事务的，他给了世界很多国家大量的援助。

我举一个小例子，我在巴基斯坦的时候，阿拉法特说中国是世界上最挺拔的国家，我们这些年给它的援助笼统来算也超过了 3 亿人民币。可是日本每年给 3 亿美元，日本从来不说。阿拉法特有时候也说漏嘴了，感谢美国，感谢俄罗斯，感谢日本，感谢中国。我经常写这种报道，写得我很不舒服，我就改过来，把中国写前边。但是就给钱来讲，日本是很大方的。而日本在治理上更不用说，多少年来战后经济一直前进，工业化是世界第一个重要的发动机，给世界提供了那么多日本制造的品牌，就是公共产品。

日本在治理上，咱们说日本政治乱象，七年换了七个首相。但是你看这国家乱吗？不乱，国家治理得非常好，该干嘛干嘛。中国要是一年没有政府，你看看中国会是什么样，能打到春秋跟战国。所以从总体来讲，日本国家形象也好，公众形象也好。我看了讲日本 19 世纪末的一本书，说欧洲人第一次到日本的时候感觉非常累，说你们太啰唆了，见面三鞠躬，然后互相告别，礼节太多了。他们觉得日本怎么这么细腻，穿着和服，穿着木屐，整天老鞠躬，但这正说明一百年前的日本就是非常注意礼教的。

去年我去日本时发现，我自认为还是一个比较有教养的人，但我在那里发现，在日本人面前你稍微不注意细节，你就是个没文化的人。他的温良恭俭体现在任何地方。你想东京那么大的城市，车并不比北京少多少，日本的交通法也没有规定说不能鸣笛，但你打开窗户听，一天没有一次人按喇嘛，听到的就是汽车的引擎声。日本的露天很多地方不允许抽烟，没有一个人在不允许的地方抽烟。

反观中国的形象，这些年咱们有钱以后，我经常说不好听的，七千万出国那就是蝗虫到了世界上。我经常自嘲，经常批评我们自己的国民性，因为我觉得我们国家强大了，我们可以批评。咱举个例子，那年在西班牙为什么出现烧中国鞋铺的事情？我们中国人靠自己的勤劳，靠自己的智慧，靠自己的节俭去闯世界，这本来是优点，但是你进入一个特别的意识文化圈，你改变了人家的生存状况，你改变了人家生活的幸福感。

人家本来一周上 5 天班，一天就上 5 个小时，周末该度假度假，该干嘛干嘛。你来了倒好，一周 7 天，7 天常常都是 24 小时，你无时无刻不在经营，你慢慢把别人的生意抢了，别人要生存，只能向你看齐，结果别人觉得生活很糟糕，最后变成排华。那么多国家，法国老佛爷，我们拿钱去购物，他还说你中国人没教养。英国人最近刚刚解除对中国旅行签证的特别封锁，觉得中国人完全就是土豪一样。

前些年，咱们中国是消费法国红酒最多的地方，人家就是一盎司喝的，碰一下恨不得喝一天，咱们上来像喝矿泉水一样，1000 块钱、2000 块钱一下就喝完了，咱们有钱。人家觉得你糟蹋文化，我这么好的艺术品到这里你一口就全吃了，一口就全喝了，你欣赏这文化没有？这些汇集起来就导致对中国整体形象感觉不好。加上咱们中国本身就是后来居上，大步往前走，各种孤单，各种负面的东西呈现出来之后，再被对中国有些媒体或政治家一宣传，这形象很显然不太好，但好在只在美国之后，差一步就超过美国了。我觉得再花 10 年，我们在软实力建设方面更好一点的时候，我们就可能追上日本。因为日本只有 1 亿多人，我们 13 亿人，每个人都没文化，就 13 亿张面孔对 1 亿张面孔，那呈现给世界的形象是完全不一样。

李开盛：我就稍微补充一下，实际上马老师刚才讲的这个问题，我也非常认同，我觉得他说了一些非常简单但我们大家可能很少去重视的道理。实际上现在比如说国民形象调查，最后拼的不是外交，是什么？是我们的内政，就是我们有时候外界推介的时候，坦白地讲就是我们的很多国民素质也好，我们的一些问题也好，甚至经济、社会各个层面的问题，对外交有拖后腿的作用。所以，我们一般讲外交服务于内政，但是站在外交的角度讲，可能我们的内政应该去完善，去推进，来服务于外交。我觉得这可能是需要我们去思考的一个问题。

马晓霖：公布陆军部署后世界知道中国没威胁

周鑫宇：中国形象的问题还是要继续谈，就是现在中国个人的形象。最近十一期间曝出来大量的所谓旅游文明问题，游客在外面干这干那的，洗脚了，爬墙了，每天都这么干，现在我们也自我意识到这是不对的，应该提升自己。但是说实话，这不是短时间内能做到的事情。外交上面接下来谈一谈现在我们做什么事情有利于国家形象。

比如，我们可不可以向日本和德国、加拿大、英国这样的国家学习一下呢？他们在外交上做的事情，除了它们的国民素质高，或者它们有话语权，它们的价值观有成熟的影响力，它们在外交政策上有一些地方也许是值得我们借鉴的，可以提升我们国家的形象。这些国家在全世界普遍的调查中排名都靠前呢。这些国家说实话底子都不好，德国、日本都是第二次世界大战中的战争魁首，但它们为什么能够排到前面去，它们做了一些什么努力？

马晓霖：我觉得围绕外交核心话题来讲，关键还是得处理好中国与外部世界的关系问题。咱就从身边来讲，比如说跟印度，跟南海争端国家，跟日本，我觉得主要是以和为贵，不要整天打打杀杀。什么九段线是我的，我觉得你跟邻居之间的关系好了，世界自然认为你这个国家没有威胁。你强大只能给世界提供和平。中国跟菲律宾要是整天在黄岩岛今天飞飞机，明天出军舰，将来中国比如说有了航母舰队以后，到地中海，法国南部岂不受到威胁？到大西洋，那欧洲的英国、法国、荷兰是不是也要被中国人欺负？所以我觉得，改善周边关系是非常重要的，睦邻关系特别重要。

中国政府换届以后出访了四个国家印、巴、瑞士、德国，而且第一次把印度当做新总理的首选国家，排在巴基斯坦的前边。巴基斯坦最早可以说巴铁那咱铁哥们。但是把印度放前面，就是充分照顾印度的面子，中国和印度改善了关系，而且这种关系得到了很好的回报。最近辛格刚刚来，这是 1954 年以来中印第一次年内实现政府首脑的互访，而且印度第一次表态，欢迎中国崛起。这个态度实际上跟美国之前的表态是一样的。因为中国正向全世界证明，我的崛起有利于地区和平，有利于世界繁荣和稳定，有利于人类的福祉，所以全世界都欢迎。过去担心中国 13 亿人谁养活，我们现在不仅自己能养活自己，我们还能养活世界，我们还要给世界做更大的贡献。

我曾经写过一篇文章叫《中国如何崛起才能引起世界的欢迎》，第一就是一个海岸崛起，一个国家要寻求发展，不可能说我不崛起，我中国不往外面派商队，我也不往外面派留学生，我也不去做什么，那不可能，那你太假了，太虚伪了。人家觉得你没有实话，你这个国家居心叵测。所以，该怎么发展我就要坦然，在这个过程中只要跟别人处好关系。

第二个是透明崛起，告诉世界我的崛起路线图是什么，我的经济目标有了，我们军事目标有没有？包括像我们未来成为大国以后，跟美国并肩以后我们会担任什么角色，超过美国以后我们会有什么样的作为。我们可以通过外交宣誓增加友国，即使强大了我们也不搞霸权主义，我们也去怎么怎么，但是世界还要看。而这个过程中明显大家在说你发展不发展核武器，关键你不透明，你要打开橱窗，把你们家窗帘拉开，让我们看你有多少家当，你们每天把 GDP 中的多少钱用于军费，多少钱用于教育，你都让我们看，让我们踏实，弄得跟其他国家一样，可以在那讨论，可以在那驳回等等之类的。透明崛起很重要，我觉得在这方面咱们已经开始有了比较明显的进步。特别像 2013 年把中国陆军十八集团军的番号、部署的区域公布了，这个过程绝对机密。一公布马上看到，从东北到华北，一直到华南，一直到西南，就是沿着海防线，我们基本是靠海岸分布，防着海上压力。这个关系李老师也知道，我们基本上是采取防守的国防战略。

另外我觉得就是和平崛起。我们的崛起不会以战争方式实现，刚才的话里边其实也提到了。美国为什么那么担心中国？就是因为我们历史的怪圈。因为西方研究了，中国一千五百年以来有 15 次大的霸权更换，其中 11 次是用战争方式解决的。中国跟美国之间就要打破这种僵局。我们强大了，最后就像美国当年，二战以后是英国、法国邀请他出面来当老大，把董事长的位置让给他，说欧洲我们已经罩不住了，非洲我们罩不住了，中国我们也罩不住了，你赶紧来，你不来前苏联就来了。我们中国将来军事上应该要当老大，一定要被人家黄袍加身、众望所归地推到老大的位子，那才叫和平崛起。最后，我们要考虑到软实力、硬实力的共同增长，我们要处理好国际跟国内两大问题。

比如，人家说你国力很强大，国内污染、各种司法的不公正、腐败等问题解决不好的话，人家觉得你会出问题。此外还要处理好我们在世界所承担的责任问题，美国现在动不动就一方面说中国威胁，另一方面又说中国要负起大国责任。有一次跟美国前驻韩大使辩论的时候，我们谈到这个事情。我说你们调查说中国人民没有责任心，这恰恰说明中国人民没有侵略心。中国的文化传统就是各人自扫门前雪，莫管他人瓦上霜，这也说的是中国强大以后不愿意像美国一样，去管人家的事情，我们就管自家的事情。所以我觉得，按照这些套路崛起的话，中国应该能成为受世界欢迎的新型大国。

李开盛：中国为何总被认为选择站在朝鲜一边？

周鑫宇：刚才马老师谈到，日本明明在我们头脑里面是一个战争国家、是一个不好的国家，为什么它在全世界形象这么好？排名前四，很多人问这个问题。也有同学经常问我，我们明明是个爱好和平的国家，为什么我们一崛起，周边国家就那么紧张？它们就要找美国过来平衡我们，它们要联合起来围堵我们？

我讲，有的时候我们对自己的看法和人家对我们的看法是不一样的。比如就安全问题来说，我们觉得日本是个战争国家，它参与的第二次世界大战给我们带来了很大的伤害。第二次世界大战以后日本没再打仗，但是我们国家在过去的150年中一直在战争，主要是抵御外敌，我们直到最后都一直在抵御外敌，但是最近几十年中存在一种战争因素，有的人不觉得我们是一个特别软弱的国家。比如说我们1949年新中国成立以后跟哪些国家打过仗呢？第一场战争，我们1950年跟美国打过仗，大家都知道美国冷战时是西方世界的老大，是世界超级霸主，打了个平手，在朝鲜打过了三八线。

第二场战争，我们还打过一场战争，是跟冷战中另外一个争议的老大就是苏联。这是绝无仅有的事情，在那个冷战史上国家要么跟苏联走，要么就跟美国走。但是我们既跟美国打过，又跟苏联打过，这是非常了不得的事情。

另外，我们还跟印度发生过冲突。印度是什么国家呢？我们刚刚讲世界上的国家分为两个阵营，其实当时还有第三个阵营叫不结盟运动，既不跟苏联，也不跟美国，那么头是谁呢？就是印度，三个阵营的头我们都打过，都跟它们发生过冲突，不叫都打过，我始终说话不够准确，我们是自卫防御。

马晓霖：当时有个兄弟越南。

周鑫宇：越南是个什么国家？越南当时并不小，它刚刚把美国打败了，得到了苏联最大的援助，被称为世界第三军事强国，也自称世界第三军事强国，美苏之后就是它了。中国不知道排第几了，不排前三名就不记名次了。所以，如果回看这个历史，周边国家还是有点紧张的，你还不是个非常软弱的国家，你专敢跟强权打，谁强打谁。一般的我还瞧不上，尤其像菲律宾大可放心，原来瞧不上它们。其实我们可以理解，为什么周边国家会对我们有防范？我们要站在别人的角度去考虑，虽然我们其实大多数出于自卫的形式或者是因为冷战的格局，但很复杂，你们可以去研究历史。

但是一定要明白，今天它们有它们的角度，我们不能站在我们的角度指责它们是神经病，它们有他们的逻辑。这是我想补充的一点，就是我们在安全问题上一定要照顾世界上其他国家的感受，一定要照顾。不然我们国力越发展，我们越修炼内功，我们越埋头一心一意搞这件事，就越有可能麻烦多、危险多，最近几年越来越危险。

最后一个问题，我们讲了很多周边，我想讲讲世界其他地区对中国责任形象的问题。因为我们今天说了三个主题，利益我们还没怎么讲，利益可以分为长远和短期，可以分为各种不同的利益，但是利益是一种什么样的利益？我最近注意到习近平总书记多次讲话中提到对非洲要多予少取，先予后取。这就麻烦了，因为我们都讲平等互利，平等是利的平等，如果是平等的话，那怎么能多予少取，那我不吃亏了吗？请您解释一下这是什么意思，解读解读目前中国的国家利益应该怎么说？

李开盛：对于国家利益，我觉得这里有两个问题。其中一个就是利益的内容，就是经济利益、政治利益各方面及其他。其中跟我们的主题相契合的，也是我特别想谈的，就是谁的利益的问题。我觉得国家利益可以加入一些新的内涵，什么样的内涵呢？就是人的利益。实际上，我们在外交工作中，这个“人”字贯彻得怎么样也是我们的外交形象、我们的国家形象能不能被接受的关键词。为什么这么说？我不举更多的例子，只用一个叙利亚的例子。

大家知道，叙利亚问题对中国来讲可能很尴尬，就是有人总结了中国好像是站在巴沙尔一边，站在独裁这一边，所以搞得我们很被动。实际上，我觉得这对中国来讲也有委屈，平时批评比较多，但是今天为中国说话比较多，我们确实可以去做一些事情。比如说在叙利亚问题上，我们主要是促和的，是劝和的。站在人民的角度，站在叙利亚老百姓的角度来讲，长期战争导致每年有多少人在流血，在死亡？我觉得如果站在这个角度去诠释我们这种外交的历程，我们整个外交格局可能就主动了。因为保护人现在是世界普遍发展的趋势，美国讲人权，还是保护人的。

还有一个例子，比如说我们在跟朝鲜发展关系的过程中，可能也同样要来批评我们老是站在独裁政府一边。这点我个人觉得可能有些方面确实有些感性，比如说我们大家都知道，由于朝鲜经济不行，老有些流民过来，这些年好像少了很多，但是一直也还有。在对待这些朝鲜人的问题上，我们到底是从朝鲜政权这个角度，还是从朝鲜这些人、单个人的角度出发？我觉得中国这些措施如果更加人道化，更加人道主义一点，可能就会大大提升中国的国际形象。除了国家与国家的利益要保护，除了仗要打，我们还有人的，其实对于其他世界各地的灾害，我们如果能够感同身受，能够去提供力所能及的一些援救，这对提升中国的国际形象是有帮助的。

当然，最后回到非洲，你提的问题是说到非洲，题外之后还是回来一点点，虽然我对非洲不太熟悉，但我觉得在非洲这块大陆上，最突出的可能也不是国家的问题，很多国家可能还属于前现代的状态，很多地方看不到国家影子。在这种情况之下，非洲的发展、非洲人民的苦难其实也可以作为中国外交工作的一个切入点。

我们以前可能更多地注意跟政府打交道，跟当地政府、当地官员打交道。但是有些当地政府可能就是一个种族的首领，这个种族当然可能很拥护他，中国支持他，那么这个种族的老百姓都会很感激。但是另外一个种族呢？所以我觉得在对外打交道过程中，包括非洲，我们要更多地有一些个人的视角。这样的话我觉得中国在外边可能会有更多的道义色彩，更能够得到更大程度的认可。

马晓霖：非洲国家最希望中国扛大旗对抗美国

周鑫宇：除了国家的利益，还有人的利益。其实毛主席说过一段话，你们可能都不知道毛主席说过这段话，因为你们对毛主席的了解实在太少了。毛主席说过一段话，说中国应该为世界做很大贡献，大概的意思，因为背得还不够，可能境界还不够。我们中国应该为世界做很大贡献，但是过去的一百多年时间里，我们做的贡献太少了，我们应该做更多的贡献。所以说除了国的利益，还有人的利益。我们如果哪一天能为世界的利益做点贡献，能为世界的发展解决一些问题，能做一些美国和西方没做到的事情，把世界变得更好，我想中国就是大国了。今天是我们利益、责任、道义的再平衡，这是我们的一段总结的话。剩下时间大家可以提问，你们也可以向我提问。

北外学生：几位嘉宾，我想问一个问题，就是之前你们也提到，中国在有意识地承担一些国际责任，而美国也要求中国承担更多国际责任。但是在承担这些国际责任的同时，中国不可避免地涉及一些干涉其他国家内政的问题。那么在这些问题上，我们说到中国在实际的工作中怎么做还不得而知，实际上也不太管这些。但是中国至少在外交中，或者说在对一些第三世界国家的工作中，还是比较在乎这些名声和面子问题的。那么我的问题就是，对于中国的不干涉内政问题的挑战和出路，各位有哪些看法？

华黎明：其实刚才我已经说过这个问题，就是中国作为负责任的大国，是对世界格局负责，不是对美国负责。比如在叙利亚这个问题上，中国如何作为负责任的大国，实际上美国和中国的看法不一样。美国人认为中国人负责任，那就是支持叙利亚的反对派把巴沙尔推翻了。中国做负责任的大国，就是说要用和平的手段解决叙利亚的问题。事实证明中国的看法是对的，中国的做法是最负责任的一种。如果真的是跟美国一样去支持反对派打的话，打到现在这个时候会使叙利亚死更多人。如果按照美国人的做法，因为美国人的工具箱里面东西太少了，一个是制裁，一个是动用武力，除此以外他们没有别的方法。所以，实际上美国很多做法是不负责任的，所以不能因为美国人要我们做负责任的大国，我们就跟下去。当然，在其他这些问题上，美国要我们做负责任的大国，比如说全球气候改革问题，中国污染的威胁最多，在这个问题上我觉得，用负责任的大国这种看法来倒逼我们是对我们有利的，我们确实应该对世界的环境污染负有责任。

周鑫宇：我来回应一下关于你说的不干涉内政的问题，我们不要瞎讲。我们老说要调整不干涉内政的原则，但是刚才开盛讲了，其实我们要做好所谓道义的或者负责任的中国的话，还真不能急躁。因为别的国家很复杂，跟中国可能都不是一个状态的国家，它的政府可能代表其中的一小部分，还有其他不同的部落、不同的种族。世界上很多国家没有形成我们现在这样的政体，它的政府代表不了它的人民的主权。所以，你要跟人民接触，你跟人民接触就得干涉内政了。有的时候我们都在做，但是我们不要瞎讲。因为外交官可能不会讲，但是你们作为学生可以观察观察，就是我们现在已经在做了。比如说两点，第一点，我们的援助以前是只给政府，给到下面，老百姓跟政府说那个村里老百姓是反对派，或者是游击队也不能给他，现在我们也不这样。我们现在很多援助开始在想办法真正落实到老百姓那去，因为有的时候给了政府也不知道去哪了。这是第一点。

第二就是叙利亚这个问题，刚刚华老师讲的是一个非常有心的问题。你说中国不干涉内政吗，天天派特使过去说这说那的。而且你们看中国发表的宣言，语气非常强，敦促叙利亚迅速与反对派进行政治对话，减少人道主义危害。说实话，这个语气跟美国经常说我们有什么区别，敦促中国怎么样怎么样。我们经常说美国不可干涉我们内政，实际上我们已经在做了，我们不做这个很难成为真正的大国，这就是很复杂的一个情况。这实际上不是100多个主权国家，而是很复杂的一个体系，但是你这个问题很敏锐。

马晓霖：我补充两句，我觉得大国的力量此消彼长，在世界上作用正在增长。我们经常说一句话，美国越来越像中国，中国越来越像美国，什么意思？就是美国的实力相对在下降，或者在进入平台期。它这个伞不足以支撑掉下来的天堂。它过去那种咄咄逼人的外交、干涉别国内政的外交或者说单边的外交、奉行武力主义的外交都在进行变化。美国从奥巴马到希拉里，都在使用中国的外交话语体系，包括叙利亚问题，就是要回到中国的立场上，通过和平、谈判的方式来解决。即使介入，也不会改变结果。

另外我觉得，随着世界的呼唤，很多非洲国家希望中国扛大旗，希望中国当领头羊跟美国对着干。中国肯定不能跟美国对着干，但是将来肯定是要打抱不平的。做到什么程度才好呢？而且，随着世界文明往前推进，现在的道路是主权高于一切还是人权高于一切？这是非常复杂模糊的东西。现在更应该修改国际法，是不是也得考虑把保护人权放在非常高的位置？

咱们举个非常极端的例子，卢旺达问题，一百多万人被屠杀，就是因为不干涉内政。然而干涉的话就有主权的问题。那么中国将来怎么办？中国现在又不想滞后。我们过去吃了半个多世纪的软饭，今后如何突破？我觉得今后跟过去不一样，但是不是像美国那样实行炮弹政策，我觉得也未必是，至少我们有一个相当长的适应期，要适应这种角色转换，因为你的屁股决定脑袋。

李开盛：我也说两句，我觉得刚才这个同学的问题提得很好，这涉及我们现在外交中的一个根本性原则。我们平常一直在讲，这个问题其实我是这样看的，我觉得现在甚至未来相当长一段时间，不干涉内政应该说还是国际关系包括中国外交中的一个大的原则，这个不会变，应该也不能变。为什么？因为现在国际社会上还是一种无政府状态。

我们没有一个世界政府。如果干涉内政，就是违反国家功能去捣乱。这就会又没有世界政府，又没有国家政府，就会比较麻烦。但是我觉得不干涉内政只是一个大的原则，有时候具体到一些问题的时候，最后会发现内政与外交不可分割。比如，有时候一个国家的内部问题可能会影响到外交上，影响到一个地区的问题，这个时候其他国家是不是不干涉？我觉得这就两说了。比如，日本的历史认识问题就是一个内政问题，它的国民怎么去看它的历史完全就是它的内政问题。

但是中国为什么一而再、再而三地提出抗议？我觉得抗议也是有理由的，因为这种历史认识问题反映了日本自身对它的侵略历史、对整个国际环境的一些看法，这些看法有可能会导致整个地区走向一个危险的状态。所以我觉得，在这个情况之下中国政府发社论虽然就是干涉内政，但是有他的理由。这里面可能就有一个度的问题。这个度怎么去把握很难说，我觉得一个大的原则就是，如果说一个内部的问题对整个其他国家、整个地区、整个世界已经造成了影响，这个时候不干涉内政可能就是一个挡箭牌。

北外学生：各位老师好，非常感谢大使先生以及各位老师今天下午关于中国外交的精彩演讲，我们今天的主题之一是对于道义的再平衡，因此引出两个问题：第一个问题是，中国是否会存在现存道义不满，主要不满在什么方面？第二就是，随着中国实力的增长，道义能否被中国再平衡，主要通过什么途径？

马晓霖：刚才你在强调道义的问题，我觉得不同的时代包括不同的国家理解道义的标准和层次都不一样，说白了就是价值观都不一样。作为我们自己来讲，比如咱们在解放战争时期、抗战时期，为了民族独立解放，任何的手段都是可以用的。到现在来讲，我们是一个和平的国家，那么我们对暴力、极端的东西就非常排斥，更不用说恐怖主义了。这就是一个道义选择的问题，一个价值观选择的问题放到国际层面来讲也会存在判断。包括某些组织，因为对它的主张诉求的判断不同，我们可能会把它列为恐怖主义，而西方可能把它列为一个自由运动。这些东西只能在多元的文化价值观的膨胀中逐步找到一个最大的公约数，可能没有一个现成的答案。

李开盛：这个问题我觉得反映出两个层面。第一个层面是中国外交，我个人认为应该用一些国际道义的标准来平衡。比如我们老讲自己的利益，你肯定要有一些我个人刚才讲的人的标准、对人的关注，或者是讲共同利益也好，可能中国都需要接受国际社会的一些道义标准，这是一个方面。但是我觉得还有第二方面，中国可能也需要投入参与，然后去修正国际社会中的一些道义标准。

坦白来讲，目前国际社会的一些主流，特别是西方，也不是完全合理。这让我觉得很遗憾。原来中国外交上经常去提要建立一个公正合理的国际政治体制新秩序。现在虽然也提，但没再提得那么多。我觉得这个中国是可以去做的。因为现在国际社会中确确实实美国就是老大，而且很多贸易安排以及其他各方面的安排也好，比如说美元霸权，对其他国家财富的掠夺，一些第三世界甚至第四世界在整个国际体系中不平等的待遇问题，我觉得这些层面其实中国是可以去做的，可以去为整个国际社会做一些贡献。这也就意味着对西方主流标准的这种道义的一种修正。

华黎明：我觉得，从英国工业革命到现在五百年，现在的世界秩序是西方建立起来的，所以一些所谓的道义观都是西方的。我举个简单的例子，1999 年科索沃战争以后西方人提出两个观点，一个就是人道主义干涉，第二个就是“保护的责任”。这在他们看来都是天经地义的。但实际上这个背后你就看 1999 年科索沃战争，是在暴力和霸权的掩盖下肢解一个主权国家，推翻一个合法的政府。它就是这么做的，在“保护责任”的掩盖下，在人道主义干预下，然后伊拉克也是这样。像这样的概念实际上 2005 年安南在联合国当秘书长的时候提出来了，我们也签了字，所以现在西方人经常拿它让中国也要参与，他们说，当一个国家的独裁者镇压自己人民的时候，人们流血的时候，国际社会不能不管，一定要采取行动。我们当然不能接受。所以像这样的道义问题，我觉得刚才晓霖讲得很好，它没有一个绝对的概念。现在我们生活的这个世界从工业革命到现在，持续这个世界的是西方人的思想，在这个持续之下有很多道义观念也是西方人的话语权，我觉得一方面要加以利用，另一方面不能盲目地跟着它走。

华黎明：很多骂美国的人转身就申请美国签证

北外学生： 四位老师好，我是来自北京外国语大学中文系的同学，我想问老师几个问题。刚才老师也提到日本是与我们同根同种的国家，这让我不禁想起了另外一个真正意义上与我们同根同种的地区，就是台湾。前不久，台湾当局领导人马英九在接受《华盛顿邮报》的采访时说，如果两岸领导人要会晤的话，那一定要在对等尊严的前提下。而且他最近释放的信息就是有两种，一个是他不支持一中一台，另外一个就是台湾地区从来没有放弃对大陆的主权。这种态度对中国内地的民众来说是比较新鲜的。我想请问四位老师，这种态度对解决中国目前的分裂局面是否有利，内地方面又该怎样应对呢？

马晓霖： 其实我觉得马英九提这个问题非常可以理解，因为两岸现在分治，应该说一国两制这是事实，他们认为是“中华民国”，我们认为是中华人民共和国。但是我们兴许能看到，他认为中华人民共和国也是大民国的一个主权部分。我们在拉美还有几十个国家没有建交，就是一句话的事情，这实际上是台海国共双方或者台海两岸达成的默契，不再花我们炎黄子孙的银子去打外交战。你抢我的，我抢你的，然后互相挖墙脚，最后便宜了邻国，今天拿了台湾地区的钱就跟台湾“建交”，明天拿了大陆的好处就把台湾甩了跟大陆建交。实际上，双方保持现状也是一种善意。大家先保证一种格局，将来通过和平的方式实现统一。我觉得胡温时代最大的一个贡献就是台湾问题解决得特别好。从政策互信到经济联系，现在只是名义上还属于各自为政。

我想，民众间当然还有很多历史的恩怨没解除，还有各种防范，包括国民的理念都有很大的出入。从马英九来讲，他还在走一条非常边缘的路线，我觉得从大方向上讲没错，两岸同胞不要考虑通过战争的方式，通过你吃掉我、我吃掉你的方式，最后一定是能实现统一的。我个人觉得，现在台湾跟大陆统一的迫切性远不如十年前。名义上的统一和实际上的同床异梦、貌合神离有什么区别？没有什么区别。如果关系处好了，真是一家的话，我真不在乎。像香港回归，现在香港跟内地的合作以及文化冲突、语言的摩擦，真正从精神到灵魂统一了吗？没有。所以我觉得，当中国内地真正强大到像美国那样，全世界都褒扬中国的时候，比如全世界都拿中国的绿卡、中国的护照的时候，那么台湾地区不统一，任何人都上不了台。这是我的理解。

华黎明：我觉得台湾问题背后还有一个很重要的美国的因素，实际上美国还继续支持现在两岸分治的局面，台湾问题很难解决。因为马英九走每一步都必须看美国人的脸色。这对他来说是不能忽视的一个问题。所以，只有美国人放弃了把台湾当做一种筹码来对付中国内地的时候，台湾问题才不难解决。关键是我很同意刚才晓霖讲的一个观点，在全球化的情况下，按晓霖的观点，中国和日本将来可能成为一个国家，中国人有什么难处？眼光放得远一点，都全球化了，这个问题应该不难，从中国的角度看不难。

我接着想讲什么问题呢？刚才我坐在这里，有一位同学给我传了一张纸条。纸条上提出了什么问题呢？他问：为什么中国的人才大量外流？大量外流，我的看法就是主要流到美国去了。为什么到美国？因为这是水往低处流，人往高处走，哪里环境好就往哪去。美国今天成为一个超级大国，并不在于它有多少美金，有多少导弹、核武器，而是在于它能够笼络全世界最优秀的人才，全世界的精英都在美国，都在替美国打工，所以美国才能成为一个超级大国。

所以现在我们看到一个现象，世界上很多国家尤其是亚非拉这些国家对美国很反感，都在说美国佬滚回去，但是你们要知道美国滚回去后头还有一句话——把我们也带走。我知道中东国家有些人今天很可能正在街上游行，打倒美国，第二天就跑到美国使馆去申请签证。到了美国还千方百计弄张绿卡，然后拿着美国护照，为什么？就是因为这也是美国的软实力。我就说，哪一天中国驻外使馆门口也像美国的驻外使馆门口一样排个长队，人也都要千方百计弄一张中国的绿卡，弄一本中国的护照，那中国才真正成为超级大国。

李开盛：我来补充一下刚才那位女同学提的问题，就说两岸关系。其实两岸关系就我个人的概括，可能从理论上来讲，理论和现实解构起来有三个阶段。第一个阶段是求正统，就是说大陆要统一台湾地区，然后台湾地区要以三民主义来统一中国，大家都喜欢正统。我觉得这个时代可能已经逐渐过去，现在比如说台湾地区提出要平等，实际上就意味着要求两岸分治，不求正统了。

第二个阶段就是求平等，就是在求正统而不能的情况下求平等对待。如果说从两岸统一的角度来讲，这种情况是一个好事还是一个坏事？我这里想说它消极的一面，为什么说它有消极的一面？就是在求正统的时候，比如那个时候的蒋介石也反对大陆政府，但是他不会反对统一，他只是说要以他的这种主义来统一大陆，那么大陆同样也是如此，所以说那个时候台独不是问题。

那么求平等的时候，可能就会有一些问题出现，因为既然我统一不了你，你统一不了我，现在说求平等，平等实际上可能意味着对这种分裂的一种默认，甚至有可能造成两岸关系分裂化的一种固定。所以坦白来讲，求平等它可能对统一来讲至少是一个双刃剑的作用。

所以我说，理论上我们希望能够进入第三个阶段，求融合，就是从求正统到求融合。那么对于求融合，我们现在可能面临很多问题，因为融合无非来自文化上种族上，这个当然可能有。但是现在它起的作用比较小。经济上我们现在正在做，还有可能就是政治认同上的，我们大家都要建设一个共同政权制度理念的国家。如果真的要进入第三阶段，可能我们政治上、经济上、文化上都要去做，我们现在经济上做得比较多，文化上已经百十来年了。现在可能缺少政治上怎么去求融合，这可能是我们迈向统一、克服求平等中存在的分裂化趋势的努力方向。

周鑫宇：感谢各位同学和各位嘉宾。说实话，今天谈的都是一些国家知识、社会知识、世界知识，或者我们把它称为公共知识，公众的事情跟我们的生活是很遥远的，但是我们来读大学的目的主要就是学习如何去理解公共知识，如何去处理公共知识，如何为公共知识服务。因此，今天真的很感谢凤凰网，感谢各位远道而来的嘉宾为我们的学生提供了这么好的一场思想的盛宴。

下篇

复杂国际形势考验中国

东欧转型　尚未终结的革命

——孙越、信力建眼中的东欧国家转型之路

嘉宾简介：

孙越，旅居莫斯科的俄罗斯问题观察家，作家，翻译家，首届中国戈宝权翻译文学奖一等奖获得者，俄罗斯国际圣尼古拉金质文化勋章获得者。

信力建，信孚教育集团董事长、21 世纪教育研究院理事。

专题地址：http://blog.ifeng.com/zhuanti/dongouzhuanxing/

要点

Talk1：所谓社会主义阵营，它们只是在内部贸易，就是说像局域网一样，这个贸易是非常不行的。

Talk2：我在乌克兰10所高校进行了基本的民调，发现90%以上的乌克兰学生说，我现在马上要学英语，学英语的目的就是要到西方去。

Talk3：我认为苏联的解体里面有非常重要的一条就是，苏联在漫长的70多年里完全无力掌控它的民族问题。

Talk4：东欧的改革是个比较漫长的过程，会逐渐给百姓带来利益。这个改革很有意思，但是不是肯定成功，我觉得这个需要时间。

孙越：现在认定东欧国家转型成功为时尚早

凤凰博报：2004年波兰、捷克、匈牙利等东欧10国正式加入欧盟，加入欧盟之后，这些国家的政局以及社会思潮都发生了相应的动荡和变化。今天我们就一起来聊一聊这10年变化中的东欧以及俄罗斯。东欧国家在2004年加入了欧盟，并且开始了一系列经济以及政治方面的改革。那在两位老师看来，从现在来看，东欧的改革算是成功的吗？

信力建：我个人认为是非常成功的，其实道理很简单，比如说我们举个例子，就是东德和西德。其实东德跟西德的合并都取得了很好的效益，西德的企业家刚好和东德廉价的劳动力和土地相结合。东德提供了廉价的劳动力给西德，西德刚好要扩充，所以刚好又有一大块儿版图，当时一个西德马克等于两个东德马克，统一以后按照一个马克来算，等于价格便宜了一半。然后东德的工人得到了西德同等的社会福利和待遇，一个东德马克变成了一个西德马克，等于翻了一番。同样的话，以西德马克去买东德的土地，买东德的工厂是很便宜的，最早卖的时候只有 1/3 能够卖出价格，其他大部分都是送的。

这个结果我觉得在经济学上也是非常好的，那在政治上，像波兰和其他国家都加入了欧盟，实际上等于又回到了世界的一个正常范围内。因为从过去来讲，世界分成两块儿，一块儿是所谓社会主义阵营，它们只是在内部贸易，就是说像局域网一样，这个贸易是非常不行的，比如说生产的东西，叫做黑大笨粗，这个计划因为没有跟整个国际市场接轨，所以不管科技也好，市场也好，还有其他种种也好，都不行。最后，它们回归到国际社会，回归到一个正常的社会里边，所有的收入权利主要是两个，一个是权利，一个是经济效益，都得到了非常好的实现，就是回到了正常社会状态。

孙越：因为苏联解体带动了整个东欧多米诺骨牌的效应，政治改革、经济改革整个振荡了东欧社会主义集团。那个时候我去了波兰、捷克、匈牙利这几个国家，反正我的感觉就是说，大家一下从原来禁锢的体制内突破出来，迎接了一种新的回归，一种新的突破，我觉得首先人民从内心来讲是很欢呼的，非常振奋。当然，我觉得改革，特别是苏联体制、苏联集团的改革是一个痛苦的过程，即使和西方接轨，即使和市场经济融合，我认为也是一个比较漫长的过程，当然它会逐渐给百姓带来利益，会不断调节民生。所以，这个改革很有意思，但是不是肯定成功，我觉得这个需要时间，还不能在短短的 20 多年里下结论，这是我的想法。

孙越：乌克兰处于痛苦时代，36%的人想移民

凤凰博报：东欧加入欧盟已经有十几年的时间了，中国人普遍关心东欧民众在经历了这样的转变之后，生活到底好不好，毕竟我们之前有过相同的历史经历或者也知道他们曾经有过物质极其匮乏的时期。

信力建：最近也反映出来，比如说俄国已经达到人均收入 13000 美元这样一个中等收入的水平，这已经很说明问题了。波兰加入欧盟是有一系列条件的，

这个条件是整个国民收入达到相应的水平才能够加入，否则整个会是一个大的负担，就是说欧盟要补偿它们很多的钱，如果很落后的话会拖累整个欧洲。所以，它们申请了将近十年才让它们加入，这里面要有很多的指标，包括政治运作。因为实际上就某一个国家来讲，经济不发展，就是消费不足，或者没得消费，新加坡人均收入是5万美元，我国台湾地区是2万多美元，香港地区是3万美元，中国内地才3000美元或者更少。现在内需为什么不足？就是有两个问题不足，一个是收入不足，劳动生产率比较低，劳动生产率比较低也暗示了权利比较低，权利没有实现，没有实现诉求。

我们再回到波兰，波兰加入欧盟之后，很简单，将近100万人去了欧洲打工，其中很多人去了英国。WTO里边或者是欧盟里面最重要的是资本的自由流动，就是整个欧洲或者整个世界的资本是流动的，资本没有限制地流动，劳动力流动，商品流动，这里边就要有一个最基本的条件，就是每个人有同等的权利，欧盟里面的3亿人或者世界上所有参与活动的人，商人也好，他是自由的，一定会带动经济的发展，这是很核心的问题。

孙越：据我的观察，我在2012年和2013年又走了几个国家，特别是到了乌克兰之后很有感触，因为在前苏联解体之后，在东欧社会主义阵营崩溃以后，乌克兰要做一个对自己非常有利的选择，但是由于历史、文化的关系，乌克兰是难以脱离俄罗斯而独立存在的。但是我们知道前几年，大概是2003年之后，发生了第一次颜色革命，从格鲁吉亚波及乌克兰，这个时候乌克兰就选择加入北约，要进入欧盟等等，由此辅助于美国东扩的选择。但是又经过了这些年的徘徊和几代领导人的更迭之后，现在它选择在美国和俄罗斯之间，走中间道路，所以我2013年3月去了乌克兰之后，对它的政治经济、市场进行了考察，我觉得现在乌克兰处于一个很痛苦的时代，我依然还持比较保守的观点，是不是真的改革成功了还有待时日，因为现在乌克兰全国4000万居民，据乌克兰科学院的调查结果，大概有36%的人想移民，想赶快离开这个国家，这不是一个很小的比例，这是一点。

我在乌克兰10所高校进行了基本的民调，发现90%以上的乌克兰学生说，我现在马上要学英语，学英语的目的就是要到西方去。当然，是不是这样走另说，但是他们为什么要逃避这个国家？这个国家还存在什么问题？既然你们已经选择了民主，选择了自由竞选，总统和你的国家领导都是你自己选出来的，不是强迫给你的，那么你还有什么不满呢？然而他们依然觉得没有出路。所以我觉得，这就给大家提出一个问题，就是说我们革命成功之后选择了民主道路，选择了西方模式，是不是真的就能解决我们自己最终的问题？如果不能解决，是不是只有逃避？比如说，现在移民问题形成了东方国家的一个热点，那么这个热点之间是不是又有关联呢？这个问题我觉得很有意思。

凤凰博报：那是不是现在可以说，他们这个国家有很多民众对于这次的改革并不认可，可以这样说吗？

孙越：我跟乌克兰作家协会的一些朋友进行了交流，他们给我提到一个问题，就是对于乌克兰今天的改革感到很困惑，如果说在2003年前后颜色革命时期，我们的口号是非常清楚、非常清晰的，那么现在越来越模糊了，比如当时我们想，我们要走西方道路，我们一定要从总统大选到普通的州长直选都是我们自己双手来完成，今天全部完成了以后，我认为今天呈现的这种局面不是我们想要的。这个问题就很有意思了，而且现在俄罗斯的市场很清楚了，乌克兰的普通民生现在还有问题，比如说现在它的医院既不能按照前苏联体制推行全民福利，又不能按照市场经济推行有价的商业福利，所以我认为它现在既不是西方，也不是东方，既不是社会主义体制，也不是理想的转型以后的状况，所以它是非常微妙的一个情况，有点说不出来的感觉。也许这是一个短暂的过程，但是这个过程现在已经持续了将近十年，我们不知道还要持续多久。

孙越：苏东知识分子没有推卸唤醒民众责任

凤凰博报：苏联和东欧国家，有所谓的面包时代，这个时期的知识分子出现了集体失语、冷漠化甚至常规化等现象，对于这样的现象该怎样解释呢？

信力建：这个也很正常，最近不是有企业家说在商言商很正常嘛，最重要的是一个社会有很重要的问题，所有的经济发展基于人的积极性和人的努力去达到，所谓的美国梦当然是关于梦想。为什么美国人能够创造他的财富和他的社会方式，就是说每个人有基本的权利，这个权利不会被任何人剥夺，而且它保证公平，不会恐惧，不管你是一个企业家也好，一个普通工人也好，一个学者也好，言论是自由的。美国没有国家电视台，没有国家报纸，所有都是民众的。在这个情况下，这个社会的创造力能够无限扩大，这是最重要的。因为前苏联解体以后，所产生的就是面包的问题，我们只吃面包，不去讲政治，解体以后，有一段时间比较贫乏或者说不如计划经济。其实这个也是一个假象，但是它们遇到了困难，因为整个这种调配式的经济垮台了，原来它们把重工业、军工业作为主打，很多人失业，包括普京也失业了，大量的人失业。

跟生产没关系的人太多，这些人全部失业的情况下，导致了确实有问题，他们确实有转轨的痛苦，其实前苏联人，不管是东正教情怀也好，还是他们的拯救情怀也好，包括当时十月革命以前的二月革命，那一帮十月党人的情怀也好，他们确实是一个苦难的民族，并且他们有一些很高的情怀，后来都被斯大林灭掉了，杀掉了很多，就是说如果走的这条道路是以杀人、禁言为依托的，我觉得是走不下去的。

孙越：我再补充一点，我倒觉得俄罗斯东正教情怀在整个苏联解体的过程中起了非常重要的作用，因为从 1988 年，俄罗斯全国进入了东正教信仰之中，这使得东正教在俄罗斯有特殊的作用和意义，俄罗斯变成了一个非常实实在在的政教合一的国家，虽然普京在 2012 年的 2 月还宣布俄罗斯是一个世俗的国家，和东正教的关系是并行的，而不是最终平行、融合在一起，但是其实我们从俄罗斯的一千年甚至一千多年发展历史来看，俄罗斯东正教从来就没有离开过政权，也没离开过政府。同时，我认为它是双刃剑，在国家统治方面，因为俄罗斯是传统的中央集权制的国家，所以东正教起到了协同政府来控制国家的作用，所以在历史上很多时间遭到了封杀，比如说在斯大林时期，后来斯大林战争的时候又启用了东政教作为抗击德军意识形态的辅助基础，在赫鲁晓夫时期和在1980年以前的这段历史时期，当然后来在1980年之后，东正教在苏联部分地区和部分教区得到了恢复，但依然还是受到打压的，东正教最终的复兴应该是1992年以后，从阿里谢二世上任以后开始了整体的复兴。这个时候我认为正好是苏联国家的意识形态出现真空，这个时候东正教进来填补了整个社会的信仰真空，这是一方面。当然，在填补信仰真空的时候，西方的自由主义思想还有其他的思想也进到这个领域里来了，这阐释了俄罗斯在20世纪90年代一直到现在意识形态的混乱期。现在普京之所以这样大力支持东正教，在全国大力推广东正教，并积极促成今年（2013年）五月俄罗斯的大牧首访华这个举措，目的实际上就是告诉这个世界，同时告诉国人，东正教要作为坚定不移的国家意识形态，一个国家若没有意识形态就无法掌控全局，更谈不上复兴。这是我对东正教的看法。

我不知道所谓知识分子集体失语的这个“失语”讲的是什么，但是我觉得不仅仅是在斯大林时期，刚才信老师讲的，包括在面临集权恐怖时期，以及现在推翻了过去的旧体制而建立了新体制的时期，我觉得知识界包括作家实际上一直都没有失语，他们一直在不断发出声音，只是这个声音的强弱是有区别的，远近是有区别的，但是在用自己的知识、自己的声音、良心的声音唤起民众的觉醒这一点上他们从来没有推卸责任，我觉得这是很不容易的一件事情，是很难坚持的，当然最后也走向了胜利，这是很宝贵的一种情怀。

孙越：苏联完全无力掌控民族问题导致其崩溃

凤凰博报：来看另外一个现象，在苏东国家后期进行改革与转轨的过程中，知识分子打破了只讲道理而不讲经济的局面。为什么会发生这样的现象？

信力建：这个我觉得很正常，从过去来讲，在农耕时代和初级工业时代，知识分子是代表这个国家，不管以东正教的名义出现，还是以其他的名义出现，这个真理还是特别简单的。到了现在来讲，经济是非常复杂的，已经渗透到每一个环节，包括教育的环节，包括医疗的环节，包括其他比如说传播的环节，我们觉得经济或者钱只是一个润滑油，不是一个终极的目的，没有润滑油根本就不可能。所以，所有的知识其实是相通或者应该打通的，只是过去没有达到这么广泛的知识水平，而现在学问不断在拓展，知识不断在拓展。所以，当代真正能够掌握知识或者掌握智慧的人，应该是对于各方面都有更多的了解，而不是局限于某一个方面，尤其是固守于传统的意识形态，我觉得这是很重要的一点。

凤凰博报：两位觉得在当时的背景下，这些知识分子充当一个什么样的角色，或者说起到什么样的作用呢？

信力建：东正教也起到和波兰的团结工会类似的作用。宗教在我们国家有时候被看成是迷信，其实这是一个偏见或者本身是一个迷信。最早的第一个知识分子是祭司，就是国王还有另外一个掌握知识的人，一个掌握剑，一个掌握知识，这是最早的两个脱离生产的人。这个掌握知识的人在印度叫做婆罗门，在欧洲叫做宗教，叫教廷。而在中国叫什么？叫做儒生。其实全世界都有，儒生也就是儒学，也是在监控，就是有帮助政权、维护政权的作用，也有匡扶政权的作用，就是说政权不能够搞得太过分。在印度，婆罗门的等级高过国王的等级。在欧洲其实也是这样，欧洲在很长的时间里，国王是由教皇去帮他加冕的，教皇大于国王，所以在15~16世纪，像英国也好，德国也好，民族运动逐步提出上帝的归上帝，恺撒的归恺撒，就是民间要世俗化，慢慢脱离宗教，但是不等于说宗教就是迷信。宗教是人类知识的传承中最重要的一个组成部分，我们现在的教师也好，教育也好，都是从宗教过来的，过去没有这个，我们现代的教育只有100年到200年的历史，而宗教有上万年的乃至20万年的历史，人类稍微有文明就开始有宗教了。所以，如果说知识分子应该怎么样，或者应该承担什么，这些知识分子要承担知识的扩充以及知识的使用，就是智慧，人类的智慧就是由知识分子去主导的。

凤凰博报：两位觉得东欧剧变的根本原因是不是因为照搬了苏联高度集中的计划经济，从而导致经济崩溃呢？

信力建：我个人是这样认为，其实讲的不管是波兰团结工会，或者是俄罗斯的东正教，在斯大林时期所有有组织的资源全被毁灭的情况下，它们是能够保留下来的，波兰也有宗教保留下来，它们是毁不掉的。一个组织只要有信仰，就能够继续存在，它们有自己的组织。计划经济是一种乌托邦的形式，也是斯大林创造出来的，就是说有一个计划的核心，人能够设定其他人需要什么东西。我们在它们倒闭之后就已经知道，以前的人也推理出来了，这是不可能的，如果每个人叫做一头牛，三亩地一头牛，老婆孩子热炕头，这种简单的生产确实可以计划的，以前有很多粮票、布票、洗衣票、理发票，就是规定你只能干这个，但是恰恰在这个问题上，人的需求是无限的，人的贪婪是无限的，其实社会的供给也是可以无限的，可以无限大，它们互相之间周转，世俗的人没有办法计划这个东西，所以它们最后全部崩溃了。

孙越：关于东欧的解体跟苏联的关系，还有它们的互动作用，我觉得有两方面。一方面还要回到宗教这个角度上来，如果这是天意，在俄罗斯我走访了很多科学家、作家、哲学家，他们提到这个问题，就是只要是有违正义的，是倒退的力量，最后总是会被一只无形大手毁灭和摧毁，这是一方面。

另一方面，我觉得苏联的解体当然和东欧有一些内在的联系，因为我们知道当时的一些国际组织，比如华约等，有这方面的原因，但是可能苏联解体和其他东欧国家略有不同，我考证得不够，但我认为苏联的解体里面有重要的一条，非常重要的一条就是苏联在漫长的 70 多年里完全无力掌控它的民族问题，这是苏联解体最重要的一个原因。我们刚才提到了经济、政治、文化等方面，但民族问题是一个非常不容忽视的问题，就是我们要看到有很多精英参与了前苏联解体的过程，包括叶利钦、盖达尔，后来这些所谓改革的班子，在苏联时代可别忘了他们都是坚定的共产党人，他们都是坚定的党的精英和戈尔巴乔夫后期所谓的公开化还有民主化的参与者，但是他们后期全都成了共产主义的掘墓人。

苏联在漫长的历史过程中，在国家意识形态上强力推行俄罗斯沙文主义，完全排斥或者忽略少数民族的存在，这是第一点。第二点，苏联在经济问题上和经济互动上有很大的失误，特别是到了后期，1980 年以后，经济越来越保守，地方保护主义呼吁摆脱中央，当中央干涉的时候，它们就说中央给它们追加的国库资本太有限，不够，它们不能发展，实际上它们也是更多地希望发展自己的势力。由此可见，实际上中央和地方到了晚期是脱节的，这种分离主义的倾向越来越重的时候，我想局面肯定是失控的，那么失控到了极致，苏联解体也就迫在眉睫了。还有一个事实我们不能忽略，就是到了 1990 年 3 月的时候，苏联举行了一个全民公决，公决意向只有一个，就是是不是还要保留苏联，可见苏联解体在整个大的格局背景之下已经存在，在苏共完全彻底失败之前它已经在选择最后的道路了，遗憾的是发生了“8・19 事件”，它还没有来得及做好这个公决，这个国家就已经开始轮回了，就是这么一个过程。

信力建：西德巧克力让几十万东德人翻越柏林墙

凤凰博报：其实我们很多人对于东欧国家的印象都是很刻板的，但是很多人去东欧国家旅游之后，又确实觉得它们和印象中的并不一样，觉得它们的建筑还有一些人文风貌跟社会主义没有什么关系。为什么会出现这样的现象呢？

信力建：东欧变成社会主义是二战的结果，二战前它们并不是社会主义，它们自己的社会主义是苏联社会主义，那时候乌克兰还没有加入，通过二战它们把东欧国家打下来了，因为二战之后苏联红军就打了过去，就是所谓的解放了这些，但这是罗斯福的一些错误。当时如果按照英国首相丘吉尔的意见，不应该是这样，但是它们倾向于实用主义，还是希望苏联大军去帮它们打德国人，这是当时的一种策略，美军打一部分，它们打一部分，迅速把德国打下来。它们开了一个会，签署了一个秘密协定，瓜分了战后国际，然后战后就把这部分归入社会主义阵营。

我比较赞成他讲的几个，就说苏联的解体第一是违反人性，是非人性的一种统治，斯大林屠杀本国人民和压迫本国人民，同时压迫各民族；另外，它的民族政策是完全失败的，是完全错误的，斯大林搞的民族政策设定了很多民族，口头上说民族自治，实际上不是的。我们反观美国，美国没有民族问题，全世界 100 多个国家的人和几百个民族到它那里，它只有公民，没有民族，每个人都是美国公民，你到了美国就是美国公民，你必须宣誓，他没有说你要有民族之分，州跟州之间的每个人都是国民和公民，你在这个州只是享受这个州的福利。我就犯过傻，我从美国回来，拿着护照想找移民局离境签证。走到机场，到上机，也没找到离境签证处，拿着美国护照去全世界，买张机票就可以了，它没有这个要求，你到全世界去旅游，去创业，这个国家不干涉你，而且没有必要干涉，所以它的国家主义不是这么一个国家主义。而斯大林搞的民族政策则不仅使苏联本身要解体，后来南斯拉夫按照这个民族政策也是会解体的，这种民族政策完全是斯大林搞出来的一个失败典型。

最后来讲，还有一个自然法则，用计划的方针，用强迫的方针，用中央集权，经济是发展不起来的，经济是内在的，个体是自由的才能发展。比如说，现在我们国内的一个著名商人说在商言商，“商”是什么意思？“商”就是商量的意思，商家就是我跟你要贸易，你有苹果我没有，我只吃梨，我觉得苹果好，我跟你商量怎么换这个苹果。你可以漫天开价，我坐地还钱，两个人必须是同等自由的，都是有主权的，那我们可以贸易。如果我是他的奴隶，或者他是我的奴隶，那么就没得贸易，我抢就完了。

所以，它本身是违背人性的。最后第三个问题我觉得也比较正常，三个问题都是违反人性，它的民族政策是失败的，也违反了自然法则，自然法则以宗教的民意去表述，我个人认为也是回到了自然法则。人类历史所有的东西，最后你违反了人心里认同的道德，所有人觉得你这个东西是不合理的，这是很明显的，比如说为什么苏联一解体东欧就赶紧解体了。所以，当时柏林墙很简单，你围了一个柏林墙，但其实人心还是隔不断的。乌克兰的人为什么要逃跑？我们都知道，我们是广州来的，我们当时逃港，冒着生命危险，带着老虎的粪便就说要怕狼狗，游水偷渡，用各种方法，都是冒着生命危险。

这个柏林墙也是，后来是开枪去打，那天晚上波兰的外长说我们应该开放柏林通道，那边记者问是今天吗？他没说是不是今天，然后就说开放了，大家就赶紧去。然后科尔，就是西德的总理跑到那里去了，你们过来吧，你过来我给你们100个西德的巧克力，100个西德马克的巧克力，只要来就给你巧克力，那天晚上几十万人过去。人心的向背是最关键的，几千年、几万年以来，每个人基于生来所具有的小小的文化意识，认为你违背了它，然后大家都不认同，就换掉了。

孙越：刚才信老师把美国这个情况讲得非常生动，其实苏联也是一样的，我们研究过苏联1922年、1934年一直到1977年的宪法，上面明文规定每个加盟共和国拥有各自的主权，这个主权的概念我想就很清楚了，它到了1977年以后又修宪，这个取掉了，就说在1977年以前每个加盟共和国都是拥有各自主权的，但是在这么多年里，这些加盟共和国从来没有拥有过，我们就可想而知它为什么会崩溃，有法不依，不可能。

信力建：我们当时去了匈牙利，匈牙利人民希望自己能够掌控自己的主权，你苏联大兵跑来镇压，这肯定不合法，大家不能接受，你坦克来了，并且把带头的匈牙利的一个领导人给杀了，诸如此类。但是人心怎么样？你不可能把所有人都杀掉。那肯定认为你不对，你这是属于犯罪，我们生活得好我们有自由，我们能够晒太阳，我们能够生活得非常好，当时它们是有的，后来我们大陆没有再说这个，当时苏联和西方国家竞赛，苏联人也在宣传自己的生产方式怎么怎么好，包括朝鲜千里马运动，好像是在20世纪60年代，它们搞千里马运动的时候，好像它们的国民生产比中国还高，人均国民产值还高过中国人。

孙越：叶利钦为保寡头经济让许多百姓家破人亡

凤凰博报：这些年国内外的经济学界基本上有一个这样的共识，他们都说中国的改革是间接式的改革，东欧的改革是激进的休克式疗法。对于这样的说法，两位认可吗？

信力建：我不认可，我觉得在开始的时候，他们说得确实是对的，当时中国改革是比苏联要早，其实我们是帮助了苏联人。我们知道改革，并且我们通过了港澳台华侨，确实我们的市场经济在很长时间里甚至到了20世纪90年代都优于苏联。它们没有民营企业和资本企业，但最关键的是，所谓东欧改革就是解决两个问题，一个是私有化的问题，一个是民主化的问题。

私有化和民主化怎么去实现，先民主化还是先私有化？它们都采取了先民主化。波兰我们讨论了，它和捷克不一样，捷克就是一步到位，所有国有的财产配制成每个国民有10股，我给你一笔虚拟的网络货币，比如说100万，你可以买10个工厂的股票，你也有100万，我也有100万，我们把家当分了。但不是说分，它是用另外一种占有形式，以前是虚拟的国有财产，这财产都是我们国家的，但是委托了一个我们不知道、我们没掌控的人去掌控这个财产，我们现在不要这样干。

我们把它分成你去控制或者说跟进10个企业，这个企业办得不好你就把它卖掉，直截了当地量化到每个国民身上，这就是私有化。但是私有化是在民主化的前提下进行的，就是说这个国家的政权是老百姓有权控制的，是我们认同的，是我们投票确认的。这个国家领导人和这个企业领导人，无非是解决这两个，然后我们分，我们不玩这种游戏了，换另外一种游戏，这是很简单的事情。这个情况下它们所完成的私有化是大家认同的，就像波兰团结工会，它那个工厂我也去过了，瓦萨文他们就说讨论了两次三次，拖了很长时间，并且亏空很多，但是最后工会投票通过了这个东西。现在没得说了，就是所有分完之后大家没有意见，或者不能提出意见，因为分之前跟你征求了意见，你同意了。

像别的国家或者我们国家，分了之后，我没有参与，我没有决定，怎么你分了我没分？工人有意见了，现在要抓这个，说你这个厂本来值1个亿的，你现在1000万就买去了，是不是你怎么样了？到底这个是不是值1个亿或者是不是应该这样卖？这未必是不合理的，因为亏空9000万，确实只值1000万，当时没有买，他买了，这也可能正常，但问题是你没有民主化的过程。现在来讲就是，我当时就提出，我说我们不追究历史了，从现在开始我们和解，我们跟历史和解，我们不再追诉这个事情，很多人就把我给骂了一顿，说你凭什么，你有什么理由，我们为什么不追诉？这种情况下就分了。

所以我觉得，你看人家现在，我当年就说，俄罗斯的日后一定比中国要好，现在人家平均国民收入 13000 多美元，并且是免费医疗、免费住房、免费取暖和免费供水，很多免费，还有退休金等。中国在这方面做不到，所以整个来讲，现在虽然大家都是走同样改革的道路，但因为某种历史的原因或者历史造成了挫折等，中国在这方面还是面临太多太多问题，还有好几个坎要过去。

孙越：我倒略有不同的意见。因为我在俄罗斯住的时间比较久，快 20 年了，俄罗斯的改革前期就是经济改革，你说到休克疗法的问题，我同意信老师的观点，就是说在一个没有民主保证的过程中推行这种经济改革是非常可怕的，俄罗斯恰恰走过了与东欧国家不同的路，不同于波兰，不同于捷克，更不同于匈牙利。叶利钦时代的秘书就曾经专门跟我讲过他是怎么来策划这场经济改革的。1998 年的时候俄罗斯发生了第一场很严重的经济危机，在这个经济危机之前叶利钦就把当时的俄罗斯七大寡头召到克里姆林宫，告诉他们明天卢布开始贬值，今天晚上你们就连夜想办法吧。第二天果然就推行了卢布贬值，当然，很多老百姓家破人亡了，但是他要保住自己的寡头经济，这个寡头经济是维持政权的体系和力量，要给它输血，所以俄罗斯在 22 年的改革中形成了苏联解体以后的寡头经济政策。

我们说到今天也是一样，在俄罗斯目前八大国有部门里边，所有的领导人基本上都成为了新一代的寡头，旧的寡头如果对政治的渗透太多，就会面临灭顶之灾，我们看到很多人都逐渐被蒸发掉了，就是这个原因导致的。那么在推行改革的过程中，我有一个形象的说法，就是苏联是原始森林里一个庞大的被淘汰的生物，它死而不僵，这些寡头是被特批允许趴在这个僵尸上吃最后的腐肉，今天为止过了 20 年，一直把它吃成了一个骨架。

为什么说苏联传统的重工业生产现在已经彻底没有了？是因为经过了两代

到三代的寡头淘汰，彻底摧毁了苏联的重工业生产，把这些厂家或者私有化或个人化，或是卖到西方去了。为什么现在俄罗斯没有生产能力？这是重要的原因。这些人上去之后也不可能去更多地发展俄罗斯原来有亏欠的轻工业，那么就大量进口，现在俄罗斯供应民生的90%以上的轻工产品全部是进口的，当然，有些是从中国，有些是从欧盟，这是不一样的。

还有在民生上，这是我说普京在出任第三任总统之后面临的严峻考验，就是能不能提振民生，因为刚才您说到的住房问题、医疗保险问题，还有养老问题，在俄罗斯今天变成了最大的问题，每年 1 月俄罗斯都要举行游行，就是现在俄罗斯退休职工有一个习惯，只有通过游行抗议的方式才能给自己争得每年 100 块钱上涨的退休金，现在他们的退休金每个月一个人大概是 9000～10000 卢布，折合人民币 2000 块钱，但是俄罗斯的物价指数我认为比北京要高 8～10 个百分点，这是一个。

第二就是目前俄罗斯知识分子比如教师在大学里的收入不会超过 1500 美元，但是俄罗斯的政府官员据说最近要调整，要用高薪养廉的方式来给政府官员提薪，现在不知道做到没做到，但是现在莫斯科的房价按照北京同等路段来推算，比北京要高 20%～25%。那么它的医疗现在表面上是大众医疗福利，可以不要钱，但是我们 2012 年去过俄罗斯考察，凡是简单的治疗包括化验都是可以免费的，但是所有的治疗都是要收费的，都不是老百姓可以承受的，一次看病就要几百上千美元是没问题的。当然，现在唯一免费的就是很多朋友愿意在那里使用它的医疗方式，就是救护车是免费的，所以我们经常使用它的免费救护车。

信力建：俄罗斯没实力和中国一起对抗美国

信力建：谈到一个很好的问题，你要找一个参照值，按照波兰民主化过程比较好的、善后比较好的像捷克等，俄罗斯确实有很多问题，历史产生的问题，包括杀害了很多民族精英的问题，以及它们最后没有实现很大的开放，比如说它最近才加入 WTO 这个问题，等等。我们倒过来看，如果说以中国作为参照值，你会看到中国同样有很多以国有企业为代表的行业垄断，现在也同样造成贫富差距巨大，老百姓不肯花钱，没法花钱，没有钱，整个来讲现在只达到平均 3000 美元的国民收入，从这个参照值来看，大家是同等的。而它们做了一个事情，当时它们改革也是说卢布量化了股票，所以它们没有说我们要回到苏联时代，它们也没有说要推倒重来，但是我告诉你，这个简单的亚洲模式也同样是——不管是战前的日本和战后的日本，我们以韩国为例——是非常典型的。韩国在 1998 年金融危机以前是举国支持 36 个寡头，这些寡头都跟政府有勾结，国家所有的储蓄都支持这些寡头。结果怎么样？结果现在韩国是发展起来了，它的汽车制造业、化妆业、国民收入在亚洲现在是排在比较靠前的，是发展比较好的。

它也是有寡头，很明显，这个寡头不管是在新加坡，在印尼，在马来西亚，都是这样，就是整个亚洲都是家族寡头，包括在日本也是这样，比如三菱重工。麦克阿瑟占领日本之后第一个问题就是解散寡头，成立工会，建立自由贸易，允许有选举，有私人电视台，新闻自由。现在俄罗斯本身具备这些东西，比如说私人电视台、私人报纸、私人媒体、选举，这些都是将来解决寡头问题的一些重要基础，包括普京也打击寡头。但俄罗斯有它的问题，酗酒，天气寒冷，有天然气和石油，所以它们不太努力。另外，它作为唯一一个没有加入欧盟的大国，整个欧洲在排挤它，它也不参与到欧洲的经济之中，它跟中国有些小贸易，灰色贸易，也不是大众贸易，所以它自己在吃自己的老本。你说它把自己的历史吃掉，确实，它拥有全世界最大的 2000 余万平方公里的疆土，石油各方面都具足。所以说它还能跟中国一起抗衡美国，根本不可能的事情，它唯一就剩下一艘破烂航母，那艘航母现在还生病住院，拿到船坞里边去了。我又回到刚才的结论，有问题没问题，只要走的路是正的就没问题，它应该加入 WTO。

孙越：我们也在俄国屡次做过调查，发了问卷，既然有这么多问题，有这么多不满，那么请问你要不要回到苏联？没有人愿意，这是非常坚定的。

信力建：这是前进中的问题，我们说我们某一天会到天堂里边，这都是不可能的。关于历史发展，我们现在到底发展了多少年，也可能说我们拥有上千年文明，五千年文明，乃至一万年、十万年、二十万年，人类二十万年了，二十万年你走了多少路，是不是？如果我们把这两百年掐断，那整个二十万年人类进步是很小的，五百年前欧洲没有灯的时候，那是一片黑暗，还没有下水道，瘟疫经常发生，就是这两百年三百年突然间有现在的这么一些东西，有互联网，这个历史的长河里我觉得还是要给它一个定位。我们习主席讲得非常正确，走什么路，正路，穿什么鞋，它们穿了一双好鞋，适合脚的鞋，走了一条正路，我觉得这是很关键的。中国也应该找到一条正路，穿上一双运动鞋，我觉得这个是很关键的问题。

孙越：其实现在我们刚才说的苏联解体的问题，包括东欧的剧变，经济、政治、民主方面的剧变，我觉得首先是因为国际上具备了剧变的形式。我不知道这个分析对不对，这是我个人的一个看法，就是经过工业革命之后，形成了欧洲工业革命的文明，那么在20世纪以后，特别是二战之后，我觉得欧洲技术掀起了第二次革命，形成了欧洲技术革命，实际上现在世界上说要去转型，要去跟市场接轨，接轨什么？我觉得是接轨西方文明，实际上说穿了是以美国为代表的文明，这就是我们要做的事情。而苏联解体带动了欧洲剧变，那么这是一个什么过程呢？我觉得这是一个全世界在向欧洲转型的过程，这是本质。那么把苏联的解体概括成什么呢？我一直认为还是概括成颜色革命，既然我们现在说这么多颜色革命，苏联解体带动东欧剧变都是颜色革命的开端，从1989年以后就是开端。

那么到今天为止，我们有很多实例，从2003年的格鲁吉亚革命、2004年的乌克兰革命，到2005年之后的吉尔吉斯，这些革命我觉得今天还在发生，包括发生在埃及的——我叫做第二次颜色革命，今天由于全世界进入转型期，政权的更迭越来越会采取颜色革命而不是暴力革命模式，这是一个区别。第二就是说在发生颜色革命的地区和领土上还会重复发生颜色革命，这在以前是没有的，我们反观今天的埃及革命，我前两天见了个埃及人，我提了这个问题，我说为什么在你们国家，在你们首都，会在同一个地点，一年之后同样爆发颜色革命，你们不是选择了自己的政府吗？穆尔西不是你们自己选择的吗？怎么又把他推翻呢？他说我们现在革命已经形成了一种习惯，革命变成了我们的生活方式，所以只要这个政权没有代表人民的利益，我们还会用严肃的方式把它革命掉。我觉得这很有意思，我发现，这种结构，这种革命的模式，百姓推动政府更迭的模式，是不是就成为苏联之后给我们的一种启发，成为一种常见模式呢？这个值得探讨。

信力建：我觉得这里面讲得很正确的就是，我们一直说 1949 年中国人民站起来了，人民怎么去反映自己的诉求？过去来讲有困难，都是农民的话，我在 40 年前就想了这个问题，必须有两样条件，一个就是有互联网，每个人按一按钮就能表达他们的诉求和想法，不能被人代替，如果没有这种方式，我们假设在 30 年前，怎么让每个人都能够去表达这个诉求？不可能。他在农村，他在北京，他在广州，我们怎么跟他们互联呢？我们怎么知道这个关系呢？这是第一个。第二个，每个人要达到科学家的水平，当时我们的科学家是最具有思维逻辑的。比如说像苏联或者东欧要公投，国家给出一个东西，比如说欧盟要不要选出它们的总统，让大家公投，那你要判断，如果说都是农民，我们选陈永贵做国家主席，你这个判断是错误的，你必须有一定的或者相当的智慧和文化学识才能够判断出这个。

刚刚讲的埃及二次革命，第一次选的穆尔西，穆尔西一直在做穆兄会的工作，它们是潜伏了很久的，推翻埃及穆巴拉克中它们起了很重要的作用，但是你去革别人的命不等于你就有权力再去搞这个专制制度，搞这个政教合一的制度，你不可以违背人民的，这个我觉得非常正确，我们讲颜色，它们就用颜色，因为权力是它们的，人民掌握权力，我不喜欢你就表述出来。这如果是一个正常国家，根本就不需要去广场。像澳洲现在那个陆克文重新上台了，杨恒均写了一篇文章说，他换裤子的时候已经换了总理，几个人商量一下你不妥当，那你下去了，很简单。像日本和德国以前就是，日本平均一年不到就换一个首相，觉得你长得丑，下去就完了，不需要什么道理。你要明白那是人民的国家，人民有表达意愿的方式。就埃及人掌控埃及来说，埃及的人民怎么样反映出他们的意思？他们认为需要一个什么样的总统或者不需要一个什么样的总统，由他们来表述就可以了。

凤凰博报：现在也有人认为苏东国家这种休克式的疗法是华盛顿共识之意识形态下的产物，两位觉得呢？

信力建：苏东变革本身是内在的，是必然的，有一个领袖就说了，鸡蛋能孵出鸡，石头就不能孵出鸡，它必然有内在的逻辑在里面，它有合理性，比如说中国的工商业认为要更自由地买卖，要更多的自由，要更多的就业。中国要强大，人民要富强，就要有内在的生机，每个人的权力要能够均衡，资本家不会恐惧，不会担心不公平的司法把自己给灭了，这个很危险，比如说资本家认为危险所以就不投资，把财富转移走了，那就是损失了。从国家来讲，从资本家来讲，我恐惧不去消费，这个不消费也是由于恐惧，是对未来的一个恐惧。

他们没有信心，包括一些政客也没信心，他把钱搞到走了，但整个所谓的经济体是不能强大了。经济要充分增长，利润要充分增长，劳动生产力要充分增长，就业要充分增长，这个国家和民族在强大，否则的话工人不肯消费，资本家不肯投资，政治家留有后路，那我觉得最关键的不是意识形态问题，一定是内在的问题。

孙越：接着信老师的话讲，很有意思，其实意识形态这个词在中俄两个国家提得最多。在其他国家这个词跟宣传这个词是一样的，实际上是很贬义的词，别的国家不谈这个词，但是我们谈得比较多。这是有历史原因的，这与从苏联建国到跟中国的关系是分不开的，与两国两党是分不开的。

前不久我还看了俄罗斯一个博士生的一篇论文，他过来让我看一下里边写到苏联解体的问题，其中有一个重要的章节，他说是美国意识形态对苏联的强力输入导致了苏联瓦解。我觉得这很有意思，我说我们如果学一点点哲学的话，都会知道这个强力输入除非战争，他是看了一部大片就解体了，我觉得这有点太过分了。但是他举了很多例子，我觉得很有意思，他举了在 1989 年苏联解体前后，美国一些基金会比如美国之家、自由之家等对苏联的渗透，还特别讲了 2005 年吉尔吉斯颜色革命时期，吉尔吉斯总统自己主动要求把非政府组织引到吉尔吉斯帮助他们搞改革，最后搞来搞去他被迫政治流亡去了。所以，他就讲美国意识形态是洪水猛兽，不得了，你稍微一沾上了就会崩溃。我觉得这好像也是很夸张的一种说法。各种思想、思潮在任何一个地方交流都是很正常的，如果你认为这种思潮是洪水猛兽，冲击动摇了自己传统的东西，使你自己的国家和民族发生了巨变，我觉得这要考虑是什么原因了，可能是你自己有更多的不合理因素。既然我们大家知道现在是世界转型期，全世界在转向文明，如果你还拒绝的话，那会是什么结果也是不言而喻的。

信力建：俄罗斯是民主国家，但处于幼儿园阶段

凤凰博报：按照两位老师心中对于民主的定义，两位老师觉得俄罗斯算是一个民主国家吗？

信力建：我个人认为它有几个问题。一个是民主化体制，首先来讲它那个国家里面存在党派，我去看过，当时我们在 10 年前去看的时候，久加诺夫在那里，他们有竞选，有议会，有私人电视台，有媒体，有示威游行，有工会自由，等等。就算你这个文明——他用文明很好，民主是文明行为，不是用暴力来解决问题，包括选举总统、确定国家领导人。是通过民意来选举、来确定，这是最核心的一个问题。比如说它的财政，包括现在很多人反对普京，当然普京也做了一些不妥当的事情，比如抓一些人，秘密暗杀一些记者，但这都是枝节问题。在一个大的框架里面，他刚刚踏入民主，就好像我们是办学校的，他是幼儿园，他处在幼儿园初级阶段，民主的初级阶段，民主不是说一蹴而就的，民主要学习，民主是一种高级的生活方式，这个方式里边我们不需要暴力，我们不能用暴力。我们要认同所有人的权利是平等的，我们怎么样去制约所有的权利，同时我们不能主张少数人的暴力，也不能赞同多数人的暴力，我们按多数人意见办，但是尊重少数人的权利。所以，这是一套比较高难度的动作，就像双杠单杠里面的高难度动作，需要学习，并且需要每一个国民的参与和学习。

孙越：这是需要发展的过程，我非常同意信老师的意见，因为我们知道俄罗斯的领导人，特别是从中央到地方，到各个省，到各个滨海边疆区，都是从共产党体制内脱胎出来的人，他们身上带着浓烈的旧体制的味道，甚至是一些行为方式，甚至是思维方式。从普京本人就显而易见，因为我们写过不少普京的问题，也研究过他这个人，在推行民主这个过程中他有很多反复，有很多过失。我觉得这是完全可以理解的，如果他没有这个，反倒就没有他的历史背景和根源了，但是他要想把它变成一种生活方式，变成一种高级的、完美的生活方式，他跟全国国民一样有很多要学习的地方，这就看通过什么途径来完成这个圆满的学习过程。我倒认为这就是俄罗斯转型的一个积极的地方，会给中国带来很多重要的启示。我们在俄罗斯经常看到街上有游行，市长门口有抗议，但是我们没有看到城管或者保安，因为他们觉得大家既然都认同和平这条路，我们是文明的行为、和平的方式，那么我们就不必去通过那么多的国家机器随时准备把他们砸烂，就没有必要了。我觉得这是一个非常大的进步，倒退 20 年莫斯科是做不到的，那是一定要出动坦克的，现在已经见不到坦克了，这就是进步。

凤凰博报：我们可以从东欧以及俄罗斯这个积极转轨的进程中学到一些什么？或者说吸取哪些教训？

孙越：我觉得我们要看的东西当然很多，其实我们刚才都谈了，包括我们的经济转轨、政治转轨方面，比如说经济转轨刚才我们谈到寡头，信老师也讲了寡头是一个国家经济改革转型期不可或缺的或者无法绕过的一个过程，我倒是觉得这个过程越短越好，因为这个过程可能会给来之不易的民主结果带来伤害。可能我对此没有更多的研究，但是在政治表达这一块，比如说大选、直选这一块，这是我们都梦寐以求的，现在俄国已经实现了，但是难道说实现了直选就真能直选吗？这个我觉得有待于我们思考，因为俄罗斯在直选的过程中，从杜马的直选，到总统直选，都发生了流血或者是教会出来帮人拉选票，或者教会的参与还有其他方式，这个过程我觉得都是避免不了的，它的民主突然冲向我们的时候真是鱼龙混杂，泥沙俱下，所以我觉得不仅仅需要社会的精英，还需要国家各行各业的精英联手，或者大家要协同。另外就是，让大家如何能够真正理性地接纳这个民族也是我们要学习的一个过程。

信力建：我觉得现在来讲我们可能已经走不了欧洲的模式即东欧模式，我们就走亚洲模式，亚洲模式我们看到我国台湾地区的转型、印尼的转型、菲律宾的转型，甚至有一些没有报道的，像马来西亚、新加坡是在私有权力寡头情况下变成一个民主国家的。这种情况下，亚洲的模式还是比较特别的。所以，我个人认为我们可以采取一种渐进的方式。我们现在可以从乡村的选举升为镇的选举，我国台湾地区就是这样，在戒严以前它们就有县的选举，县的选举一直有，从1946年开始到后来没有停止过，县选举跟它的全局政府根本没影响，我们可以先实行县选举，五年一届，选举两届或者三届，过个四五年成熟了，我们再升到四个选举。

再搞10年、15年，30年过去了，我党又搞30年，有经验，有信心，有三个自信，那时我们可以再往上走，因为你一次性地选个穆尔西出来也很悲催，现在选谁我们都对他不了解，这个过程中我们要培养一些有现代意识的人。我们不需要暴政，我们也不需要暴民。你可以示威，我也可以听你的话，但是我也不一定按你的做，我们去征求大家的意见，你如果拿了所有的权力，你就承担了所有的责任，所有千秋功罪都是你的，你身上要背负太多的责任，如果这个事情交给人大去处理，人大投票跟总理没关系，大家去承担，因为全民公投，全民去承担。俄罗斯是怎么样？他是全民去承担，这样你就没有意见了。所以，我们先从一个县开始，总结到30年后，中国人已经比较觉悟了，那个时候可能就不会有问题了，我觉得这还要中央慢慢有信心，如果全世界220个国家，大部分比如200个国家都是选举的，中国一定要拗在那里说我们就是不选举，我觉得也不太合适，远离文明我觉得也没有必要。中国有自信，有智慧，包括中国人智慧和中央领导人更高的智慧。

凤凰博报：对于他们的经济转轨过程，我们往往只是偏重于负面的报道，认为东欧国家是受了西方和平演变的忽悠而吃了一个大亏，但是相比于体制下的高度一致以及报喜不报忧的传统，当前的局面也是一种进步，也有值得我们借鉴和学习的地方。

该和朝鲜说再见？

——王嵎生、杨佩昌全面解读朝鲜半岛局势

嘉宾简介：

王嵎生，中国前驻 APEC 高官，中国国际问题研究基金会战略研究中心执行主任。著有《亲历 APEC——一个中国高官的体察》、《难忘的外交岁月》。

杨佩昌，留德学者，经济史博士，广东信孚研究院研究员。著有《为什么德国民富国强》、《德国式领导力》、《欧洲顶级大学传奇》等。

专题地址：http://blog.ifeng.com/zhuanti/chaoxian2013/

要点

Talk1：朝鲜现在没有能力发动任何一场战争。任何一场战争对它都是毁灭，所以我认为它这是一个象征性的举动。因为它知道在这种情况下，它是在走向毁灭，走向灭亡。

Talk2：朝鲜口号喊得很响，但我并不认为它真要那么干，而且我觉得它也没有那个本钱真那么去做。但是它反映了朝鲜的民族自尊心，朝鲜半岛两边的民族性都是很强悍的。

Talk3：现在不仅是第二次朝鲜战争本身会不会发生，中国会不会支持抗美援朝，倒过来再问，美国会不会支持韩国来打朝鲜，同样存在这个问题。

杨佩昌：朝鲜撕毁停战协议是在向美国示爱

凤凰博报：在2013年2月朝鲜进行了第三次核试验，在3月，它宣布将全面撕毁停战协议。其实停战协议对于朝鲜来说根本没有什么实质的意义。根据韩国国防部2012年白皮书显示，朝鲜在过去的60年间，违反停战协议超过了43万次。这次正逢朝鲜在朝鲜半岛签署停战协议60周年，它宣布要全面撕毁停战协议，从外交和军事的角度应该如何去解读这样的行为呢？

杨佩昌：这个我是这么看的，朝鲜在这个当口把停战协定撕毁，其实是个象征性的举动。第一，它是一种愤怒的反应。它愤怒什么呢？中国竟然很痛快地投了赞成票。第二，这是警告中国，如果你要进一步采取行动，我将会有后续的愤怒反应。第三，这也是向美国表明态度。事实上，朝鲜在跟美国的关系上比较特殊。我个人认为，全世界最亲美的国家是朝鲜，第二个亲美的国家是中国，第三亲美的国家是美国的盟友，比如说韩国、日本、欧洲、欧盟。

为什么这么说呢？大家都知道，人与人之间的关系尤其是男女关系往往叫爱极而恨，你只有爱到骨子里才会恨到极点。美国是不解风情，竟然不知道朝鲜这种做法是在示爱，所以老觉得朝鲜在威胁它。怎么能威胁啊，十万八千里的路根本是威胁不了的。可以说朝鲜现在没有能力发动任何一场战争。任何一场战争对它都是毁灭，所以我认为它这是一个象征性的举动。它肯定没有任何真正的挑起事端的内部动因，因为它知道在这种情况下，它是在走向毁灭，走向灭亡。

王嵎生：我想当前朝鲜各方面的宣传实际上是一个心理战，也是宣传战，都在不断试探底线。包括要试探韩国新上任的总统朴槿惠的智慧如何，她准备怎么样，我大概是这么一种看法。但是说实话，这也带有某种玩火的性质，因为如果事情炒得过分了，最后朝鲜坠毁的可能性是存在的，所以它谈不上撕毁协定。这个协定是我们中国人民志愿军跟朝鲜人民志愿军双方签订的，不是朝鲜一家的。所以它宣布完了以后我们表态非常清楚，这个停战协定有利于维护朝鲜半岛的稳定与和平，是很重要的，我们当然一致希望经过谈判，能让它一步一步走向更好更快一点，签订协定。

凤凰博报：两位觉得朝鲜会开出第一枪吗？它有作战的准备吗？

杨佩昌：朝鲜肯定不会再开出第一枪了。原因在哪呢？时过境迁，2010 年的时候，它把韩国的天安舰给击沉了，那个时候它是可以做的，还有炮击延坪岛事件，它也可以做，但是现在为什么不能了呢？因为那个时候它深深地知道，即使做了小小的挑衅，后边还有中国在撑着，但是现在它通过这次行动知道中国有可能做一些技术上的调整，这个调整就意味着如果你挑衅，中国可能玩真的了，因为中国真是不能再这样惯下去了，再惯下去可能它会越来越不像话，越来越闹腾。

它也知道这次联合国决议，中国是投赞成票的，而且这个制裁应该说是有史以来最严厉的，不管是不是真正的制裁。我认为这实际上不是一次制裁，只是小小的警告而已，这是我个人的观点，因为这个制裁根本就没有涉及太多东西，一个是外交人员的限制问题，一个是非法资金的问题，另外一个是银行的问题，实际上朝鲜的金融业根本就不发达，它只是限定叫非法资金，你要注意它的解读。对外交人员的限制也没打到痛处，所以刚才王老师讲的很多观点我非常赞同。有一点我想说的是擦枪走火这个估计是不会存在的，我认为未来朝鲜会喊得多，但是真正实际行动估计会有所收敛，有所顾忌，因为它毕竟明白中国现在已经快压不住怒火了，当然，基于诸多的原因，中国现在还没有真正抽打它，但是手已经快扬起来了。

王嵎生：我同意这个意见，它不会发第一枪的，在当前的情况下哪一方也不会放第一枪。但我不同意它不放第一枪的理由，因为现在拿中国跟朝鲜关系来讲，拿过去几年的事来讲，大家显然都有不同意见。对于天安号、延坪岛这两个事件，刚才杨教授讲得很肯定，就是朝鲜打的，这个是前提。但这个前提在我看来并不完全正确，因为只有李明博总统自己做了这么一个决定。调查报告的时候，属于调查小组成员的瑞典专家就拒绝在这上面签字。所以这个事情至今仍然是个谜，当然我也并不排除就是朝鲜干的。

第二，那个时候好像中国还支持它，现在就不会再支持它了，这个问题我觉得也是不成立的。因为就算从一开始朝鲜就承认是它打的，我们也不会支持，中国绝对不会支持朝鲜去打天安号潜艇和延坪岛，我们中国不仅跟朝鲜关系很好，跟韩国的关系也很好。

王嵎生：朝鲜喊打喊得响只为维护自尊心

凤凰博报：那我们看朝鲜最近的一系列举动，确实让人觉得它已经做好了备战的准备。它前一段时间也发行了一系列的邮票，上面的主题分别是战士们时刻准备着，请将军下达命令吧，再就是争做像保卫革命司令部的七团战士们那样，誓死保卫党中央的枪弹炮弹，而且我们还看到很多视频，是朝鲜的军官、朝鲜的士兵发表的一些激情洋溢的言词，誓死要保卫自己的祖国。

王嵎生：口号喊得是很响，但我并不认为它真要那么干，而且我觉得它也没有那个本钱真那么去做，但是它反映了朝鲜的民族自尊心。朝鲜半岛两边的民族性都是很强悍的，你要碰我一下，我非要还你一下不可，一点不客气的。现在它这种做法当然有点显示我坚定地要反对你，我不怕你。但是说实话，任何一个人玩枪玩多了，擦枪走火是不能根本排除的。在目前这种情况下，我个人没那个胆量说绝对排除擦枪走火，但我认为一般情况下不会。

杨佩昌：我觉得有句话叫“叫狗不咬，咬狗不叫”，当它叫得这么厉害的时候，一般来讲是不会打的，这是第一点。第二点就是，如果一个国家真要发动战争，它往往会这么做：它会说对方炸死我边民了，对方侵占我的地方了，然后对方的大量军队已经抵达我的边境了。要有这样的造势才会发生真正的战争，因为只有这样的造势才能激起国民一致对外的感情，它若没有这样做的话，那就不是打。所以，当它说我自己有多厉害、我自己准备有多好的时候，你要相信它这是在给自己壮胆，就像我们经常讲的，天黑走夜路的时候要喊几嗓子，给自己壮胆。

王嵎生：我们两个在这一方面不矛盾，为什么呢？我首先同意这一点，但是我讲，玩枪玩得过分的时候是肯定要出一点问题的，这个问题绝对排除的话，你就没有做好最坏的准备。在我看来，在国际关系上，特别是像这样一种敏感的问题上，任何一个国家特别是周边与我们密切相关的国家，如果没有任何思想准备、最坏的准备，到时候一旦出了事情，真的就有一点措手不及。我不知道我们中国政府怎么想，我想他们也不会认为它会打的，但是如果没有做这个准备，到时候你就会被动。我从搞外交的角度看，任何一个事情你都要有最坏的打算，最坏的打算并不是最可能的。但是你讲绝对，我不敢说这话。

杨佩昌：我打断一下，其实我觉得中国应该做准备，而且也是有可能做了一些准备的，并非完全没有准备。中国有这么多机构在做研究，而且我们有庞大的军队，你说一点准备都没有吗？这是第一个。第二个，我们不能被动准备，而是要主动准备。被动准备是什么，就是天天盯着朝鲜到底是不是要擦枪走火，到底是不是要挑衅，天天神经绷得很紧，这种准备是被动的，而且是无效的或者效率非常低。真正有准备的是我自己已经准备了各种预案，一旦在什么情况下我要做什么事情，中国应该主动去准备。

杨佩昌：中国若支持朝鲜，韩国什么也做不了

凤凰博报：刚刚我们提到韩国女总统朴槿惠，那她现在对于朝鲜的态度是不是要比李明博更加强硬呢？

王嵎生：这个我可以说说，因为朴槿惠选举前后，我的外交工作跟朝鲜两边都有很多关系，所以我特别关心他们的选举。朴槿惠当选，我非常高兴，因为我觉得去年（2012 年）两个大选，日本的大选是逆潮流而动，韩国的选举是顺潮流而动。李明博担任几年，固然中国、韩国的关系应该说还过得去，但是从总体来讲，他背离了金大中和卢武铉的政策，在朝鲜问题上采取了过分不切实际的做法。并不是因为他现在下台我就这么说，我一直这么说，李明博的政策是错误的。因为当时卢武铉已经说得很清楚了，我在东西方之间扮演中间的作用，美国最怕这个话，所以我觉得他上台以后从整个为人处世、和中国的关系，到他一系列的言论，包括对朝鲜所谓的挑衅等，他的反应还是有克制的，就这几天，他还讲尽管我们应该提高警惕，高度戒备，应对可能的什么，但是我们也要想办法增加互信的步骤，他仍然是这么表示的。所以我觉得，如果朝鲜头脑清醒，能相向而行，我对朝鲜半岛还是持谨慎乐观的态度；如果不是这样，那可能情况就要变，这还有待观察。

杨佩昌：我认为一个国家的外交政策是跟随时代进行调整的。在李明博时代，可以看出对朝政策应该说迄今为止是最强硬的。那他何以做到强硬呢？是因为前一段时间太松，金大中的阳光政策是对朝鲜比较温和的政策，但实际上是失败的，因为我们可以看出在金大中时期，或者说在卢武铉时期，取得的成果其实是有限的。当然，你可以说开放金刚山旅游之类的，但是后来又怎么样呢，大家看事态就知道了，后边是朝鲜想干什么就干什么，已经把大韩民国所有对它的温和政策、所有展现出来的东西毁灭殆尽了，所以李明博由此对朝鲜采取了非常强硬的政策，但是我们说弦也绷得稍微紧了一点，或者螺丝拧得有点紧了。

那么到了朴槿惠，她会把螺丝稍微调一下，朴槿惠的政策应该不会再比李

明博更强硬了。朴槿惠身边的人提出要走第三条道路，第三条道路就是居于卢武铉、金大中和李明博之间，这第三条道路到底是真正在中间还是稍微偏向哪边取决于事态的发展。所以，我认为朴槿惠的空间不大，韩国本身是一个小国，这个国家小，受周边国家的制约，必须去看美国到底是什么态度，还有日本，特别是中国，还有俄罗斯。如果中国说一如既往支持朝鲜，可以说韩国什么都做不了，你看韩国受尽了屈辱，炮击延坪岛，这个我们知道是朝鲜干的，对不对？你可以说天安舰事件是不明身份的人干的，但是我们想一想就能明白，在这个海域里边，我想不会有海盗武装去干这种事或者能把一个军舰击沉，你想想，如果说不是一个国家的军事力量，一个非法的海盗武装不可能干得了这种事，所以韩国尽管受尽了屈辱，但是依然没有作出更强硬的反应，就是因为回旋余地太小了，空间不大，即使朴槿惠也只能是这样。

王嵎生：刚才杨教授讲的很多东西是专家的观点，朴槿惠走中间道路有一定的道理，但我更多是从她到底是逆潮流而动还是顺潮流而动来说。因为从整个时代的特征来讲，我们这是以和平发展为主题的时代，金大中和卢武铉应该说是有功劳的，对整个亚太地区特别是东北亚地区我觉得是有贡献的，他们不愿意中美两家——为什么现在不是冷战的时候了还要拉一批国家打一批国家呢，对付一个国家或遏制一个国家呢——他们就主张要和，要协调。他们两个基本上就是这样一个思想，卢武铉后来可能走得更向前一点，那么美国也是不待见他们的。而李明博是非常亲美的，过去我写的文章也讲了他是亲美的。

所以，杨教授讲韩国受尽了屈辱，我不同意这个观点。我们了解朝鲜的历史，这一段我们就很注意的。虽然三八线是划分了，但是海域里面并没有划分，朝鲜认为那部分是在朝鲜那边的，韩国认为是在韩国那边的。朝鲜那两个事情，他一口咬定死了，中国没同意，我们说没看到材料，是没同意的，瑞典的专家、联合国也没有通过这个决议讲这就是朝鲜做的事。那个事情是严重的，谴责了这个事情，但没有谴责朝鲜，所以现在我们不是要讨论那个事情到底是谁干的，如果认为是朝鲜打的，而且中国那时候还支持它，那就是另外一种性质，这个情况我觉得是不存在的，因为联合国并没有认定，俄罗斯、中国没有认定，瑞典的专家拒绝签字，所以我觉得要谈这个事情，可能要辩论一天，拿出大量材料来说。

杨佩昌：我认为判定一个事情就是说联合国认定或者瑞典专家签字，这个东西不能否定，我们不能一口咬定这就是朝鲜干的，或者不是朝鲜干的，但是我们心里有一杆秤，到底谁干的。就像辛普森案件，我们事实上知道就是辛普森杀的人，那为什么就判不了他的罪呢？是因为当时警察非法采集证据了，所以导致这个案件判不了，但是我们知不知道他在法律上是有罪的，我们知不知道是他杀人的呢？这是毫无疑问的，这是我的一个观点。

当然，我们说现在世界发展的主流或者世界主流的趋向是和平发展，这是没问题的。但是在区域问题上，尤其是在东亚这个地方，你要想和平发展还是有一定难度的，这个难度实际上就是朝鲜造成的。朝鲜如果说真心把精力用在和平与发展上，就不至于让一个国家的国民到现在还吃不上饭，还喝不上肉汤，所以朝鲜是逆潮流而动。

所以我们说亲美有什么坏处呢，其实也无所谓好坏，关键是看对我们的国家是否有利，对这个世界的和平和发展是否有利。你说美国表现得咄咄逼人，确实是这样，可是谁能举出美国对中国侵害在哪里呢，我到现在也没看出来。今天我可以公开说，我到现在连美国都没去过，我也不认识美国政界人士，所以我根本就谈不上什么亲美的问题，但是我是从德国回来的，我会站在一个很远的地方来看这个事态，实际上跟美国亲近是亲近，我认为这是世界的主流，亲近美国不是错。

王嵎生：金日成曾主张半岛无核化，美国置之不理

王嵎生：我对刚才杨教授讲的是不赞同的，你不能跟辛普森的事件比较，这两个没有可比性，每个人心里都有杆秤，但这个秤你站在什么地方称，你用什么东西来称，可就不一样。说美国没有做过侵犯我们的事情就不符合历

史事实。我始终认为中美在历史上有很多友好的地方，抗日战争的时候打仗，美国人是支持我们的，它自己利益也有需要，应该说后期支持的力度还是很大的。

但美国后来没有侵犯我们吗？台湾问题怎么出现的？现在还不断卖武器给台湾，你要是站在中国人民的立场上，能容忍美国卖武器给台湾吗？当年“八一七公报”签订的时候，就在外交部新闻司，美国讲中国不得不吞下这个苦果，当时邓小平同志告诉美国人中国绝不会吞下这个苦果。后来，美国人没办法签了“八一七公报”，第二年、第三年武器又增加了。我们讲逐年减少直至最后停止，你怎么现在增加呢？他狡辩，讲美元现在贬值了，数量增加了，实际是减少了，他就要赖，现在还给台湾卖武器。在东北亚说和平发展，杨教授说我们都一致主张这个，但讲得更远的是朝鲜，我觉得我没有意思要给朝鲜辩护，朝鲜试验核武器导弹我就是反对的，而且我觉得中国投反对票完全是正确的，朝鲜没有任何道理。

但是整个东北亚为什么现在那么紧张？第一是受美国绝不做老二的思想的影响，第二是受日本不甘心做老三的思想的影响。绝不做老二和不甘心做老三，这两股思维把水搅浑了，搅浑了对谁有利呢？美国军火商最高兴，为什么？这个地方的军备大量增加，2012 年一年美国在大量增加军火出售，今年还要增加，这些我都有统计数字，因为今天不是数字讨论，我就不讲这个数字了。所以，这里面最根本的原因，总体来讲是一个做不做老二，一个不甘心做老三，而中国本来就不想做老二，历史推我们上来了。实际上，我们现在是老二，名义上是老二，跟日本比较起来综合国力差多了，日本人均也高于我们 10 倍。所以，我们现在千万不要被老二的名声忽悠了，脑子要清醒一点，不要飘飘然。

至于朝鲜这个问题，朝鲜核试验就是不利于朝鲜半岛和平，而且金日成在世的时候也主张要搞朝鲜半岛无核化，但是美国停止了吗？六方会谈“9·19 公报”，六个小组成立了，其中有一个小组就是朝鲜和美国双边会谈，要把停战协定变成和平协定，所以美国如果在这一方面真希望和平，这个问题就比较好办。

然而美国往往是这样的，我跟美国人打交道很多，美国也不知道去了多少次，在国际会议上也见了很多，他们有时候很聪明，有时候也犯糊涂。为什么犯糊涂呢？冷战思维价值观牵动着他，他必须这么做，就我那会儿，跟我讲对不起啊，外交官是没有权力的，外交官看起来自由，实际上在重大政策、国际问题上，外交官是绝对没有自由的，他自己就这么承认，我也同意，很同情他。

杨佩昌：朝鲜越进行核试验越说明它虚弱

凤凰博报：刚刚我说这次美国和韩国联合军演，朝鲜称这是一种侵犯行为，它们是在进行第三次核试验之后，进行了这次联合军演。

杨佩昌：韩国跟美国，我刚才也讲了，就是不解风情，这个才是根本。其实朝鲜无论怎么闹，肯定对美国是没有任何威胁的，毫无疑问，对韩国来说有威胁是有可能的，但事实上朝鲜的矛头是指向哪呢，是指向哪些地方呢，就是我们要想想它为什么要进行核弹试验。第一，它是需要向美国示好。你不理我是吧，那我有核弹。第二是要粮食。它现在太缺粮了，如果你们这些国家不给我粮食，我核弹轰到哪不好说，这是要粮食，当然还有能源，这是朝鲜为什么进行核试验。

它越进行核试验，越表明它此刻已经非常虚弱了，我们说朝鲜不仅老百姓处于饥饿状态之中，而且军队实际上也营养不良，我举个例子，朝鲜的征兵条件已经低到什么程度呢，男子已经低到1.45米了，1.45米就要了。所以，一个国家都是同一个民族的人，当另外一边已经牛高马大，另外一边1.45米就可以同意征兵，你可以想想这个国家到底处于什么状态。当然，你可以说我没去过朝鲜，胡说八道，但是我身边有无数人去过朝鲜，我的很多好朋友去过，那是他们亲口告诉我的，不止一个，有很多都这么跟我说，而且说的都是一样的，起码说饥饿是事实。

王嵎生：我觉得目前从美国搞军事演习来讲，还不仅在朝鲜半岛，一年多将近两年以来美国在这个地区的军事演习恐怕在座的没有一个人能算出来，是N

次，跟韩国的联合军事演习也是相当多的。但是韩国朴槿惠说得非常清楚，一再强调这是例行演习，那么姑且相信。朝鲜方面现在叫得那么响总要有原因，在我们看来它现在跟朝鲜半岛真要解决问题还是要靠对话，靠磋商，现在注意到我们这一次做了很多有正能量的工作，所谓正能量的工作就是呼吁和平谈判，通过外交来解决，呼吁重启六方会谈，朝鲜不干了，六方会谈不干了，这也是针对它说的。

朝鲜最根本的问题，你搞一个军事演习我搞一个，那是恶性循环，我们中国最反对的就是这个。我们中国政府跟南北双方面，应该说这么多年来关系都是很好的，我们不愿意看到不断地你搞一个军事演习我搞一个，目前试验完了以后，马上就搞这个看起来很强势的对应，其实是再一个恶性循环，然后朝鲜再搞一个，我觉得这其实是不利的，还是要大家坐下来谈。事物往往有个量变过程，朝鲜的转变有个量变过程，李明博主张强硬解决，那李明博当政这 5 年关系搞得更好了还是更坏了？不是那样的。所以我觉得笼统地这么说是不行的，综合来讲朝鲜半岛的情况还是比较好。

杨佩昌：我认为当今这个世界很多问题不是用对话来解决的，有些人听不懂话，他只听得懂武器，就是当你真正有武器而强硬的时候，他才知道这是当真的；如果你不断用对话的方式，他依然还抱有期望。

王嵎生：现在抛弃朝鲜是很愚蠢的做法

凤凰博报：现在中国民间关于抛弃朝鲜的呼声是越来越高，中国给朝鲜的粮食以及燃料的援助其实占了朝鲜外援的一半，如果说中国拒绝对朝鲜进行援助，可以说朝鲜的损失会非常大。这次安理会上我们看到中国也投了支持的一票，这是不是也意味着中国有意要抛弃朝鲜呢？是不是也到了中国该抛弃朝鲜的时候了？

杨佩昌：我写了一篇文章，叫《该到和朝鲜再见的时候了》，在凤凰网博客的点击是 560 多万，点击量还蛮高的。我个人这么看，从情理上讲是该到和朝鲜说再见的时候了。因为第一，朝鲜是中国一个不折不扣的负资产。第二，它是中国手里拿着的一副烂牌，这副烂牌表现在从战略上它是一个包袱，从军事上它也没有价值，从经济上它给我们的负担也很重，每年的援助额多少，我知道一些，但是不方便说，总之对朝鲜的援助已经有点过了。我们说朝鲜是负资产，也是烂牌，但任何事情都有两面性，如何用这副烂牌打出一手好牌，这才是高手，我们国家就缺乏这样的研究。

怎么办呢？比如说这次我们手里拿着朝鲜这副烂牌的时候，我们要盯着我们想要的东西。要什么，跟谁要呢？一定是跟美国要。我们都知道在人与人之间的关系上，你一定要学会——尤其是男人——要学会调情。调情要怎么调呢？刚开始调的时候可能对方会说不要，不要，到最后说要，我要，想要。好，那怎么来调啊？这就要我们瞄准钓鱼岛，我们都知道美国说现在是由日本实际来管理的，这当然是事实，问题是能否让美国退步，说中国跟日本在主权上是有争议的。我们还要瞄准哪个地方呢？比如说南沙群岛。在南沙群岛上，美国能否容忍中国有更进一步的行动呢？

所以，要真正打好牌，就一定要跟美国慢慢调，调到一定时期，让美国说这个我给你，那个我帮你，这个我做到，这样中国才能从战略上完胜。因为在区域之间，主要是中国跟美国两大家在玩，俄罗斯这个国家在旁边虎视眈眈，谁有块肥肉，北极熊一下就俯冲过去盯这块肥肉。日本在旁边就要帮衬，日本是一个小陪衬和小帮手的角色。韩国在这个问题上是受害国，是直接的受害者。所以我们说如何利用中国跟美国之间存在的一些问题占取更有利的地位，这是考验我们国家政治智慧的一个机会。

王嵎生：杨教授肯定会打小牌的对吧？我认为在国际上，现在打牌这个问题普遍都在打中国牌，打美国牌，打日本牌，现在杨教授这么打朝鲜这个烂牌对不对，我觉得有个根本的问题。我们过去搞对外援助，每个国家情况不一样。第一，当然要看两国关系的友好程度，这是基本的；第二，这个国家是不是弱势对象；第三，它的实际需要是我们力所能及的。那么就朝鲜来讲，应该说新中国成立以后，在这三个方面基本上是符合的，后来它在朝核问题上不按常规打牌，我们也做了很多工作。但有一条，我们的援助跟朝鲜也没有讲过，跟任何一个国家也没有讲过，不是讲我给你援助你就要听我的，我们中国从来没有，不仅是对朝鲜，对任何一个国家，包括现在我们跟柬埔寨关系很好，过去跟阿尔巴尼亚关系也很好，后来你看给阿尔巴尼亚白援了，不认你了是吧，你在某种程度上也可以说，但确实有那个需要。

我们给阿尔巴尼亚也好，给越南也好，当时我们给越南很多，后来边疆打起来了。有很多人现在总结经验当时该不该给越南援助，我觉得我们给朝鲜援助从来没有说，现在也没有说我给你援助一定要跟某一个问题挂钩，特别是和你要听我的话挂钩。中国没有对朝鲜提这个要求，如果朝鲜有这种感觉，那也是一种误解，我想它不会有这种感觉，我们是不会那样的，当然援助程度的多少往往根据刚才讲的三个方面而定。现在特别是两国的友好关系到什么程度了，还有我们的实际能力，它的实际需要，很多东西都连在一起。

但我强调一条，就是我们对朝鲜援助，历来没有跟任何事件挂钩，没有说你必须听我的话，美国人对中国有个误判。美国人总认为中国影响朝鲜太大，中国说的话朝鲜不敢不听，那是太高抬我们了，我们没有那么大的能力，我们也没有要求它听我们的话，那是它国家的事情，它要那么办，你能怎么办啊？我们像美国那样走我们那条路，不会那么做的，即使吃了亏也不会那么做的。朝鲜应该明白，中国没有这样挂钩。当然，外界宣传非常注意鸭绿江。我在新义州待了10个月，两个礼拜回丹东一次，现在韩国在那边搞情报，国际上搞情报的媒体都盯着，鸭绿江边中韩运输的车队减少了，要施加压力了。我不知道内情，但是我们不会挂那样一种钩的，量可大可小要根据国家的三个基本因素，不仅是对朝鲜，对任何国家我们也不会挂钩。可能是中国傻，但是我觉得这是正确的。我不赞成“抛弃朝鲜”的说法，我认为这是很愚蠢的做法。

凤凰博报：如果说中国不抛弃朝鲜，是考虑到哪些军事的利益或者说战略方针呢？

王嵎生： 背后的考量就是我们希望不要走极端，多做一点促谈，如果中国现在采取抛弃它的办法，你要把它往哪推，给美国和韩国以及日本释放什么样的信号？想一想这个后果是什么，有很多问题跟这个问题有关系。

杨佩昌： 我来补充一下，我同意王老师的一个观点，就是美国包括世界上很多国家对中国误判了，以为中国对朝鲜有很大的影响力，事实上不是这样。以我这么多年的经验，我确实也知道中国对外援助是不附加任何政治条件的。我认为这实际上是不太明智的，你的对外援助，不管好赖都送过去了，没有这种冤大头，比如说人与人之间的关系也是这样，我直接送给你就完事了。当然这种是慷慨。

所以我们讲，我们国家应该改变一个政策，即不干涉别国内政的政策，当然现在也有所改变，中国在某种程度上也在干涉，你不干涉内政，那你派了那么多维和部队去干嘛呢？你以联合国名义去的，但你参加这个行动也至少表明了态度，所以中国不仅要跟朝鲜说再见，而且要抛弃不干涉别国内政这个原则，该到这个时机了。中国以前国力比较虚弱，小平同志也说要韬光养晦，可是中国现在有这个实力，可以干涉，那怎么干涉？我们讲要确立干涉的原则，是否是正义的。目前来看，我当然还是选择中国不干涉，宁愿不干涉内政，因为越干涉越添乱。

杨佩昌：半岛若再有战争，中国不会“抗美援朝”

凤凰博报： 如果爆发了像1950年那样的朝鲜战争，中国会不会也同样成为受害者？

王嵎生： 首先这是虚拟式的，是不成立的一个虚拟，是一种假设的东西，我认为不可能。

现在不仅是第二次朝鲜战争本身会不会发生，中国会不会支持抗美援朝，倒过来再问，美国会不会支持韩国来打朝鲜，同样存在这个问题。在当今这个时代，我想头脑清醒一点谁都不会，杀敌一千，自损八百，划得来吗？高科技越发达，它越不敢打，你问一下韩国跟朝鲜如果真打起来，韩国跟美国加在一起，就不摆日本在里面，当然朝鲜打不过它们，打不过你，但我可以把你的首尔毁掉。所以，两方面都要衡量基本的利弊。

中美关系现在也变了，刚才我讲了宣传战、心理战，现在朝鲜放了很多狠话。最近我们有很多报道，客观报道是可以的，但是你知道像这些报道，西方的和我们的都把它摆在很大的标题下面，但与此同时，在这个地区举足轻重的一些国家，比如说美国上任的联合参谋部的参谋长、参谋联席会的主席邓普西，要求同我们的总参谋长通电话，他讲的最重要的一句话就是，我上任最重要的任务之一就是要发展稳固跟中国军方的关系。这种东西我觉得看起来跟朝鲜没关系，这就是刚才讲的，会不会有第二次战争，整个大的后面是什么态度。

杨佩昌：我是这么看的，我同意你这个观点，美国也不会去轻易发动这种战争，美国要想发动一场战争还是相当难的，它必须有非常重要的理由才可以说服国会。所以一般来讲，如果朝鲜真的没有引起重大的事件而危及韩国的安全，美国是不可能再动的，发动一场战争实际上对美国的伤害也非常大，尤其是军费，军费用几亿几十亿来衡量，是不得了的，太耗钱了，所以美国也轻易不会动的。至于中国领导人，我认为现今的领导人越来越明智了，我对中国现在的领导人是有信心的，他不可能去干傻事。

“再议琉球”与钓鱼岛问题

——林泉忠谈琉球问题与中国应对之道

嘉宾简介：

林泉忠，哈佛大学富布赖特学者、东京大学法学博士、现为台湾中央研究院近代史研究所副研究员、两岸三地多家报章杂志特约专栏作家、凤凰卫视特约评论员。

专题地址：http://blog.ifeng.com/zhuanti/liuqiu2013/

要点

Talk1：琉球在那500年间跟中国的关系非常密切，琉球朝贡的次数是第二位朝鲜的两倍，可想而知琉球跟中国的关系多么好。500年间琉球没有对中国抱怨过半句话，这一点所以我觉得应该珍惜。

Talk2：有个说法认为蒋介石当时有机会收回琉球，但其实当时罗斯福并不是真心要把琉球交给中国，而是要试探中国有没有对领土的野心。蒋介石意识到这一点，所以没有掉入他的陷阱。

Talk3：我刚才提到三大盲点之一就是对琉球的民意掌握不够，或者说根本就没有去理会他们怎么想，有些媒体、学者就在那边大发议论，应该怎么样，这点我觉得应该谨慎一点。

Talk4：就算可以再议，哪一点对日本是致命的，能够得到琉球人的支持呢？那就是1879年日本吞并琉球的时候，有正当性的问题。日本是单方面的用武力的，没有经过琉球的同意。

北大学生：琉球只是对日砝码，收不回来的

林泉忠：各位同学们晚上好，非常感谢藏老师，也感谢北大再给我这样一个机会来到这个我一直非常向往的中国最高学府，也是个学术殿堂。

今天我设定的这个题目叫做“再议琉球与钓鱼岛问题”，其实琉球问题严格来讲不是这两个礼拜才热起来的，当钓鱼岛的争端成为一个火爆的话题之后，在这个阶段，在过去尤其是两三年前发生的中日撞船事件之后，已经开始有不少人在议论了。只是说我们都把它跟钓鱼岛的问题连接起来，没有把它单独视为一个议题来讨论。最近刚好这半个多月以来，尤其是（2013年）5月8日

《人民日报》发表了《〈马关条约〉与钓鱼岛的问题》这样一篇文章之后，可以说是一石激起千层浪，所以把琉球到底是怎么一回事儿、到底是谁的领土这个问题给捅了出来，我想今天我们这个话题应该会有不少朋友有兴趣。

刚才也稍微提到一点，这一场的话题来自5月8日两位社科院的学者发表的文章。两位我都认识，一位是张海鹏教授，昨天我还在凤凰卫视邱震海先生的《震海听风录》节目里和他一起讨论过；另外一位是李国强教授，过去一年以来，特别是在有关钓鱼岛争端的许多学术研讨会上，我都跟李国强先生见过面，有很好的讨论。这两位先生在5月8日发表了这篇文章，文章的题目本来是叫《〈马关条约〉与钓鱼岛的问题》，可是我们其他的媒体包括新华网把它稍微改了一下，也不是稍微改动，已经大改了一下，就变成了《人民日报》提到的不仅钓鱼岛要回归，琉球也可再议。这样整个舆论就哗然了，掀起了再议琉球这样一个热潮。

隔了一个礼拜之后，恰好在琉球本地有一个要求独立的组织宣告成立，这个组织叫做琉球民族独立综合研究学会，其实这个会长是我的老朋友，我跟他已经有15年的交情了。15年前我还是学生，他也还是学生，我们在东京遇到了，他是在早稻田读书，我在东京大学，我们当时有一个跨学校的研究琉球、研究冲绳的研究会，我在那边遇到他。我记得有一件事情令我印象非常深刻，他给我的名片上写着五个大字：在日琉球人，当时我非常震撼。

一般所谓的在日什么，在日朝鲜人这种听得很多，从来没有听过会说在日琉球人，因为当时他在东京，这就意味着琉球不是日本的，就有这个含义在里头。当然，他的立场在过去15年以来或许更长的时间里也没有改变过，这点我想也是他到今天终于揭竿而起要创立这个学会的原因。这个学会其实不只是研究的性质，他还希望能够通过社会运动来推行他的主张，当然，现在的时机、环境未必是他觉得非常乐观的，可是我想他还是会继续努力。

就是这位松岛（音）先生，我的老朋友，他其实工作地点都不在琉球，目前是在京都一所大学，叫龙谷大学任教。虽然认识，可是这几年也没有过多过密的交往，所以我们之间没有任何政治的关系，纯粹是学术跟朋友的关系。

在进入今天的演讲之前，我想做一点民调，在我们这个会场里的民调，请我们的助理来帮我点一下，有两三个问题想请教大家。第一个，您赞成再议琉球吗？如果赞成的话请举手。帮我数一下，或者中间也请一位同学帮我一下，右边也请一个同学帮我一下，点点这一组到底有多少人举手，告诉我一下。我们有几个可能性，就是赞不赞成，赞成的有多少，不赞成的有多少，还有不好说的，还有其他，我们都尊重大家的意见。85 位赞成的。不赞成的请举手！24 位不赞成的。不好说、不清楚的有几个？应该不太多，16 位。

赞成的我想理由应该都知道了，赞成的里面有谁想先发表一下意见？我赞成，我为什么要赞成？

学生：我是赞成的，因为我对琉球问题不是很清楚，所以可以通过再议，讨论一下琉球问题。

林泉忠：还是有 24 位反对，认为不应该再议，有谁要发表高见？

学生：我不是特别赞成再议琉球，因为我觉得再议琉球现在对中国的利益可能不是什么最大化，应该等以后中国更加强大或者是可以压过美国的时候再议，可以把琉球变成一个自治区。

林泉忠：他其实还是赞成再议，只是说时机现在还没到。有没有一些不同的意见，我反对或赞成再议？

学生：我是不赞成再议的，为什么呢？我是觉得，如果琉球可以再议，如果中国一下子抛出这个问题，可能日本会拿个问题出来砸你，我觉得是吃不消的。第二，从历史上来讲，琉球其实并不是中国领土，而是中国的一个附属国，即使讨论了，我认为可能也会受到中国政治的影响，但是让它变成中国的一个省或者变成自治区什么的，这是不大可能的，况且它的独立力量我认为是未知的，即使能刮出一些风来，但是不一定真能成功，所以我认为这暂时不是一个很明智的决定。

林泉忠：他认为不太合适，还牵扯到我们国家利益的问题、利弊的问题，他考虑得比较周详。不过他也提到对琉球定位的一个个人的见解，接下来我们刚好就要问这个问题：琉球主权应该归谁？够敏感的吧，我们这一次是“纵议院”，大家都可以表达意见，学术的殿堂，没有禁忌才对。姑且给出四个答案、四个选项给大家来选。我为什么要在讲之前先问大家？因为我不想给大家一个先入为主的印象，尽管大家也可能有所了解，但至少不会受我的影响。

琉球应该归日本的请举手！14 位认为应该归日本。琉球主权应该归中国的请举手！都在后面，为什么后面的人倾向中国的比较多？有 16 位，比归日本的还多一点。认为应该归琉球本身或者也叫冲绳的请举手！94 位，压倒性的多数。其他的我们递减就好了，等会儿再请三位帮我点一下总数，就可以知道百分比了。

刚才说应该归日本的有 14 位，有谁想发表一下意见，它归日本很正常吗？

学生：我刚才是赞成再议琉球的，但是觉得应该归日本，我们议论的时候，它其实是一个砝码，其实是收不回来的，它独立恐怕很渺茫，我们在意它只是一个砝码，可以漫天要价。

林泉忠：他说不太现实，归日本还比较好。有没有其他举手说应该归日本的人，可是意见不太一样的？

林泉忠：成都学生喊解放冲绳口号令我震惊

学生：我觉得主权应该归日本的原因是日本对琉球实行了长期的有效控制。

林泉忠：有效控制就等于有它的合理性，这是这位同学的意见，其实这个也不奇怪，很多现实都是这样认为。应该归中国的有 16 位，有谁愿意发表意见，为什么应该归中国？有谁可以大胆地讲出来？我们在这里没有对和错。我其实还有一个想问大家的，应不应该支持琉球独立运动，我没有这个 PPT，就用口来表述，请帮我登记一下。A 应该支持，B 不应该，C 就是做其他的。认为我们应该支持琉球独立运动的请举手！相当多，至少有将近一半，总共 64 位认为应该支持。我想也会有一些人认为不应该支持，请举手！稍微少了一点。罗援少将接受了中新网的采访之后，凤凰网也转播了，后来罗援少将要更正自己并不是这样说的，可是这都已经被转载出来了，其实也意味着我们对这个议题有很多不太了解的地方，甚至有很多错乱，不然的话怎么会转载错误呢，如果是立场很清楚的话就不至于。

正因为如此，今天的话题就显得重要了。当然，不同的意见也有，就是在再议琉球这一波热潮里，少数媒体说我们要冷静，这个问题是个伪问题，到底如何我希望透过今天的讲座能够给大家带来一个认识，我们都在追求一个相对客观性，我希望今天能够呈现出来。

我们来确认一下地点在哪里，这是琉球群岛还有钓鱼岛的一个位置，基本上它是在日本的鹿儿岛跟中国台湾地区之间一连串的这样一个海岛的位置，离中国台湾地区相对比较近。

今天的讲座有几个重点。首先我想跟大家分享一下琉球的地位到底是怎么演变而来的，应该回到历史来看这个问题。第二，这一波的再议琉球这个热议是如何出台的，有没有什么背景，这是第二个问题。第三，钓鱼岛问题与琉球到底有没有什么连接点，不能说地理位置近这么简单，在历史上，在管理或者说接触交流方面，琉球跟钓鱼岛有什么关系。第四，日本对琉球的主权存不存在合法性的问题。现在它是日本的一部分，叫冲绳县，顺便提一下琉球跟冲绳这两个词怎么理解，很多人搞混了，简单来讲是同一个地方，更简单来讲以前叫琉球，现在叫冲绳。这个名词也经过几次的变迁，在王国的年代叫琉球，琉球国，1879 年日本吞并之后改成冲绳县，现在也叫冲绳县，可是有一段时间是中断的，1945 年日本战败，从琉球撤走，美军来了，把它改了回去，又叫琉球。

到了 1972 年它要回归了，叫做返还冲绳，之后又恢复了叫冲绳县，直到现在已经长达 41 年了，这个地方正式是叫冲绳。琉球这个词也在用，什么时候用到呢？一些历史上、文化上的用语中会提到琉球，还有很多的名称，一些组织机构也都保留琉球的叫法，比如说我去年之前在琉球大学教了四年书，大学就叫琉球，冲绳倒是有另外一所，琉球大学是国立的大学，唯一的一所国立大学。

还有一些像《琉球新报》的报纸，还有琉球银行、琉球石油这些机构名称其实也还都保留着，当然更多是用冲绳。

第五个问题，两岸对琉球的地位看法到底是不是一样的。我们知道清朝之后是中华民国，1949 年之后，两岸到底对这个琉球的立场如何，是不是一样的，这一点很多人不晓得，或许可以说叫做盲点。

第六个问题，琉球的民意到底怎么样。在我们热得不得了的时候，人家有没有那么热呢？当事人不热你外面热，到底又是怎么一回事儿呢？我想这需要去理解，也因为需要理解才使得这一波的热议能够持续下去。

最后，再议琉球这个热点其实从头到尾都是跟钓鱼岛这个问题挂钩的，那为什么这一波会起来，其实其中有一个很重要的目的或者说希望达到的理想，就是希望为钓鱼岛的争端解套。可是这个效果到底会好吗？是好的吗？我想这也值得去思考。我希望今天能探讨这几个问题。

好，我们再看一下地图，这个是原来琉球国的位置，跟现在基本上一样，有所不同的是这里，这几个岛。这个叫奄美大岛，在 1609 年是琉球国的一部分，后来琉球被入侵之后，这一部分就被割让了，从此之后就成了鹿儿岛的一部分，所以现在来讲冲绳县只到这里为止，主要是南部这一块儿。

林泉忠：琉球与朝鲜谁朝贡中国的次数更多

我们先来谈一谈这一波钓鱼岛争端下的再议琉球是如何出台的。其实这一波热议还不仅仅是这两个礼拜，也不仅仅是过去这两三年，我曾经追踪过整个过程的来龙去脉，其实在好几年前就已经开始有人质疑了，这个质疑的人恰恰来自我们北大，是我非常尊敬的一位教授，徐勇老师，徐勇老师 2007 年在《世界知识》杂志里率先提出琉球地位未定论，当时也引发了日方的一些关注，后来冲绳时报还特地要采访他，这件事情我还有所涉入。

徐勇老师这一篇是发表的学术论文，其实不应该是个问题才对，可是那时候也引发了一些关注，关注的层面基本上是学术或者一小部分媒体，还不至于掀起大的问题。可是2010年撞船事件发生之后，我们各大城市都有一些游行，其中在成都10月16日游行中就有这样一个大标语：收回琉球，解放冲绳。当时我一看都吓了一跳，我们这些20多岁的同学还知道挺多的，还知道要怎么去解放，坦白说现在的年轻人基本上都不太了解冲绳这个地方。要提出这个口号，必须要有很深的理解才能够提出来，不然怎么敢随便讲解放和收回？

后来我理解到，他受到另外一位先生文章的影响，唐淳风先生，他在《环球时报》写了一篇关于琉球的文章。他在《环球时报》连续发表了三篇文章，包括题目叫应该支持琉球独立这样的文章，当时就受到日本媒体的关注。到了2012年，钓鱼岛问题爆发了，这是个大爆发，不仅仅是钓鱼岛的问题，也是抗战结束以来中日之间最大的一个冲突终于爆发了，爆发之后质疑琉球的声音就越来越多了。之后应该是8月15日，中国香港的保钓人士登岛了，然后被扣押，我们有一部分朋友就跑到北京的日本驻华大使馆外面去游行，其中有一幅标语就叫收回琉球群岛，换句话说，这样的议论越来越多了。更了不得的是9月15日央视大胆提出琉球也不是日本的，当时我刚好在，9月15日播的。我9月18日到了北京，直闯我们北大的教室，一下飞机马上过来，差点来不及。从那天开始我连续讲了两个月，在历史系讲了八堂，其中有一堂就讲到钓鱼岛的问题，刚好央视《海峡两岸》节目的一个编辑来了，来听我的讲座，我抓住他就问，是你们自己制作小组的决定还是说上面有授意？他说那是我们自己的决定。后来我相信了，为什么相信？因为他请了两位嘉宾来讲，可是两位都不是研究琉球的专家，如果是中央有这个意图，肯定会找最好的，至少得把徐勇老师请出来，结果不是，所以这只是他们的一个决定。可是这个节目并没有引发很多讨论，可能是节目一过就没了，不像报纸，而且这回是党报，意义是不太一样的。

换句话说，这一次才真正引发了首次——就是说20世纪以来中日首次就琉球问题发生交锋，还提升到外交的层面，日本官房长官在记者会上就批评这是缺乏见识，批评《人民日报》，后来也通过外交渠道向中方抗议。我们这边就不接受抗议，也对这个议题发表意见，说这是我们学术界一些学者一直都关注琉球冲绳的问题，意思就是说这只是学术界的问题，中国的立场也没有改变，是这样讲的。所以这次的特点就在于此，跟以前有所不同，可是整个脉络是可以理解的，不是说突然才冒起来。

接下来我们谈谈钓鱼岛跟琉球到底有没有关系，到底关系何在。我想从二者的共同点、连接点来做一个分析。钓鱼岛，台湾地区叫钓鱼台，其实两岸很多时候是同心不同调，这个问题我也批评过，两岸用词不一样，大陆叫钓鱼岛及其附属岛屿，我国台湾地区叫钓鱼台列屿。应该说台湾叫得比较早，大陆是20世纪70年代以后才这样叫的。

第一个共同点就是，无论琉球也好，钓鱼岛也好，在历史上跟中国的关系非常密切。我想今天我们主要不是讲钓鱼岛，所以我就不再提过多这一部分的来龙去脉了，有机会我们再另外专门讲钓鱼岛。琉球跟中国的关系其实也跟钓鱼岛有关，琉球是在1372年，明朝初期洪武五年，开始跟中国建立这样一个宗藩关系，它是中国的朝贡国，或者叫藩属国，也叫外藩。

那个时候琉球还没有统一，琉球本岛分三大势力，中间最大的叫中山，北部叫山北，南部叫山南，其实也很好记，后来中间这个中山国统一了南北，就建立了琉球王国，那是1429年的事情，15世纪了。它在那三大势力还存在的时候——那时候叫三山时代——就已经跟中国建立了这样的关系，所以它跟中国的宗藩关系是长达五百年，每次它更换国王，新的国王继位的时候，必须要得到中国的承认，中国会派册封使去琉球，为新的国王加冕。

琉球在那五百年间跟中国的关系非常密切，上中国朝贡的次数是最多的，这意味着什么呢？意味着关系好，关系不好你不会经常来，琉球是大概平均两年来一趟，如果关系不好你10年、20年来一趟就好了，它的次数是第二位朝鲜的两倍，可想而知琉球跟中国的关系多么好。我的一个说法是，五百年间琉球没有对中国抱怨过半句话，这一点我觉得应该珍惜。

在这五百年期间，册封使也去了，每次都会待半年左右，浩浩荡荡地去，然后再回来，这比他们来朝贡的次数少，理由很简单，因为国王更替的时候才需要去，所以次数相对比较少。在这五百年期间，有两点是中国跟琉球关系得以强化的重要原因。其中有一个是明洪武帝派了一些人才去辅助这个年轻的王国，其中有一位叫怀姬（音），他帮助了五任的国王，建立了这个琉球国，包括在建立统一琉球王国之前，三山时代他就已经去了，帮助中山国实现了山北山南的统一，当时中国的考量是你这个地方这么小还分三个势力，统一比较好管理，是有这个意图。结果怀姬运用军事战略成功地帮助后来成为国王的人统一了南北。

另外还有一点就是，中国另外又派了闽门三十六姓，闽就是福建，从福建派了三十六姓过去，也是去辅助新王国的经营建设。他们去了琉球之后，就住在现在的那霸，现在冲绳县的首府叫那霸，那霸有个地方叫久米，久米村，这个地方是由这些华人——官派移民而不是个人过去的。因为他们有很多人才，有很多技术，包括外交、航海耕种各方面的技术人才都在里头，所以对这个王国的发展作出了非常重要的贡献。顺便一提，现在的县知事叫做仲井真弘多，他就是闽门三十六姓的后裔。

就是这位，有点看不清楚，抱歉。他是谁呢？他是琉球王国的一个著名的政治家蔡温的子孙。去年凤凰卫视去冲绳拍了一部非常不错的纪录片，我也参与了其中的部分制作，也访问了现在的县知事。他还很乐意把他的族谱给抖出来，说我的祖先就是从中国过来的，原来姓蔡，我们还出了一位非常伟大的政治家叫蔡温。不只是他的后裔，包括琉球整体的社会，现在来说对中国还是有一些感情的，他们每个人都知道很多文化是来自中国，有一些部分是跟日本不一样的，他们恰恰就是这一部分，他们不太一样。比如说他们过清明节（日本是不过清明节的），很多墓也是仿照福建造墓的形态，还有各种节庆、风俗都很有关系。

琉球跟钓鱼岛的第二个共同点是什么呢？就是其实中国为什么会先发现钓鱼岛，跟琉球是有关的。刚才我提到我们要派册封使过去，我们要去琉球，怎么去？就是坐船过去，因为去的时候必须经过钓鱼岛，所以中国人是最早发现钓鱼岛的，而且有记录下来，1403 年的《顺风相送》就记录了这一部分，所以现在中国两岸的见解就是强调我们是最早发现、最早记录钓鱼岛的，文献现在还有，1403 年是最早的一个证据。所以，这跟琉球有直接的关系，那地方的确也离琉球比较近，但为什么不是琉球的呢？这有一个地理上的特殊性，因为钓鱼岛跟琉球列岛之间有一道——我们现在叫做冲绳海潮，以前叫黑水沟，以前明清古人记录的时候就说这是黑水沟，什么意思呢？因为黑水沟的西北部分是大陆架的延伸，它离海底的距离大概是 200 多公尺，可是过了这个黑水沟之后的琉球群岛，最深的地方是 2700 多公尺，换句话说，琉球人如果要直接过去的话很难。可是他们也常去，常去什么意思呢？他要去朝贡，朝贡就得回家，回家的时候还是跟着册封使走过的路回老家，所以他们也会经过，但是目的并不是要去捕鱼，主要是朝贡之后在回家的路上经过钓鱼岛。所以，他们也只是这种关系，并没有过多的接触。

第三个相关的连接点——这点可以讲，因为这符合事实——日本是以武力或者战争兼并的手段获取了琉球跟钓鱼岛。这怎么说呢？日本是在 1879 年单方面用武力吞并了琉球，琉球王国就此宣告灭亡，可是那个时候跟钓鱼岛还没有关系，钓鱼岛根据日方的依据是说 1895 年 1 月 14 日通过决议将钓鱼岛纳入大日本帝国的版图，1895 年相隔了一段时间，所以并不是在吞并的时候就拿去的，可是也有一些共同点，因为 1895 年 1 月是甲午战争已经爆发并且日本胜利在望的时候，它就处理了这个钓鱼岛，或者说纳入它的版图，争议就从那时候开始，当然那个时候马上就要签《马关条约》了，所以中国也没有察觉到，也没有发表任何的异议。

顺便一提，琉球王国的王宫，在 1945 年二战冲绳战役期间被毁了，到了 20 世纪 80 年代要复原这个王宫，现在我们如果去冲绳、去琉球的话，还是可以看到新复原的王宫。而末代的国王，叫尚泰，他已经穿上了日本的服装，为什么呢？日本吞并了琉球之后，强迫他必须离开琉球，要搬去东京，为什么这样做呢？如果你是为政者，也许你也会这样做。

削弱在当地的影响力，日本不愿意看他留在琉球。所以，他后来的子孙除了第四个孩子尚舜留在琉球之外，包括他的长子都搬去了东京，在饭田桥附近有一个豪邸安排给他住。

刚才提到，日本是借甲午战争胜利的余威占领了钓鱼岛，到了战后琉球跟钓鱼岛又被置于同一个命运。这怎么说呢？1945 年日本战败从琉球撤走，美军上来统治了这个地区长达 27 年，这段期间琉球也好，钓鱼岛也好，都在美国的统治之下，所以又走到同一个命运。1972 年美国在统治琉球结束的时候，又把琉球跟钓鱼岛一起交给了日本，直到现在，所以才有这个问题所在。

以上谈到琉球跟钓鱼岛有三大连接点，互有关联，接下来我们想谈一谈日本拥有琉球主权到底有没有合法性的问题。这与现在这一波再议琉球的正当性问题也有关系，也涉及到这一波的议论能不能够持续下去的问题。如果真存在一个合法性的问题，这一波议论也有可能继续下去，否则的话很可能到了某一个时间点又不了了之了。

林泉忠：美国人想出的解决琉球之争的办法

其实回顾历史，刚才提到 1895 年日本把钓鱼岛纳入日本的版图，在此之前 1879 年是吞并了琉球王国，吞并琉球王国之后到底当地人怎么反应，中国又有什么态度呢？首先我们看当地人是持否定的态度，是拒绝，可是又没有力量，怎么办呢？就派人跑到北京总理衙门向恭亲王、向李鸿章求援，希望中国来救他们。从此就展开了一连串中日之间就琉球归属问题的谈判。可是这个过程太长，我就不多说了，僵持不下的时候刚好有一些人来旅游，来玩，当时的美国前总统来了，他坐油轮来周游亚洲，可见一百多年前已经有人会享受游玩的乐趣。

既然他又来中国，又要去日本，李鸿章就请这位美国前总统来化解一下中日之间就琉球归属的争议，他就把中国的意见带去了东京，见了明治天皇，也见了当时的首相。当时出现一个分岛的解决方案，什么意思呢？琉球列岛就是最早的一幅，这个是琉球主岛，现在叫冲绳本岛，北部刚才已经提到1609年就给割让去了，所以已经是鹿儿岛的一部分，南部还有几个岛，主要是宫古岛跟八崇山也叫石原岛，就是这个部分，所以应该讲是分南部、中部和北部的。三分案是中国支持的一个方案，什么意思呢？北部这个归日本，退回琉球，让他复国；南部这两个岛割让给中国。中国赞同这个方案，你说日本会同意吗？除非是傻子才会同意，为什么？他已经全部占领了，琉球国已经灭亡了，你要把它全部吐出来，而且这几个岛1609年已经拿走了，不是现在才要拿的，那当然不可能。可是当时日本也做了一个妥协，他有个目的。当时西方列强已经在中国得到很多特权，我们现在叫做最惠国待遇，这当然是不平等的。日本也想享受同样的待遇，就提出交换的条件，怎么交换呢？一部分给中国，以北的全部给日本。起初李鸿章是反对的，这太小了，不成气候，琉球人跑到北京去要求中国支援，那些人也反对，这怎么能够恢复成为自己的王国呢，反对。还有一位叫做林士功，他在我们总理衙门自杀了，还留了一封信，写了一首诗，看了你会感动，会落泪，就是写离家来到北京，是为了社稷的命运来奔波，可是没有结果，所以以死报国，在这边自杀殉国。

张之洞那些人也开始反对了，中国在西部跟俄罗斯之间又出现了伊犁的问题，在南部又因为安南的问题跟法国冲突了，所以那时是非常混乱的一个时局，中国基本上不愿意跟日本有更大的冲突。所以，李鸿章说好，同意签，可是说签了之后结果又没签，要签的那一天中国代表团没有出现，所以就没有签，如果签的话，这一部分是中国的领土，当然也包括钓鱼岛，就不会有今天这个问题了。可是当时没有签，后来就什么都没有了，全都被日本拿走了。

关于三分案的问题，后来说要尝试再去交涉，结果也就不了了之了，特别到了1895年甲午战争中国打败了，更不用谈什么要帮助琉球了，所以以后就没有再谈这个事情。之后，历届政府从来没有就琉球问题再坐到谈判桌上来。然后到了刚才提到的1945年，美军上台统治了27年。其间，1952年有一个《旧金山合约》，这个合约里就承认了日本对琉球的潜在主权，这四个字被写进了这个合约。那么为什么会有这个新的名词出现？以前是没有这个名词的。当时是这样的，对于琉球之后到底应该归日本还是不应该归日本，有不同的意见。

老美就觉得，好吧，好吧，真麻烦，就来个折中的办法，我承认日本对琉球有潜在主权，可是现在是我来管，我也没说什么时候要还给你，所以就这样定了下来。严格来讲，《旧金山合约》存在一些争议，最大的争议是什么？两岸都没有代表团出席，这是一个很大的瑕疵，因为涉及 1943 年 11 月 27 日我们很熟知的《开罗宣言》。《开罗宣言》提到，这里面没有提到的日本之前所统治的一些岛屿，将来需要五方经过商议来决定。

当时这五方来自三大国，即中、英、美，可是《旧金山合约》里，中国两岸都没有人派代表团。这其实跟两岸之间的分裂是有关系的，美国支持台湾，当时台湾还是联合国的会员，中华民国是代表中国，那个时候大陆还没有进入联合国，大陆是苏联支持，应该由中华人民共和国来出席才对。美国说不对不对，应该由中华民国来出席才对。结果争执不下，两边都不要去了，结果都没去。

所以在中国缺席下，这个《旧金山合约》就被签了，不过话说回来，有 49 个国家签了，包括苏联、美国、英国。所以严格来讲，我们中国是不承认，因为国际上有 49 个国家签署了，到底有效还是无效，我想对此有不同的意见。

林泉忠：蒋介石多次放弃收回琉球的隐情

我们来看看大家很关心的蒋介石对琉球的认知。这几年，钓鱼岛问题出来之后，琉球问题也开始被议论，有一个焦点就是说，蒋介石当时有机会收回琉球，为什么他不收回呢？这就是所谓的“蒋二拒琉球”的说法。是这样的，在 1943 年 11 月下旬的开罗会议期间，罗斯福总统两次问蒋委员长，说将来日本战败，那个琉球应该怎么办呢？中国有没有意思要收回呢？他用了收回这个用语。蒋介石的基本见解是说，琉球的地位跟朝鲜安南是一样的，当时中国是一个朝贡国，所以中国不认为要收回，将来可以由中美来共管，这是一个基本的见解。

那么有一个问题，有人质疑说，老蒋你根本就不懂情况如何，你随便这样讲就坏了事，而且你为什么不去找外交部长呢？这个会居然没有找中华民国外交部长去。当时是谁当外交部长？宋子文。这个场所居然外交部长会缺席，这也很奇怪，因为当时蒋宋不合。后来我们看到宋子文的日记里有他的见解，认为当时应该收，就是说应该要琉球这块地。可是我后来翻看了蒋介石的日记，也发现大家对蒋介石的批评好像有点不太公平，我们看了才知道，其实蒋介石并不是对这个琉球一知半解甚至说不了解。

我们来看看他是怎么写的。蒋介石在 25 日的日记里直接提到，中方如何处理琉球的方案，7 点半，应罗斯福总统的邀请出席了宴会，谈到了深夜 11 点，太晚了，然后就走了，还没谈完，明天再谈，主要的问题是日本未来的国体问题，也谈到了领土的问题，其中就谈到“唯琉球问题可由国际机构委托中美共管，此由余提议，一则以安美国之心，二以琉球在甲午以前已属日本，三以此由美国共管，比我专有为妥”。他当时在 25 日是这样写的。

我需要说的是什么呢？后来又一种见解，就是说其实罗斯福并不是真心要把琉球交给中国，他要试探中国有没有对领土的野心，因为当时的一个基本原则就是不扩大领土，若这样的话就有可能会跟不扩大领土有冲突，所以有人说罗斯福不是真心的，而蒋介石意识到这一点，所以没有掉入他的陷阱，这是一种说法。但是我觉得这一部分还有待理清，我也正在收集更多的资料，希望能够把这个问题弄清楚，罗斯福到底是真心还是假意，蒋介石当时又是怎么判断的，有没有其他资料可以来帮助弄清楚这个问题，如果在座有兴趣继续研究这个问题，我也非常欢迎，我们也可以合作。

当时台湾当局对美国归还琉球到底持什么态度呢？其实美国是分两个阶段把琉球交给日本的，第一波是 1953 年，第二波是 1972 年。1953 年是先把奄美大岛交给了日本。刚才我提到奄美大岛原来是琉球王国的一部分，后来在 1609 年，日本南部的萨摩藩把它抢走了。可是这个历史老美还记得，这是两三百年前你抢走的，现在我占领琉球要把这部分也占领了，所以它真占领了。

所以，老美并不是对琉球历史没有研究，它就是根据这一段历史把奄美一起占领的。可是到了 1953 年，美国认为奄美可以归还给日本，当时台湾的“外交部”递交给美国驻华大使馆的备忘录里写道：中国政府对于美国所做《旧金山合约》并未使琉球脱离日本主权之解释不能同意，中国政府对琉球并无领土要求，亦无重建其宗主权之任何意图，唯愿见琉球居民获得选择其自身前途之机会，中国政府对琉球问题的基本立场坚持对于琉球的最后处置有发言之权利与责任。

到了 1972 年，美国把全部的琉球交还给了日本，台湾地区也不高兴了，通过台湾“外交部”发表声明，因为台湾“外交部”的档案后来全部拨给我们中央研究院近代史档案馆来保管，我有这个便利看了当时的档案，所以这个是我发现的，上面写到，中国政府反对美国把琉球在 1972 年交给日本。台湾地区发表这个声明是在 1971 年，第二波，美国把琉球交还给日本是在 1972 年，为什么 1971 年台湾地区就发表反对声明了？因为当时台湾地区跟美国有外交关系，美国知道台湾地区介意，所以事先来知会，它不是来听你的意见，它是告诉你我要这么做。

所以当时派了一个代表团到台湾地区的“外交部”，提早告诉台湾我要把琉球交给日本了，我只是来告诉你，我有这个决定。台湾“外交部”当场表示反对，后来就发表了这个正式声明来批评美国。当时我看了之后其实有一点感动，为什么呢？台湾地区在战后非常弱，基本上一些对外政策路线全部跟随美国，唯一就是在琉球这方面坚决反对，我觉得这是很不容易的，证明了当时的政府其实对这个议题非常坚决。

这应该是当时发表的声明，关于琉球群岛，中、美、英等主要盟国曾于 1943 年联合发表了《开罗宣言》：“日本之主权应仅限于本州、北海道、九州、四国以及主要同盟国所决定之其他小岛，故琉球群岛之未来地位显然应由主要同盟国予以决定，而美国未经此项协商将琉球交还日本，中华民国甚为不满。”这就是我找到的那个档案，原版，这不是从网上抄下来的，网上有时抄错了，所以是表示反对的。

台湾地区到现在还是保持这个立场，可以这么讲。我去年（2012 年）离开琉球，去年（2012 年）3 月，我特地跑去了台湾地区驻琉球的代表处，我就问那位处长现在台湾方面到底有没有承认冲绳岛琉球是日本的领土。那位处长就告诉我，他说林教授，根据我的理解，台湾方面的立场，在 1971 年 6 月发表声明之后就没再有任何正式的外交文书，所以是停留在那个阶段没有改变。后来，两个月以前，我在台湾，打电话给台湾的“外交部”去问——我们这边不叫它“外交部”，不承认这个“外交部”，不承认它是对外的部门——司长也在电话里明白地告诉我，的确 1971 年之后，我们没有换新的立场，所以维持在 1971 年的阶段，这是官方的说法。

最后我想提一提琉球主权问题到底是不是解套钓鱼岛争议的思路。这一波争议出来之后，我个人是持比较谨慎的态度，并不认为应该大力开展这一波的议论。对此有很多的理由，其中我批评说这一波有三大盲点。第一点就是，在不了解我们政府立场的情况下随便发表意见，这可能也会伤到我们自己。

第二点就是，在政府没有改变立场的情况之下，民间再怎么议论也好，政府不会把这个议题拿去跟日本对峙，这是不可能的，除非你正式改变立场，可是到目前为止并没有这样，所以他们的力度非常弱，不会表示拿这个来做什么，只是停留在民间的议论上，意义不大，因为日本可以不管你，就当做没事，所以这个效果非常有限。

另外我批评的一个盲点就是，它其实还忽略了一个民意的问题，就是有关琉球人怎么想的问题。有关这三个盲点，我之前在凤凰卫视的《震海听风录》里也有提到，欢迎大家回去再看一看，也许我在里面说得更透彻一点，因为时间的关系今天我不想在这里拖太久。

林泉忠：美军强暴琉球少女后的惨痛代价

学生：您好，我有一个简单的问题，现在随着美军提出重返亚太的战略，

2012年也对美军的基地有很多异议，日后他们会不会借琉球独立的议题要求日本政府签署，如果这样做的话，会有什么反应？

林泉忠：冲绳主流社会从1954年到现在，基本上是持否定的态度，对美军基地的存在跟强化它的军事力量是否定的，所以才会每当有美军的一些扩大举动，就会出来反抗或者集会游行等。可是会不会利用“琉独”作为一个武器来跟日本讨价还价，我想美国部分有这个意图，但是因为这一波的热议他们也都知道了，我还担心有些反效果。我刚才还没提到，5月9日《人民日报》发表后的第二天，琉球发布了一个民调，第一次有这个民调，是关于对中国内地、对台湾地区、对美国的态度。其中对中国内地印象不好的有89%，所以我才说，对台湾地区好的是七成左右，对美国好的也有五成多。

在目前这种情况之下，很多人会贴一个标签给“琉独”的运动，说你是配合中国来侵略冲绳，所以有这种被贴标签的担忧，要直接提出希望美军能够弱化在琉球的这样一个军事部署，我想恐怕是有困难的。

学生：我有两个问题。一个问题是比较具体的，就是刚刚针对您说的向台湾当局驻琉球的代表处询问他们的立场问题，我刚刚在网上查了一下，在2006年5月30日的时候，民进党当局作出一个重大的转变，把原来的中琉文化协会琉球办事处改名为“台湾驻日经济代表处驻琉球办事处”，但是我没有进一步看到确切地改没改名。当时台湾地区的官方说是为了推动所谓的务实外交，这个具体层面我想请问一下。

再一个问题就是的确像您刚刚所说的，可能琉球大多数的民众对独立并没有一个普遍的意愿，但是我听到一种说法就是它寻求一种高度的自治，这种自治有非常强烈的民意。我想知道，这种自治如果真的是高度自治，不仅仅是美军的撤离，日本自卫队会不会在琉球有驻军？如果日本自卫队都要撤离的话，这对中国突破第一岛链有什么影响？

林泉忠：这位同学问的问题非常好，两个都非常重要。首先，2006年那个台北驻琉球办事处的招牌换了，他非常细致能够关注这个问题，我非常高兴。

的确，在阿扁的时代，2006 年是变了，当时在此之前，台湾驻日本跟驻琉球是分开的，因为驻日本还有几个其他地方的所谓类似领事馆的那种代表处，比如说福港，还有其他的地区。琉球是分开的，是直接从台湾地区的“外交部”派出去的，跟日本是不同的，因为它不承认它是日本的一部分，所以有这个理解。

2006 年 6 月是改了，叫做台北驻日本经济文化代表处琉球办事处，可是到了 2007 年的 2 月又改成了台北驻东京经济文化代表处那霸分处，这跟驻日的其他地区的代表处是一样的登记，所以那时候就被琉球社会理解为台湾地区终于承认冲绳是日本的一部分。可是，我刚才提到，去年问过那边代表处的处长，我今年（2013 年）3 月份也问过台湾地区“外交部”的那个司长，他们都告诉我没有这回事，没有承认这回事，他们还维持在 1971 年的立场上。

我的意思就是说，换我的理解，马英九政府没有意图要把它改回去，这个动作太大了，可是他又不愿意发表承认声明，他希望在此之前能够有一个模糊的空间，未来有机会再来处理，这是他的一个考量。

你的第二个问题是问到琉球高度自治。琉球对独立这个议题其实也很敏感，以前谈琉球独立是很敏感的，尽管它是一个民主社会，很多书都写琉球应该独立，琉球独立宣言一大堆，琉球独立的组织也能够合法存在，不受到政府的干预，可这还是一个敏感的议题。我们看到，在 20 世纪 90 年代，1995 年，美军发生了一个强暴琉球少女的事件之后，引发了大规模的反美军基地的运动，在此运动期间就出现了一波要求独立的声浪，但不是太大。

那个时候是大田昌秀知事的年代，大田县知事其实是我们以前琉球大学的教授，他后来退休之后摇身一变就去参选县知事，然后当选了两届。当时他就直接在县政方面推动自立。所以，从那个时候开始，自立成为琉球社会的一个主流话语，可以说到现在为止都是。自立简单来讲就是我跟日本要保持距离，你不要管我太多，不要那么密切，可是我没有说我要离开你。

这就是若即若离的一种关系，这是自立的一个主要情况。那么自立未来和独立会不会结合，这个过去都有很多的议论，也都没有正式结合过，可是它们有很多共同点，包括这一波松岛先生所创立的这个组织，因为他本身是个学者，其实过去这种独立运动也不是说没有，前几年就恢复了一个党，叫做琉球独立党，可是这个党跟冲绳本土的社会没有太多的连接，它参选县知事落败了，所以不成气候。

松岛先生这一次能不能有所作为，我觉得还值得观察，因为也涉及自立会不会与独立结合，这个我不晓得。那么自立之后美军的存在问题其实是未来的一个事情，他们在议论中也没有谈到，因为谈也会有各家之言，每个人都有不同的想法，包括让美军留下来，我们收很高的税。另外一种观点就是说根本不要美军了，这种也有。所以我想，这是未来的事情，而且短期内不会实现，他们还在努力吧。

学生：老师，您好。我的问题是琉球已经受日本管辖长达百年，受日本的影响也非常深，那么您认为琉球现阶段独立是不是已经错过了最佳的时机？您对琉球问题的将来有什么看法？谢谢。

林泉忠：将来不好讲，因为当时美国把琉球交给日本，其中有一个很大的原因，不能不否定就是它的民意，因为主流都是要求回归，美国也饱受压力，好吧，你一直在吵，吵了那么多年，好吧，就算了，让我来管也挺麻烦的，就交给日本了，其中是有这个原因的。反过来讲，如果当时是一直要求脱离日本，不要让我们再回到日本了，如果是这种情况，当然也许有不同的结果，我们不敢讲，因为历史没有如果。

那么未来如何，我们也不晓得，琉球独立的声浪一直都存在，只是一直都是微弱的，除了当年的复国运动，一百多年前的那个之外，20 世纪只有一次有点机会是 1945 年到 1949 年，大概四五年的时间，当时的主流是，因为当时已经脱离了日本，认为我们不要再回到日本了。可是进入 20 世纪 50 年代之后，美军开始在当地大力兴建美军基地，左派势力觉得有危机感，所以就开始提出要回归日本，这其中有美国的关系。

无论如何，机会过去都已经过去了，未来因为是一个主权在民的年代，如果琉球人真的有九成要求独立而且蓬勃发展的话，我想这个问题迟早是需要面对的。当然，我不晓得日本会怎么处理，日本毕竟也是一个民主国家，可是没有处理过这个问题。其实在20世纪90年代，有一个冲绳县选出的国会议员就在日本的国会质疑政府，如果琉球要独立，政府怎么办？你知道政府怎么回答吗？如果你是日本政府，你怎么回答？现在的日本政府会怎么回答？

学生：看民意。

林泉忠：有危险，被问的那个政府官员就说，现在日本的法律里就这个问题没有任何的注明，所以我无可奉告，所以，这还没有成为一个议题，简单地讲，如果这成为一个议题，当时后来就会有所发展，我们现在不晓得，不能讲。

林泉忠：我选择回答你的武力的可能性

学生：林教授，我想问您一个问题，刚才您也说了，主权在民，日本武力占领琉球，这是国际上承认的事实，但是现在琉球的大部分民众承认日本是自己的祖国。我们是不是可以这样想，如果说一个强大的国家，像美国用武力占领了欧洲，他们有一种同样的国家，然后强大影响力过百年之后，那儿的国家是否也认同，他们的大部分居民认同他们是美国人，这是不是一个悖论呢？

林泉忠：这个问题问得非常好，其实这也是经常困扰我的一个问题，从法理上，从学术上来讲，这个问题非常好。每一个事情怎么去判断它，除了它的起因动机之外，也要看它的效果，有时从质疑过去的正当性来讲，你这样讲是没有错的。可是很多时候，在处理一些问题的时候，必须从现实出发，不能无视现实地回到过去解决问题，加上这个岛是有人住的，不是无人岛，它跟钓鱼岛不一样，钓鱼岛不会说话，可是它会说话。

所以，很难不顾及这一部分，我想这是两者如何去理解的问题，这在学界里也有不同的意见，取舍有所不同。现在问到会不会用武力来解决，21世纪了，用武力来解决领土纷争，我认为这念头已经过时了。而且，我们看英国跟阿根廷，20世纪80年代初，为了那个岛发生战争之后，过去30年来我们没有看到一些主要国家涉及领土问题的时候是动用了武力，领土问题，我是说领土问题。

所以，这个已经非常少见了，而且大家都明白，一场战争是需要付出代价的，会伤及很多民众包括无辜的人，所以在这个更注重人的价值尤其人的生命价值的年代，我想应该避免战争，这应该是世界的一个潮流，是国际社会的一个共识，这是我的一个基本理解。

林泉忠：琉球人对台印象好，对内地态度差

学生：谢谢老师，我想问的问题就是，您刚才在PPT中讲到，台湾方面在琉球的态度上比中国内地更加超前或者激进，那么当内地方面比方说民意上开始有一些靠拢台湾地区的时候，为什么反而琉球人对中国内地的态度更差呢？

林泉忠：琉球社会对中国内地跟对台湾地区的印象好坏并不取决于他们对琉球地位的态度，这当然不是完全没有关系，坦白地说，那个调查其实并不是针对这一波《人民日报》发表的文章之后热议的，因为它是在此之前做的调查，并不是那天才做的，所以二者没有直接的关系。这主要是整体对中国大陆跟对台湾地区的一个观感。那么主要的原因有很多，调查里面也有显示，也问了那些受访者到底为什么不喜欢？

我记得有六成多认为中国内地在维护资源方面就是自我中心主义，这个占百分之六十几。另外就是说，在处理问题方面不依照国际规范来处理，他主要是批评中国内地派海监船在那边常态化巡逻，因为他们认为这是一个挑衅行为，为什么这样讲呢？举个例子，日本跟韩国也有独岛、竹岛问题，可是我们没有见过日本海上保卫厅的船在竹岛做常态化的巡逻，所以他恐怕是根据这个来理解的。

此外还包括，有五成人认为不能理解中国大陆的爱国思想，我想这涉及中国大陆的形象问题。所以我认为从整体来讲，我们在议论这个问题的同时也应该做一个反思，为什么我们没有得到他们的信任。在这一点上，我其实也希望通过热议琉球能够重建中国大陆跟琉球社会的一种互信、信赖关系，这反而是我经过这一轮热议之后所产生的一个愿望，我也希望未来能够朝这个方向继续下去。

中美关系走到新十字路口

——赵可金、刘亚伟探讨中美双边关系走向

嘉宾简介：

赵可金，清华大学国际关系系/国际问题研究所副教授，法学博士。察哈尔学会高级研究员。

刘亚伟，美国艾墨蕾大学美国历史学博士学位。现在佐治亚帕里米特学院任副教授（终身制），兼任卡特中心中国选举项目副主任。

专题地址：http://blog.ifeng.com/zhuanti/zhongmeiguanxi/

要点

Talk1：通过这种交流可以缓和一下气氛，比如说我们可以在台面上握手，一起交流，但不会从根本上解决问题，中美军事上最危险的地方不是高层，而是基层。

Talk2：中国的一些学者认为美国要遏制中国，要制止中国的崛起，等等。我觉得这是多虑了，美国除非是发疯了才会跟中国作对。

Talk3：跟所有国家都搞新型大国关系等于是不跟任何国家搞新型大国关系，所以在我理解，新型大国关系应该还是中国和美国两个国家的新型大国关系。

Talk4：中美关系的发展不再是一个双边的问题了，中国崛起与原来的德国和前苏联崛起可能不太一样。德国是先扫清周边，然后再往外拓展。今天的中国是什么呢？周边根本没有扫清。

赵可金：美国很清楚中国发展军舰的真正目的

凤凰博报：美国国防部长哈格尔邀请中国国防部长常万全于2013年8月19日在美国华盛顿举行了会谈，这也是自2012年5月以来中国国防部部长首次访问美国。这一次的会谈除了涉及网络攻击以及双方军事互信的问题之外，还有可能会涉及中日之间的钓鱼岛争端问题。美国国防部的一位高官说这次会谈的主要目的是为美中军方增进互信，两位觉得呢？

赵可金：这个会谈首先是对习奥会达成共识的落实，当然，从中国的角度来讲是希望同美军加强交流，通过交流来澄清前面存在的一些疑虑。现在国际上对于中国有一种声音，叫疑惧中国，就是对中国既怀疑又担心又恐惧，中国军队也被看作一个非常神秘的部门，对中国军队内部的一些情况不是很了解，所以通过国防部长的出访，主动对这些问题进行回复，这样来澄清一些疑虑。

这种交流的方式能不能产生互信呢？这个我们还可以观察，我个人的看法是这种靠简单交流的方式可能不一定会起到效果。增强互信是中美双方的共同愿望，但是如何来提升这种互信呢？这恐怕要在方式方法上做一些改进，特别是比如美军对中国最关心或者最疑惧的环节是什么，要主动回应，是通过军事官员或者高官直接见面的方式还是通过军人之间的见面方式，比如说美国的基层军队的军事主官和中国海军、空军的主官直接见面的方式，这可能要比高层军事长官的见面更能够起到澄清误解和增强互信的作用。

因为其实从军队来讲，高层往往是信息很充分的，比如对于双方担心什么或者怀疑什么也都很清楚，但是最容易出事的就是怕第一线上的官兵们对中美的军事交往或者互动缺乏明确的信息，往往会发生一些意外。我认为这可能是最危险的地方，所以军事系统基层官兵的交流比高层的更重要，这是我的看法。

凤凰博报：我也了解到，最近几次出访，中国的二炮以及海军的高级将领都会随团出访，就是想让对方了解中国发展军舰到底是什么样的目的，同时也想了解一下美国重返亚太的目的究竟是什么。

赵可金：美国对中国发展军舰、航母、潜艇的目的是一清二楚的，中国对于美国重返东南亚的目的也是一清二楚的，中美双方都是高手，都是块头比较大的，所以我想中国的军事长官不必去跟美国说我不是针对你，也不用美国人跟中国人说我不是针对你，双方都知道大家在做什么事情。通过这种交流可以缓和一下气氛，比如说我们可以在台面上握手，可以在一起喝酒，可以在一起交流，这所起到的作用是有一点儿，但不会从根本上解决问题，中美军事上最危险的地方不是高层，而是基层。这是我的看法。

刘亚伟：2012 年我们有幸请到国防大学的朱成虎将军。到美国访问卡特中心时，以及卡特前总统 12 月来北京的时候，朱成虎都说中美最大的问题实际上是军事互信的问题，实际上是说从高层到基层到中层双方的疑心。他说主要的问题在于，美国做一件事，然后中国会有一种反应，或者中国做一件事，美国会有反应，之后就有误判，误判以后就有可能升级，实际上很多事都是这样。我觉得国防部长或者是参谋长之前都有过互访，这非常重要，顶头的他们应该有一种个人的关系。

刚才说到的二炮比如说司令，以及其他部门的主官，如果也能够去跟他们建立一种交流，当然说到中层，因为对于基层我的理解是，刚才赵教授说的基层就是说舰艇上的或者是飞行员，最后如果碰到有这样的问题，大家要有路可行，当时海南的撞击实际上最后都在说这个事，好像并没有达成一定的协议。

我个人的感觉是，美国人更愿意把自己的军事设施展示给中国人，同时也愿意邀请中国的中层军官能够到美国的军事智库大学去，但中国好像并不太接受这方面的邀请，这是我听到美国人的一些说法，具体的情况是不是这样我不是很清楚。

刘亚伟：美国连叙利亚都不敢动，更不敢惹中国

凤凰博报：最近这几年来，中国的发展速度非常快，可以说美国开始积极调整它的全球战略重点，对待中国的外交手段更加灵活，也更有弹性了。今年（2013年）两国领导人的会面原本是定在9月，但是提前到了6月，而且是在一个私人的庄园里进行的。那两位老师觉得美国政府的这样一个举动传递出什么样的信号？

赵可金：这个事我了解得比较早，3月美国财长雅各布·卢来北京的时候，当时北京的朋友在一起见面。大家就在算到底两国领导人能够什么时候见面，因为一方面美国总统换届，奥巴马连任，成为新的总统，习近平作为中国的国家主席也刚刚当选，那么当时美国国安会的亚太事务助理坎贝尔就算，可能要到莫斯科峰会才见面，大家都说这个时间可能太晚了，而且从美国的角度来讲，美国的财年计划截止是到6月，如果到6月底两国元首不能够安排见面的话，那么接下来这一年好像就没有什么预算来支持一些新的项目，所以最好能够在7月底之前或6月底之前见面。

美方也就是美国的一些学者也认为两国领导人越早见面越好，所以当时大家也在呼吁这个事。双方的领导人见面显然是两国利益的一种共同诉求，从美方的角度来讲，尽快和中国的领导人见面，了解新一届领导人对外交的一些看法，这对美国是非常必要的，因为美国重返亚太也罢，或者是再平衡也罢，都希望跟亚洲地区的大国建立比较稳定的关系。从中国的角度来讲，其实你如果看习近平的讲话和我们十八大报告，中国在 2020 年如期全面建成小康社会，这决定了中国的主要精力也是在国内。要把国内的经济转型、城镇化各个方面的工作做好，就需要在外交上也要稳定，所以习近平上任之后也去了不少地方，实际上其核心也是为了首先为国内的发展奠定一个良好的国际环境基础，如何处理和美国的关系、稳定中美关系也是中国集中精力把自己问题解决好的前提。所以，两国领导人把会面的时间提前，是出于各自国家利益的需要，同时，选择庄园这种形式，我想最主要的还是要在面子上过得去，就是既不体现出中国有求于美国，也不体现出美国有求于中国，而是采取顺访的形式，在度假期间到庄园见面，这样就省掉了很多繁琐的外交程序，又可以使两国领导人能够静下心来谈一些具体的问题。这一次会面的结果也表明他们有大量的时间可以用于私人之间的会谈，可以交流一些看法，所以这种安排是双方精心制定的结果。

刘亚伟：赵老师讲了很多，我就补充两点。在庄园会见应该不是中美首脑的第一次，第一次实际上是江泽民主席跟小布什在德克萨斯的牧场上见面，当时正好要开十六大，为了那次会面还把十六大时间推迟了，等于不是一般的国事访问，比国事访问更进一步，因为我们是称兄道弟，是去你们家里做客，时间也比较长，谈的事也比较多。

第二就是在奥巴马当选之前，美国的这些智库包括李侃如他们都给奥巴马进言，李侃如当时写了备忘录，其中的一个主要建议就是说，中美双方这种盘根错节的关系、中美双方对整个国际事务发展的影响需要他们两个人经常见面，甚至他提出他们的见面应该是季度性的、城市性的，但是不应该仅仅是在 G20 或者是其他的国际或者联合国会议上去见，而应该有他们自己单独见面的时间。

大概也是在这种情况下有了这次见面，但是见面因为第一夫人没有出现引起了国内的或者国际的猜测，我倒觉得那实际上是一个次要的小插曲，关键是两个人见了，而且谈了这么多。我们不知道他们谈的什么，但是我想他们谈的时间越长，对解决中美碰到的问题、对增加互信的作用越大。

凤凰博报：2010年的时候，美国借由南海危机说要重返亚太，由此减少了在欧洲的一些军事存在。这一政策实施以来给亚洲地区可以说是带来了很大的冲击甚至是动荡，后来奥巴马也说把重返亚太修改为战略再平衡。两位觉得这种修改就是重返亚太和战略再平衡在实际上有什么区别吗？

刘亚伟：我不觉得有什么区别，实际上就是字眼上的事，我以前在美国开会的时候碰到过美国前任的军官和现任的军官，大家好像都一致认为坎贝尔提出的重返亚太这个词应该是选错了，再平衡还是怎么样，我自己觉得也是。卡特前总统在接受中国媒体采访的时候就经常说美国什么时候离开了亚太？在日本，在韩国，在其他国家，它并没有离开。当然，希拉里·克林顿包括美国的国防部长在香格里拉会议上说今后多少年我们的海军会移到亚太地区来，但是你说它是不是削弱了自己在欧洲的军事实力，因为我们不是做军事的，没太关注它的军舰或者是飞机什么部署，我倒觉得这些事是说得比较多，实际上是不是就有多么大的阴谋，我确实表示怀疑，中国的一些学者认为美国要遏制中国，要制止中国的崛起，等等，我觉得这好像是多虑了。美国除非是发疯了才会跟中国作对。昨天我们开会的时候王辑思教授就说了，连叙利亚这样的国家美国都不敢动，它会丧失理智到要跟中国去做什么吗？他说，我这样说可能不正确，但是我觉得情况确实是这样，就像说美国要把中国怎么样，只不过是一种想象，是一种杞人忧天。我不知道赵教授同意不同意，但是我觉得在政策层面应该是没有太大的变化。

赵可金：我部分同意。第一个，我同意刚才亚伟讲的，美国重返东南亚肯定不是一个阴谋，因为美国在战略上向来不讲阴谋，他讲阳谋，它第一重点考虑的是这个地区非常重要。刚才你提到究竟这个词的变化是不是有意义，我觉得还是有意义的。首先我其实更欣赏希拉里讲的重返东南亚，这样一个说法明确提出东南亚对美国的重要性。因为现在中国力量的上升，不光中国力量，包括印度力量的上升，对改变亚太地区的战略格局的冲击是很大的。美国是一个全球性的大国，它必须寻求全球的稳定和平衡。重返东南亚使它看到东南亚在今天的国际战略棋局中的地位在急剧上升，但是美国作为一个拥有全球领导力的大国，它要重返东南亚必然会引起其他一些地区的变化，比如说它要重返东南亚，那中东怎么办？欧洲怎么办？而且东南亚是否包括日本、韩国？东北亚怎么办？

所以，重返东南亚好像就很明确地感觉到其他的地方不重要了，其他的地方没有纳入美国这一次战略调整的核心，这就会造成很多的误解。而最后定格在亚洲的战略再平衡这个说法上，我认为比前面从政治上来讲是准确一些，就是至少一方面这使得东南亚不再变得那么热，比如东南亚很明确地讲，美国要重返东南亚意味着中国的影响力会受到平衡。战略再平衡这个话就讲得比较委婉，一方面会使得美国从事中东研究的人感觉到是平衡而已，比如说究竟怎样平衡最后达到了均衡或者才是达到了美国国家战略利益所需要的程度，这个可以来讨论，不至于说明确地把东南亚看得最重要。同时，这也使得南亚的人，比如说对印度来讲，因为印度的上升美国也感觉到了，尽管现在还不足以对美国地区产生重大的影响，但是如果长期下去对美国也是有影响的，那些做印度方向研究的美国战略界人士讲，重返亚洲战略再平衡，我印度也可以再平衡，印度洋和太平洋都要平衡。包括东北亚会感觉从领导、从白宫或者是国防部来讲比较好平衡，这样大家铸造共识的可能性会更大。

所以，战略再平衡在定位上可能更符合美国的战略实际，至于它在执行当中会怎样可以再讨论，这样一种布局显然不能把它看作就是要遏制中国，因为从美国的能力上来讲，它想要遏制中国，就像亚伟刚才讲的，叙利亚它都可能做不到，那么中国就更谈不上了，它也遏制不了。但是美国在寻找办法，就是寻找办法怎么把中国纳入未来亚太的新秩序中去。比如说它做 TPP，那么它要把新的贸易或者是经济规则制定好，当然很多人批评说你这个标准是不是定得太高了，美国人包括坎贝尔讲，我美国人做东西就要做标准高的，我不能做标准低的再改进，我一开始就要高的，我做好了等着你进来，也就是说美国希望这个地区是21世纪最具活力的地区，美国应该在这个地区提供一种地区的秩序，这也符合美国的利益，所以它希望跟中国合作，一起来把这个秩序做好。当然，现在中美关系很复杂，在不同层面比如在军事、经济、价值观、文化各个领域大家对中美的互动感受不一样，有的人更多地强调对抗的一面，有的人更强调合作的一面，恐怕这都是在亚太秩序成长过程中必然经历的一个过程。那么现在对中美来讲最重要的是如何保持各方的力量在互动或者寻求均衡的过程中不发生意外，不因为某一个意外的事件而干扰这个进程，从而建立起一种无论是中国说的新型大国关系也好或者美国所讲的中美伙伴合作也好，目标大家应该是清楚的，是共同的，关键是在这个过程中如何来保证竞争的一面甚至对抗的一面，保持一种良性的方式，不陷入恶性的循环，这是双方目前关心的。

刘亚伟：刚才赵教授说美国要制定规则，而且是高标准的规则，这让我想起1995年，我们当时在美国念书，美国的全国关系委员会组织在美国念书或者做访问的这些中国人去参观美国的各个部门。我记得我们当时到了美国国务院，好像也没有地方接待我们，国务院非常低级别的一个官员，我估计是个科处级的官员让我们到国务院的餐厅，大家坐在那里说话。当时正在搞关税就是入世的谈判，但是这个官员应该是非常骄横，非常傲慢，就告诉我们说，现在的WTO规则是我们做的，你们要进来，对不起，一定要守规则，而且承诺你守规则你才能进来。我们谈判了这么长时间，最后我们是进去了，我们进去的时候可能不是很爽，总觉得你制定了这么多规则一定要让我们去。

但是进去以后，我们实际上是最大的获益者之一，你现在看入世之后中国整个经济的发展，所以我觉得刚才说到的TPP可能也是这种情况，但并不一定是要遏制中国怎么样，因为实际上我觉得将来如果真的进入TPP，对于中国的经济转型，对于中国整个的发展，可能又是一个新的促进，并不是说我搞这个东西是要把你中国排除在外，然后通过这种排除遏制你的崛起。

赵可金：现在经济学界也有一些人对这个看法有点改变，就从今年以来，大家就觉得你仔细研究一下这个 TPP 的话，它的规则设计的标准很多，比如说环境的标准、劳工的标准、各方面竞争的标准，如果不是整个国家能够承受得了的，我们一些地区，比如说上海，比如说广东，可以先进去谈着，以高标准的要求谈，然后让中西部的地区先以低标准来进行，我认为这也是可以的。这个情况究竟怎么样，你总要参与才知道，不至于就把它看作一个洪水猛兽不去接触，如果等它真做成了你再意识到参与的时候，可能代价更大。所以，我也认为可以拿出一个省或一个城市先进去看看到底是阴谋还是阳谋，先试一试总归是可以的。

刘亚伟：习近平提出的新型大国关系究竟是什么

凤凰博报：赵老师，您也提到新型大国关系，可以说新一届领导人上台以后就提出了这样一种理念，2012 年 2 月，习近平访问美国的时候，就正式提出要建立中美新型大国关系；今年（2013 年）3 月，习近平在出访俄罗斯的时候又将中俄关系定义为新型的大国关系；今年（2013 年）5 月，李克强在访问印度的时候也提出中印之间要建立新型的大国关系。究竟什么是新型大国关系呢？

赵可金：这个新型大国关系我也问过外交部的一些领导，我问到底是一个说法还是真心想做，他们的回答是真心想做，中国是真的想做这个事。为什么呢？中国现在已经是个有很大国际影响力的国家，但我认为现在中国可能还不是一个大国，一个大国的标志是什么？大国的标志是不仅你块头大，而且有一些国家要跟你友好，要认定你是领袖，要追随你去做一些事情。这就会出现问题，一是小的国家不愿意追随你，即使你愿意为国际社会做好事、提供公共产品；另外一个问题是原有的大国是否愿意接纳你。

所以，新型大国关系的内涵我想就是两个方面。一个是原来的大国是不是愿意接纳你当朋友，比如说愿意和你在一起讨论事情。因为你原来是一个处在边缘的国家，你进入中心位置以后是不是愿意接受国际的游戏规则，或者老的大国能不能接受你进入俱乐部？中国是希望进去的，是希望获得接受的，而且希望通过交流能够在老的大国中找到接触自己的朋友，同时中国也希望去和这些新兴的国家建立起友好的关系，也希望其他国家能够支持中国，能够和中国一起同甘共苦、风雨同舟。今年（2013 年）6 月底王毅在世界和平论坛上有一个讲话，叫“中国大国外交”，其实也明确说了中国要做大国，要为其他国家提供公共产品，要尽国际责任，同时也希望和美国、欧盟、俄罗斯等这些原有的大国建立起比较稳定的关系。所以，我们在理解新型大国关系的时候不要认为仅仅是和美国发展新型大国关系，而是和所有大国都发展新型大国关系，而且要向一些中小国家提供一些支持，提供一些帮助，要尽一些责任，我想这样的理解才能够全面。

刘亚伟：我的理解不太一样，所谓的新型大国关系，首先是刚才你说的跟美国搞新型大国关系，跟印度也搞新型大国关系，跟俄罗斯也搞新型大国关系，将来你是不是跟巴西也搞新型大国关系，就是和金砖其他几个国家是不是都要搞新型大国关系？跟所有国家都搞新型大国关系等于是不跟任何国家搞新型大国关系，所以在我理解，新型大国关系应该还是中国和美国两个国家的新型大国关系。

我觉得是这样，可能这些人都说了我们要搞新型大国关系，因为我实在不能理解跟印度搞什么新型大国关系，中国和印度的情况是什么样大家心里都很清楚，是领土的问题，是达赖的问题，是其他方方面面的问题。中国跟俄罗斯搞什么新型大国关系我也不知道，中国和俄罗斯是要搞盟国还是要做什么？对于中国和美国搞新型大国关系，学者有很多解释，就说美国是超级大国，中国是崛起的大国，中国提出来要搞新型大国关系，实际上就是说我已经至少承认我在崛起，当年说的和平崛起后来改为和平发展，到现在提新型大国关系，就是说如果我还不是一个超级大国，那么我肯定已经是一个崛起的国家。

就历史来看，一个大国和崛起的国家最后肯定是要发生冲突的，新型的大国关系是说我们要打破这种历史的先例，比如当年的英国和德国，英国是一个超级大国，德国是一个崛起的国家，最后就发生了冲突。或者是日本，当时挑战其他的西方国家。中国和美国不是在一个档次上，但是美国人有很多怀疑，认为中国要挑战整个世界秩序，包括现在说的中国模式，包括很多学者说中国现在已经趟出一条人类文明的新路。这对美国人来讲，实际上是非常不舒服而且感到非常恐惧的一件事。所以我倒觉得，和每个国家都讲新型大国关系，似乎就等于没什么大国关系了，我还是觉得新型大国关系实际上就是讲中美两国的关系。我不知道我这种理解对不对，但是我觉得意见跟赵老师不是完全一样。

赵可金：亚伟有个人的看法很正常，因为他接触美国很多，然后处理中美关系或者是提出新型大国关系的时候就是跟美国提的，而且新型大国关系这种建设的重点或者核心是中美关系，这个没错。但是就中国政府来说，我个人的解读是，认为仅仅和美国建立新型大国关系，第一不符合中国的战略需要，第二也不可能，因为你单单和美国搞新型大国关系，到最后可能什么都拿不到。你想和美国合作，核心就是八个字——相互尊重，合作共赢。那么相互尊重就是刚才亚伟讲的，各自都是大国，你自己的事自己解决，我不干涉你，你也不要干涉我。

刘亚伟：《与台湾关系法》惹邓小平破口大骂

凤凰博报：如果我们单看中美至今的新型大国关系，两位觉得如果想发展得好，在这之间有什么阻碍或者有什么挑战吗？

赵可金：亚伟可能更熟一点。

刘亚伟：关于中美关系我一直就讲，如果中美关系好了，不仅美国好，不仅中国好，东亚也好，世界也好；如果中美关系不好，美国不好，中国不好，东亚也不好，全世界都不好。你说中美之间有没有冲突，有没有矛盾？应该是有很多的冲突，有很多的矛盾。我最近给别人讲中美关系的时候看了很多文献，对我印象最深的就是当时在中美建交公报发布之前有一个误解，最近披露的这些文献中，根据傅高义写的《邓小平时代》包括之前美国学者写的建交文章，美国白宫卡特的助手突然意识到中国方面可能在对台军售问题上有误解，因为谈的时候是说台湾地区和美国的共同防御条约在一年之内就会被废除，在废除这一年之内已经进入销售管道的这些美国武器就继续销售，没有进入的就不再销售了，但是并没有承诺说建交之后美国不会再向台湾销售武器。而他们当时担心说中国的理解可能是把我们说的一年之内要发生的事变成了一个永久的现实。当时美国驻北京联络处的主任伍德科克就紧急求见邓小平，然后说我有事要见，卡特总统让我跟你解释一下中美建交的一些细节问题，然后他就讲到这个军售的事。

当时他明确告诉邓小平说会有一个《与台湾关系法》，《与台湾关系法》会承诺向台湾继续出售防御性的武器，按照历史的记录，邓小平大发雷霆，一边抽烟一边在破口大骂，伍德科克看着邓小平在那里发火，也不敢说什么。邓小平讲完了，发完火了以后，就看着他们说你们有什么要说的，伍德科克就说这个事对中国来说在我们现在看来肯定是个大事，但是我们一定要越过这个事去看中国和美国建交了以后有可能带来的变化，对美国、对中国、对世界、对台海关系的变化可能是我们现在坐在这里不可能想象的，所以我们要往远看，把目前的这点争议搁置了，把建交的事先做着。最后，邓小平就是两个字：好吧。

过了一天，1978 年 12 月 15 日，中国是 16 日，这个建交公报就发布了，所以你现在再去看 35 年以前，他们能够搁置这个争议，我觉得对邓小平这样的领导人来说很不容易，这么爱国，有这样的自尊，而且对国家的统一有这样的诉求，说实在的我们有点忍气吞声的感觉，忍辱负重。包括后来我们在军售问题上立场都非常坚定，可以在那种情况下就说就不行，你这个东西不承诺我不建交，美国方面的意见就说你这个东西不弄，我们在国内也搞不定，国会那边还有事。

所以我觉得，中美不管是在意识形态领域，还是在法治以及其他所有领域，都有方方面面的问题，大的方面是清楚了，就说中美一定要搞好关系，双方的领导人、双方的精英包括双方越来越多的老百姓都意识到如果不搞好这种关系，将来是两败俱伤的事。所以，虽然问题是很多，但我自己还是乐观的，我不知道赵教授是不是跟我同样的乐观。我们知道这个关系有多重要，所以我们会倾所有精力和能力把这个关系搞好。我相信双方的领导人、双方的决策和他们的顾问都能够高瞻远瞩，能够把小的问题、小的摩擦通过各种方式解决。而大的目标是我们一块挣钱，一块把自己的经济搞好，一块把世界的秩序搞好，这对中国来说是个战略机遇期，这对美国来说也关乎它的国家安全。

赵可金：我同意亚伟的看法，中美关系要搞好，小平也讲过中美关系要好起来才行，这是双方国家战略利益的需要，或者说搞好中美关系是中国国家利益的需要。同样，搞好与中国关系也是美国国家利益的需要。举个例子，2003年以来，如果你去看广东，包括东北沿海地区，很多省份都有一个共同的特征，就是中国经济的加速发展是2001年以后开始的，是加入世贸组织之后才加速发展的。而广东最为明显，广东从2003年到2012年，对美出口翻了8倍，那就意味着和中美搞好关系对广东的经济、对中国的经济是有极大好处的，所以稳定中美关系就是稳定了中美两国老百姓的利益，这是毫无疑问的。

但是在稳定中美关系的过程中有很多问题，我完全同意刚才亚伟分析的，有很多问题，但是现在今天最大的问题我认为是有很多人认为中美关系很重要，而且有很多人从中美关系稳定发展的过程中拿到了好处，获得了实惠，但是这些人很少出来说中美关系很重要，而出来说的也一般会被不了解中美关系的中国人骂为是汉奸，被美国认为是美奸。

刘亚伟：用事实说话，最后什么是事实，有时候大家可能一叶障目或者有点偏见，或者认定刚才我举的这些例子真的是事实，那你看到的事实就不是广东，因为进入世贸组织，然后跟美国的进出口这么好，然后广东经济起来了，他不用这个事实，他用其他的事实同样可以描绘一个非常可怕的美国对中国进行蚕食的画面，而且这是让人不寒而栗的，然后就有可能导致中层乃至上层的决策人员在决策过程中有失误。我觉得有时候会这样，刚才赵教授说的，作出一失足成千古恨的决策也不是没有可能。

赵可金：中国的崛起和苏联的崛起不一样

凤凰博报：那是不是可以说现在中美之间有很多矛盾存在，虽然不可能阻挡中美之间发展新型大国关系步伐，但是这些问题还有必要去解决，是这样吗？

赵可金：中美关系的发展今天不再仅仅是一个双边的问题了，中国崛起与原来的德国和苏联崛起可能不太一样。德国是先扫清周边，然后再往外拓展？今天的中国是什么呢。周边根本没有扫清，过去的三四年中国根本没有去把周边国家全部纳入到中国的势力范围之内，而是先全球发展了，我先走向世界了，非洲、拉美、欧洲全世界都是中国产品，在这种情况下你没办法用周边的传统思路来做。

中美关系除了要考虑双边以外，还要在一个国际舞台上处理，所以在发展过程中可能会出现这些问题，但这些问题很可能不完全是中国的，比如说朝鲜半岛的问题。

刘亚伟：叙利亚问题。

赵可金：完全是中美的问题吗？这就不完全是了，所以这就使得中美关系今天变得比以前的所有关系都复杂，即便是整天喊着遏制中国的那些美国学者也认为今天确实不能用原来对苏联的办法来对付中国，需要在一个开放的情况下，从任何一个国家，从美国角度，我希望能够主导这个进程，从中国的角度来讲，我也希望能够在这个进程中发挥更大的影响，所以竞争是不可避免存在的。而我们今天作为学者来讲，关心的事是什么呢，就是如何让这种竞争变得有规则，成为一种良性的竞争，就像奥运会赛场一样，我们有一个共同的规则，不至于说你跑得比较快，我在后面给你一拳，用这种违反规则的方法来竞争。竞争是很需要，有竞争才会有进步，这也是必然的。

凤凰博报：很多专家一提到中美新型大国关系就会把冷战时期美苏两国的关系和现在的中美关系相比较，那两位老师觉得这两者之间有什么可比性呢？

刘亚伟：赵老师刚才已经说了，现在的中美关系跟当年莫斯科和华盛顿的关系是不一样的，当年的冷战实际上是一种意识形态上的，是一种生活方式上的，美国人认定以苏联为首的马克思列宁主义的这一套实际上是跟美国的生活方式和美国整个的信仰背道而驰的，而且最后它们两国都各自把消灭对方作为自己的终极目标。现在中国和美国，我觉得2005年的时候有一篇文章叫《中国共产党在21世纪的使命》，其中说的实际上跟赵教授说的情况是差不多的，就说中国在拥抱全球化的过程中又走向了全球，中国是全球化的受益者之一，我们没有理由、没有意愿也没有能力去挑战全球化秩序，可以说全球化是在以美国为首的西方国家建立起来的一种秩序，我们是这个秩序的受益者，我们不愿意去打破这种秩序。所以，这就从根本上颠覆了所谓的中国和美国的关系是当年莫斯科和华盛顿的关系的认识，完全不是一回事。

关于当时的敌对态势，如果你看一下乔治·凯南的长电报，1947年他发回去了，最后作为文章在外交事务杂志上登了出来，就是美国对前苏联的看法，而且那个时候他就认定前苏联本身的性质已经决定了这个国家最后是不可能最后跟美国进行抗争的。所以我觉得今天这两个国家的关系，虽然我们在意识形态领域还是不一样，但是更多的是在一种大范围、大气候和谐的条件下的友善竞争，当然，在有些问题上可能双方会有明显的不一样，会有争议，但是我觉得最后不会堕落到像当年冷战的那种关系上，因为情况完全不一样。

赵可金：它其实有明确的指标，比如说当时冷战期间两大阵营很明确，共产党政治上有共产党情报局，经济上有经合会，军事上有华沙条约组织，意识形态上也是明确分割的。今天你看中国没有建立起针对美国或者欧洲的一个同盟，也没有为自己搞一个经济圈，然后把美国排除在外，把西方排除在外，意识形态上尽管我们还是坚持马克思主义，坚持社会主义，但是我们也没有完全把资本主义排除在外，香港地区也在实行资本主义，过去我们也把跨国公司看作资本主义的工具，但现在也请到了国内来发展。

所以，今天的情况和冷战时确实不可同日而语，完全不是一个路子来的，而且最关键的是，当时美苏之间没有多少人员往来，现在每天都有飞机，每天都有这么多的人员往来，所以怎么可能像当时那种情况来处理呢，不可能的。

赵可金：习近平访俄真的是为了对抗美国吗

凤凰博报：也有专家称中国新一代领导人上任以来，外交关系与过去10年并不一样，先去访问一些和美国关系比较差的国家，比如俄罗斯、巴基斯坦，最终再把脚落在美国的土地上。这是不是中国领导人在外交方面对于美国再平衡的一个应对手段呢？

赵可金：我觉得这是一种误解。为什么呢？比如习近平出访南非，参加金砖国家领导人峰会，这是早就定好的，现在领导人的很多访问都是很长时间之前就定好了。他要按照节奏走，如果真的是和美国搞对抗的话，我认为习近平第一应该访问东南亚，因为美国要重返东南亚，我要去把印尼这些国家全部弄到自己的手下，我先把你争夺的人争夺回来，然后再跟你见面，你看你不行吧，还得靠我吧。

实际上习近平并没有那么做，当然，可能美国方面比较担心的主要还是临时改变去访问俄罗斯。对于访问俄罗斯，美国人理解这是战略考虑，是为了对付美国，但是从习普会来看，好像也没有达成一个要去对抗美国的东西，好像俄罗斯也没有明确说我跟你联合起来对抗美国。所以，这就不是他上来就说我要跟美国搞对抗，而是什么呢，而是从中国的国家需要出发，用中国的话叫夯实我的外交布局。我的布局是什么呢，其实十八大报告讲得很清楚，要建立更加均衡的全球发展伙伴关系。

就是说，我要在发展中国家、新兴国家和发达国家之间做一个平衡，不像原来的时候，比如说一开始我上来以后就访问发展中国家，我就不考虑大国这一块了，我先跟穷哥们站在一起，然后再去考虑和发达国家建立关系。而今天他在不到一年的时间内，就几乎把所有的方面都走遍了，这就使得中国的外交核心和以前可能有不一样的地方，我认为就是王毅讲的，中国在今后可能开启一条大国外交之路。1949 年到 1979 年我们是革命外交，我们是为了当时的主导思维即阶级斗争，联合全世界人民把帝国主义、资本主义全部推翻，打倒帝国主义，打倒反动派。到了 1978 年，三中全会开完了邓小平就去访美，进入全球化的进程，搞改革开放，实际上其核心落在我要发展，我要为国内的发展营造一个良好的环境。

今天中国可能正在走向一个什么状态呢？我正在反思是不是仅仅为了发展，除了发展之外我们还要依靠发展，不仅要服务发展，而且要依靠发展，最终落脚在什么上呢？中国是个大国，应该赢得国际的尊重和信赖，中国不是一个侵略别人的国家，中国是一个奉行积极有为的国际责任的国家，我们要利用发展的资源和优势来为国际社会提供更多的公共产品。而且你看公共产品这个词，不仅王毅讲过，习近平也讲过，十八大也讲过，尽可能地为世界做点贡献，我想这也是中国在走大国外交之路的一个非常重要的表现。

刘亚伟：我觉得，你刚才说的可能也不完全是空穴来风，可能媒体有一些解读，包括美国的媒体，包括中国的媒体，因为当时看国内的像《北京青年报》这样的，就会大肆渲染习近平到莫斯科，就会大肆渲染他们在莫斯科签的这些协议，对我冲击比较大的主要就是说在俄罗斯购买武器、潜水艇、苏-35 之类的，可能还有 S-400 导弹之类的，我觉得可能因为媒体有很多禁区，有的地方没有禁区，所以在没有禁区的这些地方，媒体就会有很多过度的渲染，最后造成了一种去俄罗斯实际上好像是为了拉着俄罗斯去对抗美国的印象。我觉得要说有这样的目的应该也是有，确实是有，最后习奥会实际上是对这种看法的一种纠正，就说我们没有等这么长时间，到 9 月份再跟美国总统再见面，我们现在就安插了。当然，如果按照赵老师刚才的逻辑，真的要跟美国对着干，那习主席应该去古巴，去委内瑞拉，去玻利维亚，这些都是跟美国直接干的，但他去南美并没有说去这些国家。

我觉得他们考量上还是很清晰，但是双方的媒体都会渲染一些事情，最后在公众的舆论方面形成另外一种解读，有可能高层不是这么想的，但是最后造成的效果有可能是你刚才说的这种担心。

凤凰博报：我们看美国现在已经在太平洋部署第三舰队和第七舰队，并且宣称到了2020年将在亚太地区部署60%的军舰和60%的海外空军，从中可以看出美国对于中国的防范心理还是很强的。对此，未来10年中国对外战略格局应该做什么样的调整或者改变呢？

赵可金：你刚才说的60%是在香格里拉会议上，美国的前任国防部长是这么说的，大概最近也有说美国又往冲绳等基地派了飞机什么，具体的就说飞机的架次包括在中国周边的这种飞机，好像说这种飞行还很多。据军方的人说实际上我们都不敢公布美国的这些飞机靠近我们沿海搜集情报，这我们都不知道的。

但是我自己觉得美国对亚洲的盟国有它自己的防御上的承诺，它也会想中国会不会因为黄岩岛的问题跟菲律宾发生冲突，会不会因为钓鱼岛的问题跟日本发生冲突，韩国和朝鲜会不会因为什么问题最后酿成了朝鲜半岛的冲突。我觉得如果我们把美国当做国际警察，如果它用自己的军事实力能够稳定整个亚太地区的稳定和和平，而且它的这种稳定不一定完全是针对中国来的，这对中国来说实际上是坐享其成的事，我不觉得中国因为这样做就会把更多的经费用到武器研究或者其他方面，要跟美国搞这种——如果这样说的话就是另外一种冷战的关系，就是军备竞赛。

我觉得如果真对中美关系过度解读，说美国现在把所有的武器装备都挪到亚洲来了，这是以中国为敌的，那行，那我们现在把我们的前沿也用到这方面，也去部署，弄更多的航空母舰或者怎样，这对中国来讲最大的不幸就是有可能卷入一场非常不必要的军备竞赛。看看苏联是怎么解体的，其中一个很大的原因是跟美国搞军备竞赛。我不知道赵教授同意不同意这种说法，我觉得不用对美国所谓的这些军事部署有太大的担心，它有它的道理，它有它的担心，但是我相信中国只是假想敌之一而已，对美国更重要的是整个亚太地区的稳定。

赵可金：美国军事部署真正危险的是飞机

凤凰博报：那也就是说，您认为美国在亚洲进行这样的军事部署并不是直接针对中国的？

刘亚伟：我不这样认为，我没有太多的证据去说，但是我刚才说的那些就是说这些地方有可能要发生冲突。它可以防止这种冲突的发生，它也可以对日本、对菲律宾、对其他国家实施压力，但是它不一定能够保证韩国和朝鲜不会打起来，如果真打起来会是一种什么样的情况呢？

赵可金：我把局势看得稍微紧张一点。美国在亚洲部署这么多武器或者军力，其核心是为了保卫美国的利益，这是毫无疑问的。因为美国在遭受金融危机打击之后，实体经济更多地集中在中西部，中西部的实体经济总量应该超过60%，所以在虚拟经济要想完全真正恢复还要花一段时间的情况下，美国经济复苏最终的核心弱点还是在实体经济。奥巴马第二任期要重振制造业，这是美国的既定战略，而美国发现了它的实体经济已经非常紧密地跟亚太尤其是跟中国联系在一起了，这一块利益怎么保护，这的确是美国要费些思量的。既然美国更多的利益在亚太，那么它对于这块利益要请好保镖，要找好警卫，这是完全可以理解的。

同样看中国，中国也是一样的，中国的力量或者是经济资源也在拓展。中国现在8万亿美元的GDP，相当一部分是对外的一块，我们也需要与GDP的地位相适应的军事力量才可以保证，我们不去跟美国搞军备竞赛，但是也必须有，如果没有，一旦出了事中国也没有办法。

科索沃出事的时候，其实欧洲人很紧张，因为欧洲人拿不出力量来解决这个问题，只好把北约再请过来，把美国请过来。所以，中国现在也的确需要，问题是在这种都需要的情况下双方都在增长，这是毫无疑问的。如何避免刚才所讲的相互间的过度误解？我的看法可能稍微不一样，我觉得美国部署军舰也罢，导弹也罢，这还好一点，还没有太大问题，因为这个它要发挥直接的作用可能需要一段时间，比如导弹，你要飞行，航母开足马力也要花一段时间才能过来是不是，总归会有一段时间来判断。

我觉得现在恐怕真比较危险的是飞机，美国的整个军事部署是海空一体战，它飞机包括太空这块一定也会有相应的匹配，但飞机这一块是非常容易出事的。因为飞机始终在飞，有的时候，不管是不是有敌机侦察，一旦有飞机来侦察，它完全不是为了进攻，但是如果说飞机失事了，失事了怎么办？它可能一个是反应的时间非常紧迫，再一个造成误读的可能性会更大。包括我们这边，当时派飞机去钓鱼岛周围巡查的时候我就反对，我说飞机去了一旦出了事就不好收拾，领导人要想软化处理，面子上下不来，老百姓也不答应。到底是失事，还是对方打下来的你搞不清楚，因为在天上飞这个事有很大的不确定性，在基地里、在军舰上你要想沉没也很困难，所以我觉得，美国的飞机一来，可能会进一步加剧中方对形势严峻性的判断，而且飞机现在的远程搜集情报能力也很强。

刘亚伟：除了刚才赵教授说的常规的空军或者海军，我了解到好像美国现在更担心的实际上是太空的武器化，就是中国前几年有过一次把自己的一个低飞的卫星，就是废弃的卫星打下来事件，当然，我们一直没有公开说有过这种事，但是美方似乎认定是有这个事，而且认为将来一旦中美发生冲突，会以消灭美国卫星定位的这些卫星为主要目标。所以他们有些靠近军方的人就说，美国现在实际上是非常希望跟中国太空这方面的装备部就是国防科工委达成协议，就说太空应该是和平竞争、和平发展的地方，如果把太空武器化，将来会进入一种恶性循环，这对双方最后造成的冲击会非常大。

赵可金：这还是那个问题，你要在一线上有一些规矩，比如说刚才亚伟提到太空武器化，其实美国是最早去做太空武器化这个事的，它肯定不希望中国也这么做，这是必然的。中国如果这样做了，也不会希望美国这么去做。这都可以理解，但关键是双方能谈一个规则出来，我们在竞争，有一个好的、明确的游戏规则，大家触到这个红线了，不要再往前走了，有这个东西就能避免发生意外，我是讲这个地方。

另外，你刚才谈到中国怎么对待，其实现在中国国内有一种海洋热，非常重视海洋，实际上中国对海洋非常不熟悉。我们需要了解海洋，但是是不是大家意识到海洋重要了就一窝蜂地到海洋里去，我认为这可能要谨慎，因为对海洋最了解的，比如说美国、日本对海洋非常了解，在19世纪马汉就提出了“海权论”，他对海洋的了解是比我们领先很多的。中国要平衡好海陆，实际上中国如果担心美国对你会有威胁的话，真正应该经营的是陆地，你在陆地上，即使它对你有威胁，至少它不上岸就好，至于海洋我们可以慢慢学习，要想真正学好，还是要跟美国的海军交流。

我举个例子，过去30年，中国的那些企业之所以成长出一大批对国际市场非常了解、经营能力很强的企业家，是因为和外资合作，人家在商界摸爬滚打这么多年，有很丰富的经验，你跟着学，跟着看，慢慢就会了。

刘亚伟：中国人应该感谢斯诺登带来的证据

凤凰博报：我们再来看网络安全问题。今年（2013年）习奥会上可以说双方领导人也探讨了网络安全的问题，在美国五角大楼今年（2013年）5月份的时候首次直接提出中国政府和军方对美国实施了网络攻击，但是时隔一个多月以后，就发生了“棱镜门事件”，斯诺登也揭露说美国对多个国家进行网络监控。这样来看，美国对于网络安全问题似乎是用了两套方案、两套标准来衡量。

刘亚伟：应该不是五角大楼，美国实际上最早说中国军方应该是说上海浦东的那个楼对美国进行了网络攻击什么的，这个不是五角大楼做的，是美国一家民营的企业，当然有可能是政府授意它去公布的，它说它们跟踪了中国这个大楼的整个情况大概是5~6年的时间。有很多的证据，从附近，它的IP最后都不能确认是在这个楼里面，但是肯定是在这个楼附近，刚好是咱们部队的一个什么机构。与此同时，美国政府的官员就开始在各种场合，包括当时的国家安全顾问在亚洲协会讲话的时候也提出了这个问题。然后就出了“棱镜门事件”。斯诺登对中国来说，在当时的情况下，我们只是说中美双方都是网络攻击的受害人，但是我们没有这么确凿的证据，或者是其实我们有证据，我们只不过不愿意把这些证据搬出来。

我对这个事的看法和刚才赵教授说的情况是一样的，就说在网络安全方面中美领导人现在都已经认定需要游戏规则，间谍就是对国防情报机构进行监测，我觉得只要国家还存在，这个情况是永远不会消止的。中国也会积极做，美国可能做得就更多，实际上这是美国整个情报机构里预算最高的，它没有用人，完全用的是电子的这种。

我觉得美国人在斯诺登事件出来之前指责中国的时候，并没有说你攻击了我国防部，或者你攻击了我 CIA，或者你攻击了我某一个部队等，它说你攻击了我的电脑，或者至少探测攻击了我的电脑系统，它说你攻击了我的企业，然后你在攻击企业服务器的时候把美国的这些技术和信息拿走了。它们会举很多例子，比如说它们举的一个例子就是，可口可乐当时要收购汇源果汁的时候，它们的服务器被什么人给攻击了，当然言下之意是说被中国攻击了，最后这桩生意没有谈成是不是跟当时攻击它们的服务器有关系，这是指桑骂槐，非常明确。但是我觉得这方面我们需要了解更多的事实，就像斯诺登说的，在香港地区美国攻击了整个香港中文大学。清华大学是北京这边，在香港攻击的是香港科技大学和香港中文大学，具体的情况我不清楚，但是我觉得双方都应该非常认真地考虑怎么能够避免双方对不应该攻击的目标发生攻击，我觉得这是最重要的。其他的攻击比如我搜集军事情报，这无可厚非，但是对一般老百姓的监听、对企业商业机密和技术机密的窃取应该是必须制止的，否则的话就没有公平的竞争了。

赵可金：我同意亚伟的说法，就是刚才提到攻击这个事，我在清华大学有切身的感受。我说我的电脑鼠标不听话了，我还没操作就转，然后我们的电脑老是出问题，或者运行缓慢。我们很显然知道肯定是有人在攻击这个电脑，但没想到是美国在攻击。那是不是我的电脑就有美方在攻击？不准确，网上的黑客有很多的，到处都有。

所以，这个事就是说，你从国家的角度来讲，搜集情报每个国家都在做，不只美国在做，美国只不过能力更强一些，因为互联网本身就是美国创造的，本身就是国防部的网络，然后开放到民间拓展开来。美国创造了互联网，这应该说是对人类的一个贡献，是给大家提供了公共产品。当然，在这个问题上美国掌握着主导权，即使美国感受到攻击，那也应该是说其他地方的网络水平在发展，比如说中国的网络水平如果还停留在初级阶段，那根本没有能力，你也不可能攻击，而且一旦中国百姓学会了使用网络，也很难防止有人会攻击美国，因为互联网是开放的，政府也不能整天盯着老百姓说你不要攻击美国。老百姓有的可能就是因为跟一个美国人打交道受伤害了，他就泄愤，就是个人行为，完全没有政府的目的，这你也很难防止。而且有些网络罪犯不仅攻击美国，他连中国都攻击，谁都攻击。所以，现在需要什么呢？现在需要的是不要相互指责我在窃取你的情报，比如美国说你中国也在窃取我的，那中国说美国你在窃取我的，这个没有意义，因为只要有国家安全这个问题存在，谍报就一定存在。

问题的关键是什么呢？问题的关键就是你国家的窃取情报行为不要伤害企业，不要伤害学者，不要伤害普通老百姓，因为你是保卫国家安全的，你是给大家提供安全的公共产品的。同样，你政府也不能支持网络黑客去侵犯别的国家的政府，老百姓自己去侵犯那就是个罪犯，你可以发现他，然后把他抓进监狱去。

赵可金：绳之以法，你不能说去支持这个老百姓攻击对方的政府，这也是不对的，同样，美国政府也不能支持它的人去侵犯中国的企业和政府。关键是要立个规矩，当然，核心的立个什么规矩呢？立规矩要在共同的水平上，比如说中国的网络水平和美国的网络水平是平等的才可以立规矩。而今天的一个很大的问题就是美国的网络水平仍然远远高于中国的水平，所以这可能是习近平主席提到中国也是受害者，只不过中国没有说是最大的受害者。习近平的意思是说你美国的网络水平比我要高很多，我对你生成的威胁或者是对你产生的威胁很小。至于我的老百姓是不是有网络犯罪行为，你如果发现了找出证据来，我照样可以把他绳之以法的。所以，中美要探讨什么呢，一是探讨网络水平、网络差距引发的问题，二是出现了网络攻击事件要定性，要立规矩，它究竟是不是国家应该管辖的范围。

我想最大的影响就是美国会遭受道义的谴责，因为本身任何人都不希望你监控，比如说我去监控你，你肯定不高兴的，你肯定会反击，会请求国家或政府去处理。所有人都不希望被关注尤其被窥测，所以当美国做了这个事情，其实大家原本也知道，比如政府原本知道你在窥测，但是把这个事情说出来以后，道义上会受谴责的。然而你除了谴责还能做什么呢？比如说，你能够因此而降低美国的网络水平吗？不会。你能够给美国互联网的这些玩家提供一个紧箍咒吗？这也做不到的。所以我想，如果有改变的话，也仅仅是道义上会让美国难堪而已。

刘亚伟：而且美国的一个民调显示，美国的很多年轻人实际上认为斯诺登做了一件非常有意义的事。奥巴马最近宣布，对于公民为了国家安全所进行的窃听或者是网络窥测，现在必须要有规有矩，要更加循规蹈矩。是不是斯诺登泄露了这些机密才让他去说这个话，我想肯定是，非常有意思，就是斯诺登的事还有维基解密。斯诺登还没被抓回去，我相信有可能他这一辈子都会流浪在外，或者美国会有其他什么手段把他抓回去，但是他提出的事，实际上对美国人来说，如果你在我们国家说这个事，你是揭露了我们政府的一个英雄，但是你在海外说这个事，而且可能对美国的国家安全构成了威胁，这个性质是不一样的。最近被捕的一个美国军人还没判刑，但是已经有 19 条罪状，判了他 17 条，最后他有可能就是出不来了，他在最后道歉的时候只是说我把所有的这些机密给了维基解密，给别人、给美国从事安全工作的人带来了危害，但是他并没有对这件事情本身去道歉，他还认为他做了一件非常正确的事。斯诺登我相信他如果不是神经有问题就是一个非常高尚的理想主义者，他认为政府对老百姓做的这种事情是不能容忍的。

赵可金：我觉得他就是一个年轻人脑子一时发热，认为这是正义的，他没有想其他的东西，因为本身这些做 IT 的人，我不是鄙视，他就是生活在网络世界里，他就认为这个是不对的，和他心目中的价值标准是不一致的，他应该揭露这个事。我想完全是这样的，既不是某个国家策反的结果，也不是他有什么深谋远虑，完全是年轻人就是在二十几岁突然有这种想法，然后就这么做了。

凤凰博报：我们也了解到，刘老师您是在卡特中心，您觉得卡特中心在中美关系之间起到一个什么样的作用？

刘亚伟：因为卡特总统是一位建交总统，我一直说中国人会永远记住自己的老朋友，但他们在记住自己老朋友为中国做出的这些好事的时候，我觉得有点不太公正的地方就是把功给尼克松和基辛格记得多一点，给卡特记得稍微少了一点。卡特自己并不觉得中国政府在这方面好像怠慢了他，我觉得这么多年卡特本人和卡特中心一直都在推进中美关系的发展。前面的一种推进是通过讲中国基层民主的故事，让海外特别是让西方美国人了解中国，因为美国人总认为你这是共产主义下的威权制度，不可能有公正、公平、竞争性透明的选举，我们这么多年让海外的人了解到，在中国最基层的单位就是村委会这一级实际上是有选举的。我们现在又从这一方面转到更多地促进中美关系的发展上来，我们现在正式确立了促进中美关系的项目，而且今年（2013 年）11 月 10 日、11 日、12 日在亚特兰大埃默里大学召开第一次卡特中心中美关系论坛，我们请中国的和美国的学者以及前官员或者是现任官员来参加，和我们共同主办这个论坛的是中国人民对外友好协会。美方我们请到了李侃如、科白、美中全国关系委员会的主席，还有兰普顿这样非常知名的美国学者，中方我们请了友协，像清华大学、北大，我们都在多方联系，我们也在凤凰网建立了中美关系的博客，所以更多的消息可以在凤凰网上了解。

凤凰博报：虽然目前中国和美国之间仍然存在很多问题，但是两位专家都认为中美之间并不会像冷战时期苏美一样发展成那样惨烈的状况，我们要对中美之间的新型大国关系的发展抱一个乐观积极的态度。

中日进入“冷和平”时代？

——俞天任、周永生谈安倍强军修宪与中日关系

嘉宾简介：

俞天任，旅日学者、凤凰网知名博主。主要著作：《冷眼看日本》、《有一类战犯叫参谋》、《浩瀚大洋是赌场》。

周永生，现任外交学院国际关系研究所教授、硕士生导师，中华日本学会理事，东亚和平与发展战略论坛特约研究员。学术代表著作：《经济外交》，《通向中日和解与共同繁荣之路》，《战后日本外交》（合著）。

专题地址：http://blog.ifeng.com/zhuanti/zhongri2013/

要点

Talk1：我认为日本现在在大型水面舰艇方面比我们占优势，但保持不了多长时间。中国还会持续发展。

Talk2：日本建了一艘最大的军舰就是针对中国，就是要揭中国人的伤疤，我觉得有点把这个事情看得太极端了。

Talk3：安倍要走强军的道路，所以他先使旭日军旗升级。这就是日本人的思维模式，小步子走政策，中国人叫切香肠政策。

Talk4：我倒不认为日本修宪直接意味着日本更具有攻击力，因为日本的现状摆在那儿，在人力上都没有余力向国外扩张的。

周永生：中国海军航空兵对日有压倒性优势

凤凰博报：被视为战后日本第一艘轻型航母的“出云号”（2013 年）8 月 6 日在日本副首相麻生太郎的剪彩下下水，宣告正式制造完成。这是否也意味着亚洲地区将会掀起一场军备竞赛，而中国和日本之间也会因此而进入冷和平时期呢？

我们看到，日本的这一艘“出云号”，无论是在吨位、尺寸还是功能上都是一艘不折不扣的准航母了，它和我们这个“辽宁舰”相比，在战斗力上谁更占优势，或者有什么相比较的地方呢？

周永生：我觉得它们有可以相比较的地方，也有不能够在同一个层次进行比较的地方。可以相比较的地方就是，如果日本这个“出云号”要改装成为能够装载美国 F-35B 这样的作战飞机的军舰，它就是一个真正的航母，一个真正的轻型航母。就目前来说，它还是按照直升机航母的模式来建的。那么直升机航母我们大家都知道，它的优势并不是用于对海面舰艇进行作战，而是主要对海底的潜艇进行作战。因此，从这个角度讲，日本“出云号”对潜艇攻击有巨大的优势，但是和我们“辽宁舰”相比，它们两个不在同一个层次上。我们“辽宁舰”就是正规的大型航母，它的作战目标主要是针对水面大型的舰艇。从这样一个角度来说，它们不在同一个层次上。

除非将来日本的“出云号”经过改装，或者说按照它的这样一个预备性的设计，先当一段直升机航母。因为日本在安倍领导下，在向强军和建设世界大国迈进，用了我们中国一些左派化的观点，日本是要走军国主义道路的一个国家。它如果真的努力向军国主义道路发展，必然要把这艘直升机航母改装成一个真正的轻型航母，那个时候，日本的“出云号”可以和中国“辽宁舰”在同一个水平上进行比较。

俞天任：这一点我和周老师的看法是一样的。日本因为受到《和平宪法》的限制，不能够去搞进攻性的武器，所以弄一个看上去像防御性武器的“出云号”这样的东西，因为不管是对付潜艇也好，还是它大肆宣扬的在国内的救灾方面所能够起的作用也好，它都不是一个进攻性的武器。

但是也不能够否认，它实际上是有那么一种有朝一日，我把它改装好了以后，作为一个进攻性武器来用的打算。但一般来讲，武器，特别是舰艇武器有这么一个特征，从舰艇发展的历史我们可以看到，凡是想做到这么面面俱到的，或者将来我还想干什么就改装一下的武器，没有一个是成功的。将来如果真是要走军国主义道路，或者是要去发展进攻性武器的话，它在日向级这种直升飞机航母上面做这种修修补补的改造并不能起到很大的作用，到时候还必须重新设计生产某种新型的正规航母才行。

凤凰博报：如果就目前中国和日本双方的海军力量来比较的话，谁更占优势呢？

周永生：这是一个非常复杂的问题。我觉得，就现在中日两国海军力量进行综合比较的话，应该说日本方面略占优势，但总的来说，我认为中日两国各有短长。比如，中国的长项是海军航空兵，比日本具有压倒性的优势，因为我们的歼-10、歼-15以及苏-27、苏-30这些和日本的F-15基本都在同一个档次上，但是，我们的机龄比日本的更短，我们的数量比日本更多。因此，在海军航空兵方面，我们能比日本占有压倒性的优势。

但是在大型水面舰艇方面，在4000吨以上的舰艇方面，日本目前暂时要比我们领先。4000吨以上的现代化的舰艇大约比我们多出8～15艘左右。因此，从这个角度来说，日本的水面舰艇的作战实力要比我们强。但是，这也不好说，因为看一个国家的海军，你不能够只看海军，你还要看它的整个综合的力量。我们的潜艇数量比日本多，我们有核潜艇，日本还没有核潜艇这样一个门类。同样，我们的导弹驱逐舰的攻击能力要比日本强得多，我们大型导弹驱逐舰的攻击能力一般可以达到二三百公里左右，甚至比这还高。而日本的大型水面舰艇的攻击能力最远也就是在150公里左右。所以，双方可以说各有短长。

另外，一旦发生战争，我们还有导弹部队，这是日本也不具备的，日本现在的导弹一般最远也就是在二三百公里，而我们可以说全类型的导弹都包括在内。这些导弹也不是实数的，真要发生海战的话，我们也可以用导弹来打军舰。所以，从这个角度来讲，中日两国各有短长，可以说目前处在不相上下的水平。我们同样也要看到发展的前景，发展的前景就是中国这些年来开始重视发展海军，优先进化海军的发展，我们大型水面舰艇的建造速度比日本要高得多。所以，未来用不了太长时间，包括4000吨级以上的大型舰艇，我们也会很轻松地就超过日本。从这个角度来讲，我认为日本现在这种大型水面舰艇表面上比我们占优势，但保持不了多长时间。中国还会持续发展，而且发展速度会令日本望而生畏。

俞天任：因为现在再像甲午战争时期单纯海军编队作战的那种古典式海军作战已经不存在了，就连二战到太平洋战争时期都已经不存在单纯的海军水面舰只作战，都是从水底到天空也就是三个方位同时进行的。从这个方面来讲，因为中国陆军的攻击能力超过了日本陆上自卫队的攻击能力，那么空军的力量，刚刚周教授已经提了，就这种综合的平衡来讲，在我看来都不只是各自有什么，而是说日本完全处于劣势，在日本人看来，日本唯一的长处就是在海军训练度方面占点优势，这也可能仅仅就是现在，因为我们看到中国海军现在经常走出去，而且在中国的公开报道中也经常提到我们在队形转换方面、在编队航行方面都下了相当大的工夫。这说明中国海军在训练度方面，也就是说除了硬件方面之外，在这些软件方面也在奋起直追。而时间和油加上去的话，训练度就可以上去的。中国海军弥补这一可能的弱点也不会花很长的时间。

俞天任：中日若海战，中国胜算更大些

凤凰博报：刚刚您也提到甲午战争，有没有这样一个观点，就是说如果现在中日之间发生这样的海战，可能会比甲午战争还要再惨烈一些呢？

俞天任：如果惨烈一些的因素是指烈度的话，那是肯定的，就是说使用的火器破坏力都不一样，范围也都不一样，不是军舰对轰，而是空中水面水下同时作战，包括陆基的导弹都会参加作战，烈度肯定要比原来大。惨度这点就很难说，但是在我看来，中国所占的胜算应该更大一些。

周永生：这一次日本“出云号”直升机航母下水，令日本的网民们非常兴奋，主要的一个兴奋点就是他们将来打算要配美国的 F-35B 作战飞机，而 F-35B 一般被认为是第五代战机。第五代战机有一个什么特点呢？第一是隐形，第二是超音速巡航，第三是有强大的攻击能力。这个 F-35B 确实是比我们辽宁舰上的歼-15 有更大的优势，它的一个重要优势就是隐形，能够很好更隐蔽自己。另外，它的雷达特别先进。我自己能够隐形，我雷达又特别先进，我能够在很远的地方发现你，发现你歼-15 以后，我可以进行超视距攻击。那么在这种情况下，我认为这个“出云号”有可能比“辽宁舰”占有优势。

但这是一种特殊情况，什么叫特殊情况呢？因为中国的“辽宁舰”目前来看还没有预警飞机，在没有预警飞机、没有电子作战飞机的情况下，日本若利用 F-35B 采取偷袭的行为确实可能占据上风。但是，我们同样要看到，“辽宁

舰”是刚刚服役，我们各种海军方面的先进设备还没有完全配齐，在这样一个过程中，我们肯定要配备相关的设备，比如预警飞机、电子作战飞机以及相关的配套性作战装备。而一旦预警飞机上了“辽宁舰”的话，就会使我们的整个航母编队，使歼-15的侦查距离变得非常大。在这种情况下，F-35B的偷袭就不一定能够得逞。

日本网民的兴奋点主要是在现有的情况下，在“辽宁舰”还没有配备预警飞机、没有配备相关的电子侦察飞机的情况下，他们可能会偷袭得手。但是我们要用发展的眼光来看，我们既然有这么大一个航母敢下水，就不可能不进行作战装备的配套，而仅仅是上一个三代机歼-15就拉倒了。当然，这个歼-15相比于美国的F-35B确实有它的弱项。比如，它的雷达相对来讲比较弱，发现的距离比较近。另外，因为雷达的弱项，虽然歼-15的格斗性能比较好，但从整个国际主流特别是西方空战的主流来看，并不重视飞机的近身格斗，未来战争的方向就是超视距打击，双方还没有互相见到，就先用雷达发现，雷达发现之后就开始打，打了之后导弹就发射了。所以，在这个方面歼-15比较吃亏。

但是歼-15又有它的长项，一旦配上预警飞机，歼-15比F-35B第一航速高，第二载弹量要大，第三能够夺得制空的优势，也就是说它能够爬升到2000米左右的地方进行作战，而F-35B最高可以到1800米，从空军作战的术语来讲，歼-15的战位能力特别强，F-35B和中国的歼-15相比较来说战位能力就非常弱。所以，我们要加上这些配套的飞机，比如预警飞机、电子作战飞机、加油机等，那么日本的“出云号”将不会成为“辽宁舰”的对手，它必定处于被动挨打的地位。但是，我们即使加上了预警飞机，因为“辽宁舰”没有弹射装置，这就使它预警飞机的载重量也就是电子装置的负载要减轻，所以很有可能我们这个预警飞机的探测能力并不那么强，如果日本的“出云号”与美国卖给它的陆基的E-2鹰眼电子侦察飞机配合的话，那有可能日本“出云号”在事先发现对方飞机能力方面比我们“辽宁舰”还强，这是未来双方海战中相当关键的一个方面。

当然，就目前来看，这个“出云号”即使配备上 F-35B，也不可能有“辽宁舰”这样的作战飞机那么多。目前一般来讲，它的机库非常狭小，好像长大约 150 多米，宽只有 20 米，而 F-35B 的翼窄是 10.7 米，也就是将近 11 米，这样的话，机库当中不能够并排两架飞机，只能一架一架那么放，这个机库按照现有的设计和日本的讨论，能够装载 12 架 F-35B。而我们的辽宁舰，标准的配备就是 24 架歼-15 作战飞机。但我想，日本这个国家也会发挥主观能动性，日本人也很聪明，特别善于进行技术的改造、技术的装备。我曾经给它一个设想，它的 12 架 F-35B 的装载量并不是绝对的，最大其实能够装载起码 24 架 F-35B。它那个机库经过稍微的改装，并不用太大幅度的改装，比如说这个机库是平台的状况下，20 米的宽度只能停一架飞机，但是机库稍微经过改装，这一面有一个坡道，让它高出一块儿来，这样，这个 F-35B 在机库中高低搭配，利用空间来调整，两架飞机就可以并排停放。

周永生：把“出云号”视作日本恢复军国主义太极端

凤凰博报：那我们看这个“出云号”，很多网友听到这个名字的时候都会想，在 1937 年的时候，“出云号”曾经作为日本第三舰的旗舰来过中国，停在了上海，所以很多人就想，是不是日本要通过这样一个举动来向大家宣告它要恢复军国主义呢？

俞天任：这个我看也不能够这么说，从它这个系列的几个命名来看，“日向”，“伊势”，现在是“出云”，我甚至都猜想过，它下一艘会不会叫“信浓”。因为从“日向”开始，这四个在日本古代都带有一定的神话意义，它是一个系列。而且，关于日本军舰的名称，实际上日本海军，就是原来的大日本帝国海军从来都没有正式被解散，都没有消失过。海上自卫队就是从大日本帝国海军混移过来的或者平移过来的，不像陆上自卫队，它完全就是一支新建的武装力量。而海上自卫队当时一直没有解散，因为它要从海外把侨民和士兵撤回来，就一直在运转，后来朝鲜战争爆发了以后，有一部分扫雷部队甚至参加过朝鲜战争。在日本，从东京军事审判以后就莫名其妙地有“陆军坏海军好”这么一种论点，我在《浩瀚大洋是赌场（全本）》这本书里批判过这种论点。

但是这种论点成立了，所以海军的高级军官们也没有怎么被追查，大量的都到了现在的日本陆海空自卫队，反而有了日本海军比较开明的一种说法。但实际上现在的海上自卫队看起来反而是最保守的，因为好像没有什么变化，所以舰名从有联合舰队开始就是这几个命名规则，一直就是这么用下来的，现在还在这样用。比如说日本在驱逐舰里面还是喜欢用“风”，这个风那个风的，现在也还有。所以，不管怎么样，它总要用到原来的一艘军舰的名称。而从甲午战争以后，给中国人带来了这么多伤害，如果从 DNA 来讲，他无论选哪一艘军舰的名称，怎么样选，都可以从 DNA 上面找出曾经伤害过中国人的痕迹，倒并不一定是“出云号”这艘舰名，起码没有主观上的这层含义。

周永生：我觉得有没有主观上的含义还真不好说，因为我们首先从二战以后日本军舰命名的历史可以看到，它战后的军舰绝大部分都是沿用了战前那些军舰的名称。它为什么延续过去旧帝国军舰的名称来命名新的海上自卫队军舰呢？我觉得这和日本骨子里边战后政治传统有关，和右派势力在国家和军队中始终占主流地位有很重要的关系。这个右派势力不会像德国战后新政府那样彻底否定纳粹主义的政治，彻底否定纳粹主义的军事，日本的右派政治家和右派军人战后一直在延续。这一部分人从心底里就像安倍一样，特别怀念日本大帝国时代的荣光，他不忍心另起炉灶，然后把海上自卫队军舰的名字重新来命名，就是他不忍心和以前日本旧帝国的海军完全割裂，他一定要沿用日本旧帝国海军军舰的名字，对自卫队战后新的军舰进行命名。从这个角度可以说，就像刚才俞老师所说的那样，无论用什么称号，它已经是这个习惯了，用旧帝国海军军舰的名称命名战后新的海上自卫队的军舰。

整个明治维新的历史就是对外扩张的历史，对外扩张的历史就是先侵略台湾地区，然后再侵略朝鲜，再侵略中国大陆，然后再发动太平洋战争，侵略东南亚，和美国太平洋舰队进行作战。日本旧帝国海军的这些军舰大部分都侵略过中国，大部分都在侵华战争中发生过作用。所以说，按照日本的习惯，按照传统，用哪个军舰来命名都可能有伤害过中国人的地方，都可能有在侵华战争中发挥过作用的地方。那么也赶巧，这个“出云号”恰恰是在1932年日本发动“一·二八事变”侵略上海的时候，作为侵华第三舰队的旗舰在黄浦江里长期停泊。从这个角度来说，我认为这也可能是有意的，日本它就爱搞这种小动作。实际上，我觉得日本的一些官员在搞这些小动作方面不会像我们中国人那么粗心，说我就是一个偶尔的巧合，我就是怎么怎么样。他们在做这些事情的时候，往往都是经过非常周密的盘算，经过反复的推演才确定这样一个军舰的名称，他怎么能够不清楚“出云号”的整个历史呢?

当然，我们中国方面一说“出云号”马上想到“一·二八事变”，马上想到1932年日本侵华战争，马上想到飞虎队，还有中国红军当年对“出云号”的轰炸，我们往往会有这样一些联想。其实二战以后出云级的驱逐舰在日本是整个一个系列，它不仅仅是直升机航母。20世纪60年代的时候，日本造出了3900吨级的驱逐舰，当时就命名为出云，以后这个级别的军舰都叫出云。日本建造了大约12艘这个级别的军舰。这往往是中国人比较忽略的地方，因为那个时候中日两国处于对立状态，互相也不来往，互相了解并不太多，所以中国的民众一般也不太了解这个情况，就感觉好像这个出云是今天才有的，日本建了一艘最大的军舰，就是针对中国，就是要揭中国人的伤疤。我觉得这也有点把这个事情看得太极端了。但是要说日本完全没有针对中国的意思，按照日本人考虑问题的精密度，我就觉得似乎也不太可能，他们肯定是考虑到了。

周永生：升级旭日旗地位是安倍强军道路的开始

凤凰博报：我们看最近日本不仅仅在军事方面，在其他方面也有一些动作。就像前段时间闹得最热的旭日旗事件，韩国认为这是军国主义的象征，是战犯旗，而日本政府却要为这个旭日旗平反，为它证明。两位老师觉得这是不是日本对于历史的不尊重呢?

俞天任：旭日旗这件事，包括韩国、中国和东南亚一些国家，都是被举着旭日旗的军靴践踏过的地方，都有一个沉痛的回忆，这点是肯定的。但旭日旗在日本一直都没有被废除过，因为海上自卫队从成立那天起就沿用了大日本帝国的这个旗帜，这也是一个事实。这面旗帜在日本确实有一个强硬的含义在里面，你不一定说它是右翼，甚至有些暴走族表示对社会的反抗或者不满的时候，也是照样用旭日旗，因为旭日旗红的部分要比太阳旗多，看起来视觉上更加恐怖，这也是事实。这在足球比赛的时候，引起韩国人的不满也很正常。但是你要说这些日本球迷是怀着一种右翼的情操在向韩国示威，我觉得这也有点过度解释，因为在日本街头经常能够看得到那种暴走族，挥着旭日旗，或者衣服后面绣一个旭日旗。而一般来讲，什么是左什么是右，他们估计都弄不清楚，只是看起来比较威风。

周永生：这个事情我记得也很有意思，有点像军舰的命名习惯和传统一样，就是旧日本帝国的东西，战后日本的新政府不忍心抛弃。为什么不忍心抛弃？很重要的一个原因就是美国没有彻底改造好日本，右派势力在日本政坛中居于主流，长期当政，右派势力在军队中长期当政，因此又出现一个什么情况？二战以后日本经过民主改造，成立海上自卫队还有陆上自卫队以后，又把这面旧日本帝国到处对外侵略、到处烧杀抢掠的军旗作为日本自卫队的旗帜，作为日本自卫队的一个标志、一个番号。这就给今天安倍政府提出这样一个决议案，说我要让旭日旗成为和日章旗就是日本国旗具有同等地位的旗帜。具有同等地位的旗帜是什么意思呢，就是俨然不仅仅是军方的旗帜了，要超出军方的范围和日本国旗具有同等的地位，那就成了日本国家的象征。这对于亚洲国家人民来讲显然是一种非常大的伤害，因为作为自卫队的符号也好，作为自卫队的军旗也好，毕竟自卫队的活动还不那么广泛，但是一旦把它上升到国旗的高度，和国旗的地位是一样的，那么当年被日本侵略的国家，当年被日本侵略的人民，马上就联想到了当年日本侵略军烧杀抢掠给他们带来的苦难。

因此，韩国坚决反对是完全可以理解的，从我们中华民族的立场上来说，这是充满烧杀抢掠，浸透着中国人民鲜血、东南亚人民鲜血、韩国人民鲜血、朝鲜人民鲜血甚至美军鲜血的一面旗帜，我们当然要表示反对。但是日本也有它的理由，安倍政府说了，我们战后就一直用这个旗帜，这个旗帜已经得到世界各国的理解和接受。当然，他是表面上这么往好了说，实际上你问问韩国人接受吗，你问问中国人接受吗，你问问东南亚的人民接受吗，他们显然对这一面旗帜都非常厌恶。但即使你厌恶也好，它自卫队在战后已经用了几十年，所以，这就是安倍的理由。安倍就是要通过这种小的突破，一点一点地突破，原来我作为自卫队的旗帜，我不太张扬，自卫队在日本国家中也显得没有地位，或者不太有地位，在他的社会生活中，在他的国民生活中，起码比我们中国军队的地位要低多了。你看我们中国，一有什么重大的庆典，我们人民解放军都占有很重要的席位。而日本并不是这样，日本一般的社会青年中没有军人的份儿。

但是现在，安倍要走上一条强军的道路，他要走上一条建立国防军的道路，要使自卫队升级。所以，他先使这面军旗升级。这就是日本人传统的思维模式、思维习惯，小步子走政策，我们中国有些军人也叫切香肠政策。这就是一点一点突破，一点一点突破，先让它在不太有地位的时候就已经成为一面旗帜、一面军旗，然后到一定程度的时候，再把它的地位抬升，地位抬升了以后，再扩大它的编制，扩大它的人员，最后再提升它在整个国民生活中的地位和在整个社会中的地位，最后一下子实现国防军的建立，国防军建立一段时间、老实一段时间以后，再进行大规模军事扩张。我想这是安倍的如意算盘，就是一步一步往前滚，一步一步往前推，通过小步子积累达到由量变到质变这样一个过程。

俞天任：安倍没能力颠覆日本对历史问题的认识

凤凰博报：我们也看到，安倍在 2012 年竞选自民党总裁的时候曾经提出过，日本自民党掌权的话，将全面重新考虑反省历史的三大谈话，也就是说，涉及一些修改教科书的内容还有慰安妇问题以及村山富市为二战道歉的事情。

现在自民党已经在全国范围内掌握主导权了。对于历史问题来说，安倍有没有可能完全颠覆这三大谈话呢？

俞天任：在我看来几乎是没有可能。因为这三个谈话，其中包括村山富市，当时是社会党领导，不是自民党领导，但政权是联合政权，就是说是社会党和自民党的联合政权，而且自民党的势力比社会党更大，这个谈话也是自民党的谈话。这三个谈话实际上都是自民党的谈话，虽然现在日本的整个形势和这三个谈话的时候已经不一样了，就是说整个在发生变化，包括河野洋平谈话的时候，当时河野洋平的秘书，也就是现在自民党的干事长石破茂，连他也都在修宪或者是什么，都走得很远。这看起来好像是形势变化很大，但是自民党想完全否定这个东西还要有民意作为基础，这是第一。

第二就是还有国际环境的影响。安倍成功连任自民党总裁之前说的话和成功连任之后相比改变相当多，而过了一段时间以后，就是安倍经济学有了一点成果以后，他和刚当上自民党总裁以后说的话又不一样了。整个一连串的态度变化——顶峰实际上是对于侵略的定义，国际上还没有准确的定义这句话，到美国那边就是踩完了刹车以后——这些论点在现在的日本都已经听不到了。

所以，在能够看得见的将来，日本还不太可能有能力来推翻这三个谈话，没有这个能力，也没这个实力。想推翻吗？想！想推翻的人不能讲日本想推翻或者是自民党想推翻，就是说日本国内有一部分人想推翻，日本自民党内有一部分人想推翻，但是这些人的能量还没有达到能够推翻的程度。

周永生：现在我觉得安倍政权是想推翻这三大谈话。一是安倍竞选的时候有一定的表态。另外，在安倍执政之初，也就是今年（2013年）一二月份的时候，无论是安倍本人还是他的文部大臣等相关的内阁大臣，都有这个方面的表态，从中已经看出他们蠢蠢欲动，要否定这三大谈话。但是，正因为他们蠢蠢欲动，要否定这三大谈话，一下子遭到了国际社会的严厉抨击。比如说，日本的文部大臣就曾经表示没有强征慰安妇这个事情，这个文部大臣在当文部大臣之前实际上释放过这样的言论，他就是这样的观点，甚至在当文部大臣以后，他说慰安妇都是他们的父母要让他们的女儿去赚钱，这显然就把强征慰安妇这个事情彻底否定了，认为不存在强征慰安妇，当时慰劳日本皇军的女性都是妓女。这是一种非常无耻的谎言，是无视历史的谎言。当年，日本军队强征慰安妇，强征朝鲜人、韩国人、东南亚人大约共计 20 万人，强征中国的妇女大约也在 20 万人左右，这是一个不能够抹杀的历史事实，现在日本安倍政府的文部大臣竟然就这样公然抹杀。

我们家的亲属中，就有一个是什么样的情况呢，当时在辽宁，日本殖民统治之下征发劳工，女劳工究竟去做什么谁都不知道。那怎么一个征发方法呢？就是凡是有没出嫁姑娘的家长，一个月要集中到村子里的保甲长那个地方，然后抽签，谁家抽到了，谁的姑娘就得出劳工，但是究竟出什么劳工，大家也都不知道。这是一种什么形式呢？强征并不意味着从大街上拿着刀说你跟我走，这是一种形式，当年有没有这样的形式？日本军队在中国抓慰安妇时就有这样的形式，也有通过他的基层组织、行政制度强迫妇女出劳工的，这些劳工有的到纺纱厂，也肯定有去做慰安妇一类的，那你说这是不是强制？

他有些见不得人的政策是不敢写到文字上的，他知道这些东西罪恶昭彰，这是一种可能性。另外一种可能性是什么呢？在日本投降前后，投降前三天和投降后三天，就是六天之内，无论是在日本国内还是在中国，在其他国家的军政派出机构，都怎么样？都大规模地烧毁机密文件，都是一堆一堆地往里头扔，往里头烧。这样的文字资料有没有可能在这种被销毁机密文件中的呢？这是很有可能的，就像《田中奏折》一样，到现在日本的主流历史学家都不承认《田中奏折》的存在。这是不对的，这不是一个科学的历史态度。在日本国内的一次会议上，我就质问日本的学者，我说你们能不能够证明，在这次机密文件大销毁当中，《田中奏折》没有被销毁，如果你们能够证明它没有被销毁，现在又查不到《田中奏折》，那证明这个文件确实不存在；如果你们证明不了它没有在这次机密文件大销毁当中被销毁，那么如果既无法证明没有销毁这个文件，也无法证明这个文件根本就不存在，你就不能够证明这个文件根本就不存在。

周永生：我们中国主流的学者，特别是老一代的学者，都认为《田中奏折》在这次机密文件大销毁当中被销毁了，当然查不到它的文字资料，但是不等于它在历史上是不存在的。它是存在的，只是在这次机密文件的销毁行动当中被销毁了，连续烧了六天的机密文件，这么重要的机密文件能不被销毁吗？这肯定是当时日本军政官员最重要的销毁目标。所以，找不到是因为它被销毁了，并不等于它在历史上不存在。关于慰安妇的问题也是这样，当年很有可能存在上行下达的这种文件，但是在这次机密文件销毁当中一律都被销毁了。而就这个话题来说，实际上安倍政府一直想否认强征慰安妇的存在。

俞天任：实际上这甚至都不仅牵涉日本国外也就是韩国或者其他国家的慰安妇，日本的右翼在本国问题上也一样，现在对于冲绳，就是说是不是军方强迫冲绳人战败自杀，也是这么一回事儿。因为日本主流一直认为，就是说日本的军方强迫冲绳人在作战失败以后自杀，现在也是同样的，你说我强迫他自杀，那么强迫的命令在哪？

周永生：所以，日本人现在就是在狡辩，军队在战场上，难道还非得下一个文字的文件吗？命令有多种形式，口头命令那个士兵在后边端着刺刀，冲绳人去不去跳崖？冲绳人无路可走，一个是他当时受到军国主义的教育，另外一个他也是没有选择，你不跳崖就把你弄死。所以我认为，现在一些所谓的日本历史学家、政治学者纯粹是满口胡言，根本就不尊重真正的历史。

俞天任：他这个就是有代沟，今年日本的宪法纪念日那一天，日本的新闻媒体做了一个民意调查，就是说大家都有些什么样的意见。一看很有意思的，反对修宪的几乎都是80多岁以上的人，而对这个问题持另外一种看法的都是60岁以下的人。它牵涉一个对战争有没有切身体会、知不知道到底什么是战争的问题，从战争中过来的人知道那是怎么一回事儿。没有经过那么一场战争的人则认为你不能把我们日本人说得那么坏，他不管有意的也好，无意的也好，有人无意说，有人就喜欢有意听，这也是一个不可否认的事实。

凤凰博报：可不可以说安倍政治的最大目标就是修改战后日本的宪法呢？

俞天任：那倒不是安倍，而是自民党就是为了修宪出来的，原来自由党和民主党在1955年合并的时候就是为了修宪，现在自民党有了那个党纲，自民党要它干什么？就是为了要去修宪，从1955年弄到现在，终于离修宪实现的可能性比较大了吧。

俞天任：日本即使修宪成功也未必有余力对外扩张

凤凰博报：如果说真的达到他所说的这个目标，那会对东亚地区有什么样的影响呢？

俞天任：我倒不认为它会发生多大的影响，可能更大的是心理上，因为本身日本的现行宪法也没有说不可修宪，修宪本来就是可能的，修宪现在出来的一个问题无非日本宪法第9条放弃作战权。这是有点很可笑的，因为存在从任何标准来衡量都是一支很强有力的军队这个现实。如果仅仅是从自卫队改名为国防军来讲，在我看来不是很难，实际上它已经有了一支军队，只不过在日文里面，自卫队的队和军不一样。在英文里面都是一个字force，国防军也好，自卫队也好，都用的是force，而自卫队有一个selfdefended force，国防军的防也是一个defended force，这实际上是一样的。

我倒不认为它的修宪直接意味着它更加具有攻击力，因为日本的现状摆在那儿，日本已经进入人口绝对减少的阶段，它在人力上没有余力向国外扩张。从明治维新以后，一直到甲午，从甲午战争看得特别清楚，因为受国内的人口和经济压力的影响是很大的。而现在日本已经没有了这个因素，这是第一个。第二个就是说在人文要求、人文环境上面也都不一样，就是说忠君爱国、富国强兵在现在的日本文化当中都已经不很受推崇了。即使在安倍上台以后，日本整个政治空气恶化相当多，但在这几天，各大电视台为了“八·一五”终战日所推出来的那些电视片里面，还是毫不容情地对“忠君爱国”、“富国强兵”这些口号进行了嘲弄。

周永生：安倍政府或者说未来的日本政府一旦修宪成功，我认为对整个东亚的冲击得看它修宪怎么样获得成功。原来安倍打算直接对第 9 条进行修改，因为第 9 条规定日本国家基于正义不保有军队，放弃国家交战权，不保有海陆空部队，等等，有这方面的规定。如果要直接改第 9 条，那无疑安倍的目标就是日本国家有集体自卫权，有对外交战权，有保有国防军的权利，借机建立起梦寐以求的国防部队来强大日本的军力。

至于未来怎么走，我觉得安倍这一届政府肯定还不会对外侵略扩张。但如果修改了宪法第 9 条以后，确实会对东亚产生一个非常大的冲击。原来一个没有集体自卫权、没有对外交战权的国家，因为宪法的修改而有了对外交战权，原来一个虽然军事技术、军队素质很高、军队能力很强的国家，但总的来说规模还不太大，还有各方面的限制，那么突然变成了一个没有任何限制的军队、没有任何限制的国家，这肯定会对东亚国家产生极大的冲击，甚至说按照安倍的这种发展思路，日本很有可能会成为新的东亚祸乱之源。但是目前的情况是日本的国内政治形势没有如安倍所料的那样发展，那出现了一个什么情况呢？就是在众议院当中，执政党也就是自民党和公民党虽然超过了 2/3 多数席位，这次参议院改选虽然自民党获得了胜利，但并不是大获全胜。为什么说不是大获全胜呢？因为它达到了超过一半的人数，但是没有达到参议院的 2/3 人数。

按照修改日本宪法的规定，必须得参众两院都达到 2/3 多数才能够通过宪法修改的草案，所以，参议院通不过，现在安倍就有点降低了调门。因为参议院通不过，首先国会两院这块儿就很难通过宪法修改草案，还有一道环节就是全民公决，全民公决有 50%的国民支持修改宪法，最后才能通过参众两院修改宪法的草案。这两道门槛让安倍政府现在修改宪法第 9 条变得非常难。

因此，安倍采取了一个变通性的做法，安倍和自民党先修改宪法的修改程序，第 96 条。第 96 条不是规定参众两院要达到 2/3 吗，那自民党的目标是参众两院达到半数就可以修宪，半数就是非常低的门槛了。现在日本一般的法律经过参众两院决定，都要半数通过，也就是说要把一个国家宪法最根本的法律修改程序降低到和其他法律一样的低门槛，所以左派势力坚决不同意。在这种情况下，第 96 条能不能够修改也有很大的疑问，要修改第 96 条最后也要经过全民投票。

安倍和自民党的目的就是因为第 9 条冲击力太大，修改第 9 条肯定会引起众多的反对，原来日本国民曾经一度支持宪法的修改，达到了 50% 多，而前一段日本民意调查是 30% 多，有大幅度下降。人们看到安倍这个路子走得太远了，安倍做得太过分了，所以说老百姓也害怕，这又把我们引向何方，居然去坐航空自卫队 7310 号飞机。这是偶然的吗？肯定是有意安排的，这让人一下就想到在中国臭名昭著的 731 细菌部队，你想干吗？你在怀念那种对中国人的暴虐，对中国人的残杀，你在怀念这个细菌部队的幽灵，你在怀念细菌部队的威势，然后你要修改第 96 条宪法，又穿上 96 号的球衣去造势作政治秀，显然不能让人认为这是偶然的。日本人这么精密的计算，哪能都是偶然的呢？但是我觉得做 7310 号飞机简直是一个重大的政治秀的败笔，一个政治家连点道义感都没有了。

俞天任：强硬的右翼也不认可安倍修宪的方式

凤凰博报：可以说修宪这个过程在国内也受阻，那么美国会支持它吗？

俞天任：现在在我看来，日本的修宪对美国是一种不确认感，或者是美国对于安倍的一种不确认感，实际上就是修改 96 条是在参议院选举之前，他那时候并不知道，当然大家都猜测他会获胜，能胜到怎么样的程度，大家都不知道他在想出很不上路子的这么一种方法，这种方法即使在日本主张修宪的很强硬的右翼那里也不受认可，什么话都敢说的右翼也不认可这种方式，就是说你要干就堂堂正正地干，何必留一条尾巴，以后一直让别人去说呢？右翼里也有这么一种论点，左翼和中派就更加不要谈了。

实际上他离 2/3 多数差得并不多，众议院已经超过了，参议院现在也就差 18 票，18 票听起来很多，但是真要干的话，再把现在已经不知是死是活的民主党彻底搅散就行。民主党是很松散的，什么样的人都有，从极左到极右，当然，原来的自民党也是这样，从极左到极右都有，现在民主党那些个右派的和中右的人加起来，凑满这个票数也就够了。

而且还有一个问题，就是说民主党现在大势已去，那些三年后要改选的议员们有一个“三年后我怎么办”的问题，即使他不是右派，或者不是中右，甚至是左派的情况下，你如果给他一个“三年之后，我帮你竞选”的话，他也会投这方面的票。所以，现在的问题并不在这 18 票上面，而在于安倍也不知道美国人到底在想些什么，而美国人也不知道。

凤凰博报：安倍修改宪法的目的究竟是什么？

俞天任：中国和韩国并没有办法直接向日本施压，甚至美国人必须考虑到——虽然美国人可能对于安倍修宪这件事本身，对于日本保持更大规模的军事力量本身并不反对，但是他必须要考虑到中韩和朝鲜对这件事情的看法。所以，在这个问题上，安倍想完全得到美国人的支持，可能他心里对此也没有什么底，所以他最近一段时间反而对这件事不太提了。

周永生：美国对日本修宪的心情非常复杂，在小布什政府发动伊拉克战争的时候，当时美国觉得日本的和平宪法真是个炸弹——我就希望我的盟国日本替我出兵，帮助我打伊拉克来壮大我的威势，减少我的人员。而日本这个和平宪法就成了日本出兵的羁绊，日本政府有了这样一个充足理由，就可以不派自卫队到伊拉克去作战了，所以说当时美国政府内部非常支持日本修改和平宪法。

2004 年美国副国务卿到日本访问的时候，直接就表态，美国支持日本修改宪法。日本这些右翼势力如获至宝，美国老大哥，美国这个盟主已经允许我们修改宪法了。但是日本当时国内条件还不成熟，小泉虽然在参拜靖国神社这个问题上比较右，但是并不主张马上修改日本宪法，这和安倍不一样。所以，美国这种鼓动只是鼓动了日本右翼势力的希望，而安倍恰恰继承了这个希望，安倍主打的一个政治牌就是以修改宪法作为政治核心目标，但是这个时候美国对伊拉克战争已经打完了，小布什的那个伊拉克战争被美国人民充分诟病，都觉得那是一场划不来的战争，奥巴马也已经从伊拉克彻底地撤出了美国的军队。

在这种情况下，美国对日本修宪的态度变了，变化的一个重要原因是什么呢？大多数的美国智库都看到安倍太右了，如果真的放手让日本修改宪法，那这样一个右翼的政府将来使日本的军事实力壮大之后，有一天会不会和美国作对呢？所以，在这个问题上，美国开始犹豫了，由此，在日本修宪的问题上，美国一直没有做明确表态。为什么没有做明确表态？就是因为美国在犹豫，美国担心如果支持安倍修宪，那将来这个闸门可能无法控制。日本能够针对中国，对美国来说是好事儿，但是，它针对中国的矛头同样可以剑锋一转，那就会针对美国，这是美国非常担忧的。

凤凰博报：是不是对于美国来说，日本也是一个比较可怕的敌人，从另外一个方面来说？

周永生：现在还不能够说美国内心认为日本是一个可怕的敌人，但是美国有这种防备，美国这个国家是很有战略思考的，因此现在在日本这个闸门的问题上特别小心谨慎，既不说同意日本修宪，也不说不同意。但是，美国的官员比较愿意支持安倍对拥有集体自卫权作出重新解释，就是说在修宪这样一个前提之下，你可以解释拥有集体自卫权，然后我美国在东亚的美军受到攻击了，我让你日本自卫队出兵的时候，你就要出兵，美国是这么一个考虑。

俞天任：美国人说穿了就是说在我受到威胁的时候，你要来帮忙，但是你不能把我拖到里面去。如果修宪成功了，假如说出现最坏的情况，根据日美安保条约，就会把美国人也卷到战火里，他不希望出现这种情况。但是，在我受到了什么威胁的时候，或者是有什么不方便的时候，你要出来帮我。这就是说，好事儿他要，坏事儿他不要。

周永生：日本政客通过媒体忽悠欺骗百姓

凤凰博报：这个修宪如果成功的话，对我们中日之间的关系会有什么样的影响？

周永生：那当然影响非常大，现在我看安倍的重点不是放在修宪方面，而是放在如何对宪法重新进行解释，这个宪法本来没有集体自卫权，要解释出有集体自卫权。因为按照宪法第 9 条规定，放弃了交战权，放弃了战争的权利，那哪还有集体自卫权呢？但是，日本的政客甚至说日本的政府现在就利用日本的御用学者成立了一个宪法研究恳谈会，专门研究如何把这个没有集体自卫权的第 9 条解释出拥有集体自卫权，而且安倍现在下了指令，秋天的时候要解释出来，要出结果。我觉得这个事情可真有意思。

俞天任：原来小泽一郎曾经有一段时间也拼命主张修改宪法，他的理由是什么呢？他说你不修改又有什么意思呢？一条宪法，你可以做无穷多的解释，还不如把它给修改算了。他这种辞令就像现在一样。你说他明明第 9 条规定不保有军队，但是他有 24 万人的陆海空三军，一样，而且从伊拉克战争以后，自卫队走到了海外，那么将来呢？集体自卫权这个问题并不是其他法律上的问题，而是日本人自己给自己的一个词，这个名词在其他国家是不存在的，当然，其他国家也不存在有什么自卫权不自卫权这个问题。

当时日本人就是怕跟美国人搅到一起去，才搞出了这么一个，我们没有集体自卫权，你也可以来为我，我不能去为你。放弃交战权是美国人强加在他们头上的，这确实是。但集体自卫权是自己卡在自己范围内的，当时因为是在美苏冷战最紧张的时候，他特别不愿意被美苏拖进去，当时不知道美苏哪天会打，随时随地都可能会爆发战争，他自己就给自己卡住了这么一条。现在他认为这一条对他也不太合适，没什么好处了。他就是认为，有朝一日，万一的话，美国人不一定会来救他，那么这样的话，他首先要在我更加能够救美国人的份上，万一有点什么事儿，美国人能救我一把，起码在表面上就是那样说的，或者说服国民的就是这么一个理由。

凤凰博报：有人也认为日本政客当前的这种右倾化是为了迎合选民的胃口，日本民众真像他们所说的那么右吗？

俞天任：那我倒不觉得，反而日本有句话叫做和平傻子，确实是这样。主战的言论在日本，不管在网上也好，还是在其他地方也好，是很难看到的。在日本右翼并不是要主战或者强硬什么，它主要抓住一点，就是说谁都不喜欢讲自己那个不好，它把历史颠覆过来，一开口就说咱们的祖先没有这么不好吧，没有搞过南京大屠杀吧，没有抓过慰安妇吧，没有逼过冲绳人去自杀吧。这种话如果不是很懂历史的人都喜欢听，谁都不愿意听咱们的祖先曾经干过那么多坏事，谁都不愿意听，你说没干过那么多坏事，那对，咱们就没有干过，它是从这个角度来讲。

周永生：其实在和日本人的接触中，我觉得普通日本老百姓非常朴实，也非常和平，他们有自己各种各样的爱好，有的喜爱艺术，有的喜爱体育锻炼等。但是，我们也要看到日本的老百姓和其他一些国家的老百姓有不同的地方，就是他们的文化素质特别高，知识水平也特别高，而且知识传播的渠道相对来讲比较统一。比如，最典型的一个情况就是日本的普通国民，普通老百姓，每家至少要订一份报纸，日本的五大报纸，他至少要订一份，然后每个家庭、每个人甚至家庭主妇每天都要看报纸。这会出现一个什么情况呢？因为他的素质都普遍比较高，而且又比较均等，这种情况下，一旦出现一个非常有号召力的人，一旦国家出现什么情况，日本人是有非常强大的凝聚力的。这一点和印度不一样，和巴基斯坦不一样，我觉得日本的国民性甚至和中国也有很大不同。从这个角度来讲，我觉得日本这个国家继续沿着和平的方向走，这是我们非常欢迎、非常期待的。但是如果要让安倍这样的人带领，今天向右翼的方向拱一点，明天再拱一点，以后再出现一个比安倍更极端的人物，那确实很可怕，确实有令我们非常担忧的地方。

当然，我认为日本现在还不会出现这样的情况。一是日本的国内还有左派势力的制约，当然这个左派相对来讲已经非常式微了。最重要的是国际和平环境，这个大环境日本改变不了，最典型的比如说日本的政客、日本的大臣们要对慰安妇的问题翻案，那美国的主流媒体、欧洲的主流媒体马上一片批判，为什么一片批判？因为韩国在这个方面宣传得太充分了，整个美国社会、整个欧洲都非常了解日本慰安妇臭名昭著的事件。韩国人甚至把慰安妇受害的形象塑造到什么地方了呢，塑造到美国新泽西州了，那你说美国老百姓能不了解吗？

他想翻案，能够轻易翻得了吗？然后，安倍又说对韩国不是侵略等等这些言论一出来，美国的主流媒体批判，欧洲的主流媒体也批判，所以他吓得马上缩回去了，因为日本的政治家也变来变去，他今天说了一句话，明天就可以说一个反话，就可以把前天的话给否定掉。

所以，他们这个灵活有的时候让你觉得日本的政治家真就不是政治家，是啥？是政客，是在玩弄政治，可以随意变来变去。他想怎么忽悠老百姓，他就怎么忽悠，然后他想变化的时候，昨天的事儿好像就完全过去了，大家都遗忘了一样，这和什么有关系？和他的媒体有很大的关系，媒体关注什么，整天往老百姓的脑袋里灌输什么，老百姓想的就是什么。所以，日本媒体对日本国家的发展起着非常重要的作用。

俞天任：经济太依赖中国令日本厌恶中国人

凤凰博报： 我们也看到最近有这样一个调查，是由中国日报社和日本言论的 NPO 共同发起的第九次中日关系舆论调查。调查显示中日双方互相友好度降至九年以来最低。那两位老师觉得日本人对于中国人是不是越来越不友善了，据你们在日本的观察和政客的接触来看？

周永生： 从这种舆论的调查来说，我认为它客观地反映了一种现实，那为什么会出现这种现实呢？难道说日本老百姓心地就不善良？他刻意要和中国的普通老百姓作对吗？不是，很重要的原因就是，自民党的右派势力、其他日本政坛的右派政客以及像安倍这样的右翼势力整天宣传中国威胁、中国军力增长、中国军费不透明、中国的准军事部队又侵略了我们的尖阁诸岛（中国称为钓鱼岛及其附属岛屿）等这些，然后日本老百姓就被这些灌输得又说中国怎么这么可怕，中国怎么这么可恶，本来对中国有感激之情的，慢慢就没有了，然后慢慢被仇恨、厌恶所取代。所以，现在说日本 90% 的民众厌恶中国，我认为这个舆论调查并不假，相对来讲比较客观。

俞天任： 这是确实的，中国也一样，就普通老百姓来讲，受舆论的影响相当大。我记得在20世纪80年代、90年代的时候，中日关系是相当好的。我记得有这么一件事，曾经在上海发生过一次火车相撞的事故，有一个日本中学的访华团都卷入那个事故里了，死了相当多的人。当时事后有这么一种说法，说是火车司机要报抗日战争的仇。如果现在你那样说，真会有人相信，但当时提出之后，对这种说法根本就是不屑一顾的。

到了现在，两国关系反而越来越坏。在日本方面看来，就是因为中国现在比二十多年前、十年以前国力大有增长，它认为中国是一个威胁，这也是人之常情。中国实力比原来增加了很多，不管是GDP还是军费开支，甚至军队的实际力量，在比原来更加强大的时候，中国也认为日本对中国的威胁在增加，实际上在我看来是这么一回事儿。从日本人那边来说，原来有一个穷邻居，现在变得不是那么穷了，甚至还很富。而很多日本产业就靠着从中国来，中国如果说有一件什么事，有一样什么东西卖得不太好了，那么日本干那一行的肯定不景气一下就下来了。很多事儿都是因为在经济上对中国的依赖性很强。那么它那边肯定心理上不平衡，这点也是很正常的。而在中国这一方面，过来人都知道在二三十年以前是怎样去看日本人的。

比如说我吧，我从来不买NEC的东西，到现在为止还是这样，为什么呢？我讨厌那家公司。为什么会讨厌那家公司呢？当时是20世纪80年代末的时候，在北京开过一次国际通信技术展览会，那个时候咱们国家真的很穷，很穷很穷，穷到什么样的程度？展览会上，发资料的塑料袋都像发一个宝贝那样，大家都排着队去领塑料袋，现在人听起来可能觉得不可思议，但是当时就是那样的。我们当时是搞一个程控机的计划，和各个单位，和世界各国生产程控机的厂家，包括美国的、荷兰的、英国的、日本的，在和它们接洽。NEC也造那个程控交换机，在那边跟它们正在谈的时候，就看到它们有一个当地的主管在发那个塑料袋，那张脸特别难看，就是特别看不起中国人的那种表情。

所以，我们当时的头儿一看到那张脸，把我们一拉，我们不和NEC谈了。对我来讲，这不只是二十多年前的事儿，我到现在都不买它们公司的东西。说我现在是怎么样看日本人的，我心里上是怎样想的，就中国人怎样看日本人来讲，在这段时间也是很正常的。也许再磨合一段时间以后，大家都习惯了。对于日本更年轻的一代——就是现在这些小学生来讲，中国就不是一个穷国，不是一帮由叫花子组成的国家。对于现在我们中国的这一代小学生来讲，日本也不是一个了不起的天堂国家，不是是个人就比我们高三分的。他们将来也许会更加客观公平地看待彼此，起码我希望能够这样。

周永生：中国军力是日本10倍时也不会威胁日本

凤凰博报：那面对现在这样的情况，美国的一些媒体认为中日之间可能会进入一种冷和平时期，两位觉得呢？

周永生：这也是有可能的吧，我想接着刚才您说的那个话题谈一下，就是说实际上中日两国关系为什么最近这些年特别僵化，很重要的一个原因就是日本没有适应中国的发展，没有适应中国的崛起，它一看中国富裕起来了，我原来瞧不起的一个邻居现在居然不再是普通的居民，家电也都非常齐全了，怎么能富裕到这种程度呢？军力本来那么落后，快和非洲国家的军队差不多了，用的都是步枪，坦克也很少，有一些坦克都是苏式的老制式的坦克，现在怎么突然就现代化了，军事实力怎么突然这么强大了？你会不会来威胁我，你会不会对我发动战争？这是一个什么心态呢，就是没有适应中国作为一个富国、作为一个强国发展的一个趋势，原来那种心理落差没有改变过。其实我觉得，日本应该客观地看待中日两国力量对比的这个变化。

现在国内有的学者就提出来了，日本在近代的时候，称雄于东亚，称雄于亚洲，那是一个偶然的历史。为什么是一个偶然的历史呢？我认为这么说也是对的，日本那么小的一个岛国，那么少的人口，居然因为明治维新，因为学习欧美，发展得那么快，变得那么富裕，远远超过了大清帝国。而中国这样一个积贫积弱的状态又长期延续，实际上中国这么古老的几千年的智慧在这段期间都没有发挥出来，而现在呢，我们发挥出来了，走上了富强的道路。那反过来你日本应该怎么样看待？不要看到中国的坦克比你多了，飞机比你多了，就害怕得了不得，你看一看中国是一个什么样禀赋的国家。最基本的禀赋就是中国有13亿人口，日本才1亿多一点，中国的人口是你的10倍；中国有960万平方公里的土地，你日本才有37.8万平方公里的土地，中国的国土面积是你的将近26倍。那从这样一个基本的概念来说，我认为我们不要夸张地用26倍来形容，中国的国力将来强大到日本的10倍是正常的，中国的军力强大到日本军力的10倍是正常的。现在中国军力还没有强大到日本的10倍，你心里就适应不了了，这怎么可以呢？将来中国的军力一定会强大到日本的10倍的。

我们现在要给日本打预防针，你现在就要适应中国军力早晚有强于你日本10倍的时候，那并不是一个特殊的状况，那是一个正常的状况。你不要害怕，中国的军力强于你10倍，这是中国作为一个正常国家的正常发展的状态，你的军力比中国弱10倍，这也是你作为一个正常国家的正常发展状态。因为你没有那么多人口需要保卫，你没有那么多的疆土需要保卫，这不是客观存在的一个道理吗？你为什么不适应？你为什么那么恐怖？为什么要向你的国民那样宣传中国的威胁？中国不是你的威胁，中国比你强10倍的时候也不是你的威胁，中国这个国家的儒家思想传统根深蒂固，儒家讲什么？讲仁爱，讲和平，讲万邦和谐。和谐社会由我们党中央提出来，那是有深厚的文化根基和传统的，并不是说我们凭空提出和谐社会的主张，我们中国古典文献《尚书》当中早都说过了，中国的政治目标是万邦谐和，当时没有世界那个概念，讲世界就是讲万邦。这个和谐当时一般都叫谐和。所以说这是什么呢，这是中国儒家文化的传统使然。中国历史上很少对外侵略扩张，这也是中国历史文化的传统使然。

俞天任：我就是这样的观点，实际上中国的问题还是在发展之中解决自己的问题，完了以后大家都会平静看待，从我的经历来看，就是说现在日本的小孩已经没有像30多岁以上的人那样，就看中国呢，中国居然也有这个，或者是中国居然也有那个，经常还会出来一些这样的话。那么在更年轻的或者是经常来中国的那些日本人看来，就是说日本怎么可以和中国比呢，确实是有这样的，经常来往于中日两国之间的那些人都有这么一种感觉，就是说势头不一样。

日本以前处于一个往下坡走的势头，而中国就是发展速度比前两年稍微慢了一点，但还是处在往上走的势头。大家都习惯下来以后，估计也就会习惯下来。这里面有一个问题就是，再重回冷战是不太可能的，因为冷战有一个很明显的特点，当时的美苏两阵营里不存在经济上的共享力，虽然也在做一定的生意，有一定的进出口，但并不是说离开了你我就不行这样的。

而现在来讲，世界上这些主要国家之间谁都不能够离开谁，所以无论争吵到什么样的程度，都有一个底线在，就是说你起码不能影响到我自己的经济利益，而这就是说我自己的经济利益在很大程度上跟你的经济利益也是联系在一起的，所以到最后都能够找到一个妥协的地方。比如在安倍访华这个问题上，这在原来冷战时期从来都不会看到，就是说要访问一个关系弄得很僵的国家，中日双方都把安倍访华作为一个挺大的问题在那儿讨论，而原来美苏之间不会把某个领导人要访问对方国家作为一个大问题讨论。

凤凰博报：中日之间的关系现在表面上看是风平浪静，但是实际上可以说两国的高层交流在逐渐递减，而两国民意对立的情绪也在持续蔓延。这样的状态持续发展下去的话，对两国的关系并不有利。

中国外交新动向

——庞中英、周鑫宇盘点中国周边形势

嘉宾简介：

庞中英，现任中国人民大学国际关系学院教授、博士生导师。主要研究方向：全球问题与全球治理（尤其是全球经济治理）、外交理论和实践。

周鑫宇，北京外国语大学公共外交研究中心主任助理。国际问题学者、政治学博士、自由撰稿人。

专题地址：http://blog.ifeng.com/zhuanti/waijiao/

要点

Talk1：因为中国在崛起，其他国家可能会走向联合，会去寻求一种安慰感或者安全感。这是很正常的事情。

Talk2：我想日本媒体是作出了误判。王毅对中日关系是起到积极作用的，至少能避免执行方针时出现误判。

Talk3：关于朝鲜的核问题，我觉得现在简单化的思维太多，比如放弃朝鲜。

Talk4：中印之间有很多共同利益，应该说两国间的上行力量超过下行力量，所以中印关系还是会往积极方面发展。

周鑫宇：中国对日本与南海国家联手无需多虑

凤凰博报：在日本与越南的首次海洋安全保障会议上，日本政府竟然向越南提出要在南海建立保安厅，联合对抗中国。日本政府的这种要求外国军事机构改变组织结构的举动可以说是非常罕见的，两位老师对日本此举有什么看法？

周鑫宇：这里面的来龙去脉实际上还是有一段曲折。日本想把自己的海上保安船只出口给越南，但是越南的海上保安的力量是属于军队，日本希望在这个出口的过程中，用自己的对外援助来做。对外援助又不能直接给对方的军事组织，而是希望把越南的海上保卫的力量从军队中转到民用中，实际上是为了技术性地解决日本对越南援助船只的问题。但是总体来讲可以判断，日本如果想这么做，把东西都送去了，也愿意做援助，做成的可能性是蛮大的。

但是做得效果怎么样，我们要仔细评估。第一，这确实对我们有不利的影响。日本船的技术水平、能力肯定要强于越南和菲律宾，它实际上同时也在对菲律宾做同样的事情。如果越南和菲律宾的海上力量拿到日本的装备，在与我们对峙的过程中技术水平会提高。对我们来说，这会有一定的挑战。同时，在更大的格局上会形成与中国有领土争议的几个国家共同挑战中国的这样一种联合，这种态势对我们是不好的，不利的。不过，这是一方面。另外一方面，也许并不需要多虑，因为就连日本在与我们的对峙中，比如在钓鱼岛对峙中，也未必能占尽便宜。钓鱼岛现在的局势是从以前日本的独占变成了双方争议的状态，实际上是我们获利了。因此，双方的海上对峙并不决定于装备的力量，而是决定于整个国际态势，决定于双方整体的国家实力，没必要为了这几艘船而多虑。

第二，这也不足为怪，因为中国在崛起，中国在发展，其他国家有各种各样的反应。从国际政治的角度来说，其他国家可能会走向联合，会去寻求一种安慰感或者安全感，这是很正常的事情。所以这样看的话，也许我们也没必要太多虑。我们可能更多地要思考应该怎么从大的战略格局上去应对这种成长中的烦恼。你成长起来了，别人就会有所反应，我们怎么去做，这可能是我们更应该关注的。

庞中英：我觉得刚才小周谈得非常好，中国周边的这些国家都有可能会联合起来，加强它们之间的关系，包括双边、多边的一些关系来对付我们。我觉得从国际政治的角度来讲，这是非常有可能的。日本跑到蒙古，安倍跑到乌兰巴托，日本要加强与印度的关系，加强与越南的关系，加强与东盟的关系。日本现在还试图加强与韩国新总统朴槿惠政府的关系。现在关键是在它们加强关系的时候，我们下一步该怎么作出反应，我觉得这是一个问题。我们其实不妨有一些更长远的、更大的战略考虑。

比如东盟国家有跟我们谈“南海各方行为准则”，2002 年搞了一个宣言，现在准备搞正式的国际法上的东西，就是叫“南海各方行为准则”，英文前面叫 DOC，后面叫 COC。这次王毅外长去东盟访问，这是他第一次正式作为外长的出访，他也同意 COC 是可以讨论的，是可以探索的，中国并不反对 COC。

相互猜忌是不可避免的，但是我们需要一个各方共同遵守的行为准则，当然这个行为准则要大家共同制定，不能是有的国家或者有的国际组织、地区组织，比如东盟，还可能有一些我们叫预备大国，比如美国，推动去制定这种规则。

但实际上不是它自己想去制定这个规则，可能是某些预备国家比如美国和日本想制定这样的规则，然后让东盟出面去制定这样的规则。所以我觉得，我们要制定的一定要是亚洲的规则，或者是亚洲地区相关的各行为体、各个国家、各个利害有关方在一起，通过谈判制定这样一个地区性的多边规则。

这样我们就可以相互约束，东盟国家可能希望通过 COC 约束中国，然后美国也是这种想法，日本也是这种想法，好像中国不愿意受规则约束。其实它们可以通过规则约束中国，我们也希望通过规则约束菲律宾，约束越南，约束日本，约束美国，这是相互的。所以这个规则必须大家平等谈判和探讨，而不是说你们制定好规定了，用它来约束中国，这个中国肯定不会接受的。

庞中英：日本的民族主义让中美韩很不舒服

凤凰博报：我们也看到最近日本首相安倍晋三在不停拉拢周边国家，比如说俄罗斯、印度还有东盟一些国家，似乎是要对周围实施一个战略的包围。两位老师觉得，这样一种行为和这样一种包围，与麻生太郎任首相时主张的“民主之弧”的本质是一样的吗？

庞中英：我觉得对于日本安倍政府这些作为，我们不必做过度的反应，用正常的心态去看待就行了。现在如果展望世界范围内的国际关系，你到欧洲、非洲去，即使是在亚洲范围之内，你也可以看到，在许多多边的、双边的国际场合，日本现在其实已经不是第一个层次的世界大国了，它可能还是一个世界大国，但主要是经济意义上的，但也已经是第二层次了。所以我们现在看到，比如说现在大家在讨论许多重大的国际问题，能够听到或者看到许多人在提日本吗？许多人都在提美国、欧洲、中国，就是中美欧。

但是，美国人不一定很舒适，韩国人不舒适，当然我们中国人也不舒适。

民族主义是双刃剑。因此，对于安倍在亚太地区的这种合纵连横——用美日既定的框架，又要去蒙古，又要去东盟，又要去印度——不妨淡然处之，也不必做过多的反应。甚至有的时候，也不必过分评论。我再说最后一句，比如最近日本的副首相麻生，跑到新德里去了，发了一个演讲，我也不知道印度人听懂了没有，因为印度其实对于中日关系了解很少，但是，中印边界对峙 20 多天，现在印度外交部长还是来了。所以我觉得，不必对于日本在中国周边的一些布局或者行为、行动做那些过度的反应和不适当的评论，可以看得淡一些。

周鑫宇：包围这个词我们现在经常用，怎么去看？刚才你提到战略包围，但战略这个词实际上来自战争，包围这个词还是来自战争，包围以后，要么就是它投降，我们叫歼灭它。所以，这是一个很有威胁感的提法，我们现在经常这么提，当然，这是一种看法，不过我们真是在被这些小国家逼迫我们投降吗？所以现在我想，其实中国人的头脑里面，世界好多人的头脑里面，普通民众也好，学者也好，精英也好，头脑里面的那个世界还在 1840 年以后，还在偌大的中国，这边有北极熊，这边有个太阳，这边有个鹰，虎狼环伺的时局图里，都要向我们下手，危机感特别重。实际上我倒觉得今天可能有另外一些人或者国际上有一些学者这么看中国面临的时局图。

其实中国就像拿破仑讲的，像一只睡狮一样，或者像一只大象一样，他醒来了，他在呻吟中抖了抖，站起来了，迈动脚步往前走，周围的土地都会震颤，因为这么大一个国家，周围可能其他的动物，比如猴子、兔子，可能更大一点的狼、虎豹，都会吃惊，都会害怕，或者都会想该怎么办，今天生存的环境不一样。

所以，今天我们看到这种反应是这幅时局图还是前面那幅时局图，200 年的国际环境对于我们来说有没有变化，这是一个基本的判断。作为我个人来讲，可能还是第二幅图景更贴近发展的趋势，甚至更贴近今天的现状，而不是第一幅图景。在第一幅图景下，我们感觉是一个被包围的处境。第二幅图景下，实际上是我们的发展、我们的成长带来周边的一系列反应，很可能我们是原因，而不是它们是原因，这不等于说这件事是我们的错。

庞中英：我插一句，也就是说，我们经常说，我们中国外交是反应性的、被动性的，其实别人的外交，尤其中国周边我认为也是反应性的，它也是以我们中国的情况来反应的，因为我们自己有行动，别人肯定有反应。

你有行动，比如周博士有行动，周博士刚才一说，我肯定有反应，这是一个自然的过程。现在关键在于第三个东西，这是最关键的，我们要互动，接下来如果双方或者几方没有互动，这就比较可怕。我插一句话，我们现在争取的话是经过大家的这种，比如行动，甚至是单边的行动，还有对方的话，各方都有一些反应，这些反应有的非常复杂，有的甚至是过激的、不理性的。

把一些过时的东西拿出来表达，我认为也都很正常，接下来就是看看如何能够有理性的、良性的甚至建设性的互动，所以是三个词：action，reaction，inaction。

周鑫宇：我再打一个比方，把这个问题做一个延伸。假设我们亚洲的国家是一个班级，日本以前是成绩最好的，而现在班上出了另外一个学生，他其实天分蛮高，长得也壮，这么大一个，而且成绩越来越好。对于第一名的日本来说，看到另外一个叫中国的学生最近两次考试成绩都比他高——比如我们 GDP 总量算考试成绩的话——都比他高了，他心里肯定是有反应的。

对于中国来说，怎么看这个事？我和庞老师都有共识：第一，你要知道这很正常，而且这是你的变化造成的，而不是它们在怎么样剿杀你或者包围你。第二，你得站在这样一个变化的角度上去处理这个问题，如果你真想成为班上最好的学生，成为大家都拥戴的班长，恐怕不能天天去盯着他又跟他说了什么，他又给了他什么，你盯着这个解决不了什么。

庞中英：中国需要一个转型和变革的外交

庞中英：所以，我个人其实一直主张，经历了改革开放 30 多年尤其是过去的 20 年或者 10 年以后，中国外交需要作出一个比较大的转型和变革。

我并不同意所谓以不变应万变的办法，当然中国外交的好多东西需要延续，需要继续但是继续是不够的，仅仅继续的话也未必能够把我们目前面对的外交上的挑战有效地、成功地、长期地解决。

我们现在需要一个转型和变革的外交。比如过去老是说，在亚洲地区我们也不一定要带着去做什么事情，或者叫地区主导权什么的。但是我们不妨建设性地去做一些事情，比如建一个新的亚洲地区范围之内的互动互信的行为准则，或者说我们可以促进现有的地区组织，包括东盟、上海合作组织、印度和巴基斯坦主导的南亚合作联盟，甚至包括朝鲜在内的东北亚地区。有人甚至建议要搞一个北亚地区合作组织。我们现在可以促进它们之间的这种对话和合作，最后形成一个亚洲地区的东西。中国是一个全方位的亚洲国家，不仅仅是东亚国家，也是个南亚国家，也是一个东南亚国家，也是中亚国家和北亚国家，所以我们在这方面不妨更加富有建设性。

因为说这些很简单，很容易，我们一说不干涉内政，可能有的人觉得很高兴。但问题是，有的人很需要我们去做一些，比如劝和促谈，比如能够发挥中国的某种独特的作用。有的人对我们还有很多的需求，所以我们不要简单地说“不”字，我们要把这个“不”字逐步去掉一些，少一些，而多谈一些我们中国是什么，我们今后能做什么。这个我觉得就是建设性，这个可能就需要中国的外交政策和理念，也就是我们的指导思想发生一些比较大的变化，而不仅仅是说做一些小修小补。

周鑫宇：王毅当外长不会对日本友好，只会强硬？

凤凰博报：我们也了解到，王毅之前也是担任中国驻日本的大使，日本的媒体也称，王毅上任之后会对日本采取更加强硬的手段。两位认可这样的说法吗？

周鑫宇：从我看到的资料，完整的故事是这样的，许多日本媒体认为王毅的上任对中日关系有好处，当然，有一些媒体，比如《产经新闻》等右翼的媒体会认为不要过高期待这一点。王毅在现有的格局下做不了任何事情，因为中国国内的状况是那样的，是要对日强硬的，王毅上任也会对日强硬。

此外，我想日本媒体还会作出一个误判。实际上，在整个中国的对日关系上，王毅在那个地方是有积极作用的。如果在我们大的方针比较确定的情况下，有这样一个懂日本或者有日本背景的外交部长，对于我们执行方针是非常有好处的，至少可以避免误判和错误。

庞中英：这一点我非常同意，但我想说的是，其实王毅外长有一个方面对中日关系可能都是一个优势，这就是亚洲金融危机期间和之后，王毅外长通过中亚地区合作写了好多关于中亚共同体还有东亚经济合作的文章。我觉得对于中日关系，有些东西是结构性的，我们也不能指望靠我们良好的愿望让日本人发生改变，比如促进日本发生什么变化，这是不可能的。但是，王毅外长在当外交部长期间，如果通过中日两国的对话，可以克服和超越现有的一些问题，甚至在这些问题存在的情况下，我们能够共同推动东亚地区的多边合作。

我觉得这对中日关系来说也许是个好消息，实际上就是地区主义。中日双方能不能认识到地区主义是中日两国最终走出目前的安全困境和政治关系尤其是社会关系的关键。我们知道，现在社会关系的恶化就是人与人的恶化。两个社会、两国人民之间的关系的恶化而带来的后果和影响是长期的，但是也只有地区主义，就是欧洲模式这种地区主义、地区合作，才能够克服这样一些东西。

周鑫宇：东亚的社会研究政治学、国际关系有一个特点，我把它叫做八卦政治学，以香港地区为首，特别爱做，日本也有一点。他们去研究，特别专注于政治的个人影响力，谁跟谁是什么亲戚，个人的背景是什么样，从哪毕业的，有没有校友怎么样，喜欢搞这个。这是一个研究的视角，但是有的时候，亚洲有些研究视角把它扩得太大了。王毅确实是几年来罕见的日本大使出身的外交部长，以前都是美国，如果你要去解读的话，你真能得出一个结论，中国不重视美国，开始重视日本了。王毅其实背景蛮复杂，刚才庞教授也讲了，他在美国也进修过。他还当过台办主任，台湾地区也会想，这个人上去当外交部长，没准对我们挺好的，因为台湾地区在外交格局中跟我们的互动实际上也很复杂。所以，每个人可能都会这样去想，有的时候我们过度夸大了这种所谓个人影响，王毅能够当上外交部长，跟他的日本背景没有特别大的关系，可能更多地在于他的个人能力以及当时的政治格局、人事格局，不必过度解读。

周鑫宇：印度民众天天盯着中国，要赶超中国

凤凰博报：我们再回过头来看中印的对峙，当时撤军的时候，可以说双方几乎是同时撤军。从这样一个举动来看，两位老师可以分析出哪些信息呢？

庞中英：应该说，对于中印关系，我们要看到，就像你坐电梯，有一个趋势，比如你在坐下行的电梯，是往下走，还有一个电梯是上行的电梯。我认为中印关系可以说是有两种力量。一种力量是下行的力量，就是我们长期存在的一些问题，还有现在中国和印度都是作为两个“新型大国”。当然，新型大国要加引号。另外一种力量是上升的力量，除了地缘政治的争端可能导致中印关系往下走，中印关系往上走的这种上行的力量包括现在最大的上行力量就是中印两国现在经济上终于相互需求。所以，我们知道现在印度驻华大使，原来是驻新加坡的大使，他强调中国已经是印度最大的贸易伙伴。这其实是一个非常大的发展，当然，这个贸易量还是很小的，印度对中国的投资还是有好多限制的，但是我觉得经济关系用一句话来说其实就是形势逼人。

中国和印度两国都处在这样一个国际体系里面，对现有的全球治理、对现有的国际制度和国际规则其实都有不满意的地方，都想改革。印度想加入常任理事国，我们没有这个问题，但是印度和我们一样，都想改革目前的国际经济中的一些制度和秩序，包括气候变化等方面，我们也好多共同利益。所以，在中印关系上，这种上行的力量可以说超过下行的力量，这还是积极的发展。

关于印度我还想说一句，我个人觉得，印度可能在传统和现代化之间的平衡方面做得比中国好，我们对于好多传统和文明，都用现代的东西甚至后现代的东西把它们给取代了甚至毁灭了。中国过去 30 多年来的变化，我们的好多传统，包括我们非常优秀的东西，不管是有形还是无形的，都已经没有了，被取代了。而你到印度去看看，印度的好多传统，很多优秀的东西，就是现在可以叫软实力的东西还在。

在这方面，其实中国不妨向印度学习，学习印度的长处。因为我们的经济发展比印度超出了很长一个距离，可能双方有许多东西在经济上可以互补，但是在文明和文化方面，中国不妨学习和借鉴印度，仍然有必要像当年唐僧西天取经那样向西方学习，那个时候的西方是印度，不是今天的欧洲、美国，这是我要补充的一句话。

周鑫宇：中印对峙整个过程，我觉得可以用几句话来总结一下，叫做：当地萌发，媒体炒作，社会热议，政府灭火，是这么一个过程。从当地萌发这点来看，它肯定不是大战略或者双方故意要去冲突的高层谋划，说我要拿这个事惹点什么事出来，或者擦枪走火。可能就是，因为中印之间本身有大段的边界是未定的，以前打过仗，打完以后我们进去了，拿了回来，然后又撤回来了。中间有很多模糊地带，在模糊地带每天都可能会发生一些故事，但是这次可能就是一个故事被放大化了，可能我们的军队和他们的军队都比较坚定，把帐篷就扎那了，这个事到媒体上去炒，尤其是印度媒体炒得很厉害，他就往高了炒，就是我刚才讲的，从战略甚至阴谋上去炒，从中国是个什么国家上去炒。

庞中英：我觉得可能是印度的反华势力，确实有反华势力也是利用了这个事情。

周鑫宇：媒体炒作完了，才是社会热议。经过社会热议，这个事情伤害就蛮大了。其实在长期的节点上，中印没有冲突的必要，隔了喜马拉雅山，当年我们去了又回来的原因，就是因为我们拿这个土地都不方便。补给都不行，如果它还继续要跟你打，守这个地方费用就很高，所以其实没有冲突的必要。至少在现在这个节点上，中国跟印度没有冲突的必要，最后政府就去灭火，灭完火，外长又来了，李克强总理要去。

所以，我们作为学者也好，民众也好，媒体也好，如果仔细去评判这个，就会发现可能真不是某一个国家或者两个国家同时想去做一点什么事情，去为敌，而是一个局部的现象被媒体炒作大了。但由于我们大多数民众可能也对国际关系或者对这些事情的细节缺乏了解，就容易形成一种误解，这个伤害蛮大的，有点伤害了两国的相互认知。这种伤害在中国国内还好，因为国内老百姓都忙着赚钱，谈国际关系都在茶余饭后，无所谓。但这在印度人那里其实挺有影响力，他们天天盯着中国，他们发展就盯着中国，要怎么样超过中国，不要让中国怎么对着他们，所以在他们那里影响挺大的。

周鑫宇：新政府逾越外交撬动中国周边形势

凤凰博报：我刚才也提到，李克强总理于（2013年）5月下旬访问了印度。两位觉得他把首次的出访目的地定位在印度是有什么原因吗？还只是因为这次的中印边界对峙呢？

周鑫宇：我觉得这跟国家主席习近平上台以后的整个新政府的大的外交方针是一脉相承的。因为我们看到习近平也没有去美日欧即传统列强国家，去的是俄罗斯——当然俄罗斯算强国，但它同时还有一个身份就是金砖国家，然后就是去参加金砖国家峰会，去了非洲，习近平是这样一个做法。李克强我们看到也是，他去了印度，同样没有去那种传统的强国，甚至也没有去我们周边的一些友好的国家。

此外，我想这是不是跟中国的战略转型有关系。比如，以前我们非常重视东边，现在往南边，往西边走。另外，以前可能非常重视太平洋，因为我们安全的问题全在太平洋，现在好像也在两洋战略，印度洋也很重要，你往非洲中东去，商船全部经过印度洋。马六甲海峡过去就是印度洋，我们在这个地方是不是要做一点事情，可能跟这些大的战略策划应该是有关系的。

庞中英：我想还有一个，我们现在面临的挑战或者困境，这也不是说我们外交工作没有做好，而是因为有好多结构性的因素、长期性的因素，我们现在面对的困境主要集中在亚洲地区。我们知道要改善中日关系可能比较困难，短期之内很难有大的突破。所以，我们如果考虑在周边其他地方、其他国家有一些大的动作和进展，可能对于改善整个周边的政治地缘战略环境会有帮助。

所以，王毅外长已经去了东盟，而且他讲了一句话，叫做东盟是中国外交政策的一个优先，而且是首要。这个词用得很好。而李克强总理访问印度了，刚才说了印度也是金砖国家，中印关系也有很大的潜力可以挖掘，至少经济贸易关系可以挖掘，至少两国在多边的全球治理方面可以合作。现在还有一个重要因素，现在基本上大的国家，比如美国、日本、欧盟，都在竞争与印度的关系。因为中国的因素，所以它们都要拉印度，在这个时候，中国更要加强与印度的关系。应该说李总理的印度之行对于把整个中国周边关系盘活是关键的一步。

周鑫宇：中国不会容忍朝鲜发展核武器

凤凰博报：我们再来看一下朝鲜的问题。在朝鲜方面，中国的外交政策多少都会受到一些意识形态的影响，但是最近在朝核问题上，中国态度似乎也有了很大的转变。我们从最新的消息中也可以看到，中国的银行关闭了朝鲜外贸银行的账号，并且全面中断了金融交易。这样一次举动是否也意味着中国愿意与国际社会配合，对朝鲜施加更强大的压力？

周鑫宇：我们肯定在做跟以前不一样的事，但这个不一样到什么程度，可能需要仔细去思考，不能妄下结论。比较极端的说法是，我们现在需要抛弃朝鲜。另外一种极端的说法是，朝鲜是我们的战略缓冲带，是传统的盟友。这都比较极端，但实际上我们在变化，现在我们这些政策有一个很明显的趋势，就是，如果朝鲜用一己之私去挑动地区冲突的话，中国不会容忍的。另外，中国是不会容忍它继续发展核武器。核武器这个东西对于大国来讲，是我有你不能有的东西，因为没有信任感，你要有了，你管不好怎么办？这不是谁欺负不欺负谁的问题。

这个很麻烦，像朝鲜这个国家，内部状况可能不稳定。因为它内部就像黑箱，看不透，我们不知道里面发生了什么事，要是它又有核武器，内部又不稳定，对于我们来说是个巨大的威胁。这是一个认定的威胁，所以说我们一定不会让它有核武器。第一，你不要去搅事，中国周边够乱了，你去搅动这个干吗？第二，你不能有核武器。第三，是一个比较软的，希望你还是能够把经济发展起来，进行一些改革开放，这是中国一贯的希望。

但就前两点来说，朝鲜最近做得很不好，我们肯定要用一些杠杆去撬动它，但这种杠杆恐怕不像西方所想象的是中国在放纵朝鲜，中国只要管朝鲜，朝鲜就会听，因为朝鲜是靠中国活的，不是这样的。我们的杠杆是有限的，我们的作用力是有限的，我们能管的事是有限的，它听不听可能是另外一回事，但是我们一定会去做这件事。

这件事就是刚才庞教授讲的观念的创新，以前我们讲不干涉内政，管朝鲜干吗？观念得创新，朝鲜以前确实和我们有友好同盟条约。但现在如果它这个做法对我国国家利益和国家安全产生威胁的话，我们要去规劝它，甚至有的时候要去对它施加压力，现在我们真在对它施加压力。关闭银行账户这个事网友如果有兴趣可以去查更多的背景资料，这里面关系到朝鲜的非常重大的利益，这个事情挺重的。

庞中英：抛弃朝鲜是当前中国接受不了的

凤凰博报：我也了解了一下资料，在2006年的时候就因为朝鲜造美元还有洗钱的问题中国银行澳门分行冻结了朝鲜的账户。

庞中英：我觉得是这样的，这是个原则问题，我们这么大的国家，处理危机得讲原则，按原则办事，我们又是国际社会一个非常重要的成员，是安理会常任理事国，而且在安理会制裁朝鲜的决议里我们投的是赞成票。所以，我觉得还是要有个执行。另外，关于朝鲜这个问题，我们自己需要算这个账，算什么账呢？大家都在讲利益，原则完了以后接下来就是利益了。比如朝鲜洗钱，朝鲜洗钱对国际社会不利，对中国也不利。所以，该做的事情要做。

关于朝鲜的核问题或者整个朝鲜的问题，我觉得现在简单化的思维太多。

比如包括放弃朝鲜，改变与朝鲜的关系，还有中国可能会继续与朝鲜保持过去这种传统的关系，我觉得这些其实都是简单化的思维，我们也接受不了。或者是比如朝鲜崩溃了，然后韩国吸收了朝鲜，东北亚地区发生了统一，如果这样一个政治冲击发生了，那可能是非常巨大、非常重大的事件。这其实也都是简单化的思维。实际上的情况是，中国和朝鲜的问题是个复杂问题，而且可能是全世界最难解决的一个问题。如果要我在这里说一句话，那就是三个 A，英语里的三个 A。第一个 A 就是与时俱进，adapt，就说现在我们要看一看朝鲜发生了什么变化，或者从第一次朝鲜核危机到现在，朝鲜发生了什么，国内的，经济的，地缘战略的，和韩国的关系，和美国的关系然后再看一看美国发生了什么变化，现在美国对朝鲜的政策其实是有好多变化的；然后再看一下韩国的变化，这次韩国的总统朴槿惠访问美国，提了一个建议，这个建议可能美国不一定充分注意到，不一定能听得懂，或者美国人不一定就配合。但是她还是会有自己的做法，会有不同于上一届总统李明博的做法。所以，我们第一就要适应变动中的朝鲜和它所在的地区环境。这个变动包括我们自己的变动，或者东北亚地区包括俄罗斯整个地区地缘政治环境的变动。

第二个 A 应该叫 adopt，就是你要采取一些东西，接受一些东西，使用一些东西。你要创造一些东西，或者把一些东西拿过来，现有的，或者包括一些智库的、专家的，然后把各种比较好的建议拿过来一些，有一个作为。

最后一个 A 就是 adept，这和前面两个 A 还是不一样。这其实就是说我们在朝鲜问题上要知道它的，高度复杂性，要知道它的历史性、长期性，要知道我们这种前后进退上下的困难性。我们要有中国的智慧，也就是说中国的外交智慧是在北京制定的，不是在东京或者在华盛顿 . 或者在首尔制定的，所以要根据中国制定外交政策的智慧和传统做法及方式，在这个问题上要非常聪明明智地显示我们的战略性判断和决断。

我觉得这三个 A 可能能够解决朝鲜问题，缓和这个危机。

周鑫宇：中国周边有很多麻烦，但不会引发战争

凤凰博报： 现在可以说中国的周边是危机四伏，那两位老师觉得最有可能发生擦枪走火现象的地方是哪个？

庞中英： 应该说真正意义上的军事冲突的可能性还是存在的，但是我觉得大规模的甚至我们叫局部战争的东西大体可以排除。擦枪走火这个看你怎么定义，比如中国和印度的边界对峙，这很有可能就擦枪走火，菲律宾开枪打了台湾地区的渔民，这个就是擦枪走火，是非常真实的冲突。钓鱼岛问题如果管理不善也有可能擦枪走火，很有可能还会升级成战争。但是我觉得大体上来说，现有的这些紧张甚至高度紧张都是可管理的、可控的。

周鑫宇： 擦枪走火是一个很有意思的概念。就我了解的情况，从国际关系史来说，没有真正意义上的说是我不想要战争，所有的战争都是事先想好了，去等一个机会，甚至去主动创造一个机会打起来的。所以，我们现在考虑的不是我们周边有这么多——刚才您用的是纷争或者麻烦，很多，但这些东西会不会上升到战争，可能更多地要考虑这些国家有没有想过要打一场战争。如果它们没有想的话，即便菲律宾开枪打死了台湾地区的渔民，也不会有战争。如果它们想要战争的话，即便没有开枪，没有死亡，都有可能因为一个小故事就把它上升成战争。

如果从这个角度来看，我们确实不必过度担心，你说这些国家里面谁和谁真想打一仗呢？大家都想好好发展经济，和平共处发展经济，唯一有一个不确定的就是朝鲜，就是我们不清楚内部情况，它到底发生了什么我们不清楚，它能不能够理性地去选择我们也不清楚，有时候领导人也没有办法判断那个情况。它只能那样，但它的作用从外边来看就很不理性。这就是一个点，一个我们不清楚的点，这可能确实比较危险。而我们不清楚就是我不清楚，不代表我们的政府不清楚，不代表美国人不清楚。从美国人的反应来看，现在也无所谓，你闹吧，这证明他们可能判断问题应该不大。

凤凰博报： 以前曾经有人给外交部送钙片，但是这次从钓鱼岛问题再到这

个中印对峙，再到这次中国银行关闭朝鲜账号，可以看出中国的外交似乎强硬了起来。在新一届的领导下，中国的外交会发生什么样的变化呢？

庞中英：我觉得是这样，西方学者说我们中国的外交在过去这几年比较咄咄逼人，比较傲慢；也有的说中国外交比较进取，比较厉害。但中国学者会跟他们讲，我们国内老百姓，我们的青年人，甚至包括一些学者和搞公共外交的人士，好多人认为中国外交很软弱。我说，你们作为中国问题专家，作为观察亚洲问题的专家，怎么解释这样非常截然相反的两个判断？这两个认知很不同。你们认为我们咄咄逼人，希望中国能够放下身段来跟你们谈判，你们怎么解释问题？

周鑫宇：我做一点回应，我也同意这一点，就是所有国家的老百姓都觉得自己政府应该强硬一点，都喜欢政府强硬一点，都会嫌弃政府软弱。这跟民众安全感有关系，所以在中国出现是很正常的。但是就政府来说，就像父母一样，你的孩子都希望你在外面很强大，跟邻居小孩打个仗爸爸和妈妈要出去保护他。但是如果想处理好邻里关系，作为政府或者父母来说，恐怕就不能见谁打谁或见谁骂谁，还得有理有节，该硬的时候硬，该沟通就得沟通，有的时候还得妥协退让。外交就是妥协退让的艺术，不然怎么商量谈判？所以，政府可能跟老百姓的想法是不一样的。

政府有自己的角色。现在我们的问题是外交内政化和外交民众化，老百姓还觉得你别再拿什么父母的关系和孩子的关系来谈论政府和人民的关系，政府就是人民的公仆，就是对的，所以人民让你强硬你就得强硬。但是实际上真正去做这个工作的时候就会发现，并没有那么简单。就像你为父母和为小孩确实是不一样的，那么中间我们可能需要有一个平衡和转型。但我始终觉得我们的政府得做好政府的角色，就像父母要做好父母的角色，不能孩子气。民众也要成熟，也要更多地理解国际关系，理解更多的知识和背景。

凤凰博报：外交无小事，礼仪必先行。身为礼仪之邦的中国在未来的国际舞台上将会如何塑造全球外交呢？

中欧贸易必有一战？

——陈新、杨佩昌剖析中欧经贸现状

嘉宾简介：

陈新，中国欧洲学会秘书长，社科院欧洲研究所经济室主任。

杨佩昌，留德学者，经济史博士，广东信孚研究院研究员。著有《为什么德国民富国强》、《德国式领导力》、《欧洲顶级大学传奇》等。

专题地址：http://blog.ifeng.com/zhuanti/zhongoumaoyi/

要点

Talk1：全球第一大产能应该是超过80%以上的产能都在中国，整体产品的90%都在出口，而国内市场也迟迟没有启动，就是国内政策没有完全能够到位。

Talk2：产生大规模顺差的一个很重要的原因是中国加入世贸组织之后，融入了全球的价值链体系。

Talk3：葡萄酒主要对华出口的有哪些国家？一个是法国，一个是意大利。可是你再看，对于光伏产业，要求制裁中国的呼声最高的是哪两个国家呢？主要是以这两个国家为主。

Talk4：如果这次光伏产业的反倾销调查真正中止了，中国对葡萄酒的反倾销调查相对也会终止，换句话说，会无声无息就消失在人们的视野里。

杨佩昌：中国光伏业面临“双反”咎由自取

凤凰博报：近年来中欧贸易争端不断，欧盟对中国的光伏产业实行了双反调整、双反调查，中国也将对欧盟的葡萄酒启动双反调查，可以说双方是互不相让。那么中欧贸易不平衡的根源究竟在哪，中欧又是否会爆发大规模的贸易战呢？中欧贸易史上争端金额最大的光伏双反案终于迎来一个突破性的进展，在（2013年）7月27日，中国和欧洲都宣布这一次的双反达成了一个价格承诺。那对于这次的争端，两位老师可不可以先给我们介绍一下它的来龙去脉呢？

陈新：大家好，这一次光伏争端应该讲是从去年开始的。2012年去年9月份由德国一家公司为主导发起这样一个产业联盟，然后向欧委会递交了申请，提出中国输入产品存在倾销行为。欧委会接到这个申请之后，经过一段时间的考虑，觉得理由成立，可以立案调查，大概就是这么个状况。到了今年（2013

年）6月份的时候，调查大概有了一个初步结果，在这个基础上欧委会就提出了关于倾销裁决的一个建议。同时，在欧委会的范围内，又对欧盟各个成员国征求了一下意见，然后再决定到8月初的时候作出，欧委会成员的一个裁决，现在大概是到这么一个阶段。

杨佩昌：这是由欧洲的一个太阳能协会提出反倾销的实际要求。当然，中国现在光伏产业面临反倾销的调查，我觉得是咎由自取。首先，我们国家这个产业一窝蜂，只要哪个行业有利润，地方政府立马大规模发展。比如说我到过很多光伏企业，规模很大，欧洲那些企业我也去过，根本就没法跟中国相比。中国这个产能严重扩大之后，确实是威胁到欧盟相关产业，尤其是中国的低价策略不得了，毫不夸张地说，那真是叫倾销，所以我觉得现在欧盟对中国实行反倾销未尝不是一件好事，也让中国的光伏产业尝尝以前中国纺织品、鞋类面临的同样问题，当时也曾面临这样的问题。你现在不断遇到这种情况，今后呢？一定有另外的产业还会遇到这种情况，中国应该吸取教训，应该反思。

比如说这次欧盟提出，如果在8月6日之前中欧之间不能达成协议，就要征收47.6%的关税，坦率地说欧盟这稍微有点过了，47.6%的关税就相当于7.0欧分/瓦的价格，这个价格应该说比欧盟自己产品在欧盟市场的价格都要高出大约10%左右，高出这么多了。但是这样设定有它的道理，这叫讨价还价，我先把这个价格拉上来，相互一拉就拉到一个平衡点，我觉得欧盟是一个讨价还价的高手。

凤凰博报：我们也了解到中国的光伏产业有90%都是在出口，而且是出口到欧盟这些国家的。

陈新：这个产业其实有一定的特殊性，这个特殊性跟咱们整体的贸易政策以及产业政策还是有一定关系，简单来讲就是咱们国内把这个产业做成了一个典型的加工贸易，而且做到了有点夸张的地步。什么叫加工贸易？就是两头在外，首先原材料在外，然后在国内由于有廉价的劳动力，进行一些简单的生产和组装，同时出口，把所有的产品又卖到国外去，两头都在外边，这是一种典型的加工贸易的结构。

而对于光伏产品来说，尤其是中国企业做的这一部分，因为光伏产业是很大的一个产业链，中国企业做的这一部分，像电池、太阳能面板等，尤其是我们也去一些企业走访过，据一些企业讲，产业链的这个部分尤其适合中国人来做，而且无论是从技术条件还是从劳动力成本来说都适合中国人来做。所以，这是由产业的这个特性决定的。

另外我们也看到，确实在最近这几年，由于太阳能作为一个新概念，又作为一个清洁能源，是大家都提倡的，无论是从政府还是从全球气候变化等好多角度，这都是一个新兴的产业，而且大家都觉得这是个朝阳产业，是很有发展前途的产业。而我刚才说了，从技术上来讲，门槛又比较低。

同时，前几年回报相对来说也比较高，所以带来了一个结果，就是各方的资本纷纷涌入这个产业。这里面不仅是针对做太阳能的，就是有技术出身的背景来做这个，还包括其他一些资本，比如说包括一些房地产的资金、浙江的一些民营资本等，因为它当时的利润比较高，所以大家纷纷拥进去，造成了这个产业的过度膨胀。另外我们也看到，实际上 2008 年的全球金融危机后，咱们出台了一系列的刺激政策，4 万亿的刺激政策，有一部分的资金一定意义上也是往产业走。这符合当时的政策引导，因为你是高科技，又是节能环保低碳等，所有的概念都在这里边，所以地方政府也愿意用这个概念来吸引更多的投资，然后也可以往这里投更多的资金来促成这个产业的发展。

这是当时的一种现状。而且在当时的环境下，国内确实就太阳能这一块儿有很大的产能，全球第一大产能应该是超过 80% 以上都在中国，整体产品的 90%都在出口，而国内市场也迟迟没有启动，就是国内有一些政策，咱们出台了一些政策，但是这些政策没有完全能够到位。比如说像咱们又出台了金太阳政策，鼓励企业在厂房顶上用太阳能面板发电，然后多发出的电可以再返回到电网去，有这个政策，但是没有完全做实。

所以，国内市场没有能够启动起来，然后又大量依赖国际市场，厂家有各种资本，良莠混杂，厂家太多，角色太多，最后造成了低价的倾销。这里还有一个特点就是，正是因为中国这个巨大的太阳能产能，导致中国太阳能产业尤其是比较大的厂家在原材料进口方面有非常强的议价能力，就是在硅材料进口方面，它的议价能力远远强于其他国家，无论是台湾地区还是其他国家。因为它的量大，而硅的来源就是这几个嘛，一个是美国，一个是德国，一个是韩国。那么中国这些大的厂家跟这些硅的原材料厂家进行价格谈判的时候，在议价能力上是非常强的，因为它产能过大，所以在原材料进口方面可以把价格压得很低。这样，经过国内廉价的劳动力组装之后，再往外卖，不可避免地导致价格相对于欧洲人、美国人都是很低的，觉得不可能接受。所以，要往根上走的话，这跟它的原材料进口也是有关系的。这一次光伏案件中，因为咱们也有硅的生产厂家，所以商务部也应国内厂家的要求，要启动对硅材料的反倾销调查。前一段已经对韩国和美国作出了一个初步的裁决，说他们是倾销了，但是对欧盟这一块儿还没有最后决定，原因也是在这儿，就是说这是一环套一环的，只不过中国这一部分，确实把它做到了——我的个人看法——非常夸张的一个地步，导致各方面的利益现在都搅在里边，是这么一个状态。

杨佩昌：我补充一下，太阳能这个产业，为什么在国内没有启动这个市场？因为性价比不是很高，它不像火电、水电，这个有规模性。虽然国家也鼓励太阳能在国内发展，但是实际上一个电网发电的积极性并不是特别高，因为发电站显然是不够的，不太高，所以性价比相对来讲就比较差。

从根本上来讲，这是由国内现在的电力格局决定的。因为电力是一个相对比较独特的产业，相对来说特别有垄断的特点，如果说突然有一个新的产业进来，可能会有所冲击，所以有些抵抗也是可以想象到的。

凤凰博报：我们看这次的双反调查，在距离欧盟宣布对光伏产品征收临时关税不到 24 小时的时候，商务部就宣布要对欧盟的葡萄酒进行反倾销和反补贴调查。选在这样一个时间点来调查，是不是商务部对于欧盟这次的行为进行了一次报复呢？

陈新：这就见仁见智了。因为按照 WTO 的规则，贸易商不能采取贸易报复的方式来应对对方所发起的反倾销、反补贴调查。当然，如果这个时间点出现了一些案件需要发起调查，你愿意往这上面挂也可以，不愿意往上面挂也可以，反正这都说得通。举个例子，2013 年上半年以来，欧盟在对华贸易方面连续有好几个动作，除了光伏案件之外，还有对中国的电信产品主动发起反倾销、反补贴调查。以往的反倾销、反补贴调查都是因为有企业提出申请，觉得这个产品受到损失了，然后申请欧委会进行调查。而今年上半年欧委会在做一项新的提案，向理事会提交一个提案，就是希望理事会能够给它授权，能够在必要的情况下，在没有企业主动发起，就是没有企业申诉的情况下，由欧委会主动发起相关的反倾销、反补贴调查。我觉得这跟以往的反补贴程序不太一样，所以你要把这些挂起来，把这个事情连在一起的话，可以说欧盟现在对中国的反倾销、反补贴的力度在大大加强，也可以得出这个结论。当然，有人认为这是中国的一种初步的反制措施，甚至有专家评论说，这是一种温柔的反应。这可以见仁见智。

杨佩昌：虽然从表面上讲，根据 WTO 规则不能搞贸易报复措施，但是明眼人一看，这毫无疑问就是报复，这是毫无疑问的。而且选的点又比较有意思，我历来对中国的贸易政策就是不怎么太夸奖的，但是我再小小地夸奖一下，其实它选的这个点确实比较好，为什么这么说呢？因为它选取的是葡萄酒。葡萄酒主要对华出口的有哪些国家？一个是法国，一个是意大利。可是你再看，对于光伏产业，要求制裁中国的呼声最高的是哪个国家呢？主要是以这两个国家为主。

所以，你说中国完全没有一点报复的意思，那是蒙人的，肯定是有这样的考虑。但是从真正对外政策上讲，我们不是这样，你要想报复谁，好意思说我就是来报复你的？我不会这样，但选的点还是不错的，你看这一打，法国立马就燃起来了。欧委会 7 月 27 日宣布说达成协议了，德国当然是支持，德国说我们欢迎欧委会作出的决定。然后法国跟着表示欢迎，法国实际上还是软了。

陈新：中国对葡萄酒“双反”释放什么信号

凤凰博报：这次咱们对葡萄酒反倾销、反补贴，有人说是误打了法国，是这样吗？

杨佩昌：不是，我不认为是误打法国，打得就是比较准。瞄准了法国，怎么是误打呢？对中国光伏产业反倾销调查的时候，法国、意大利、西班牙等主要国家，对中国进行反倾销调查，我觉得这对法国是打得好、打得准、打得妙。

陈新：葡萄酒这个调查还是有一定的典型意义，它集中了几个特点：一个是最近这10年以来，相对来说欧洲北部国家的竞争力在增强，然后南部国家的竞争力实际上在下降，在竞争力下降的时候，一般贸易保护的呼声会比较高，如果是欧委会作出一些反倾销调查的话，它们一般都会比较拥护，所以这是一个泛泛的态势。然后，南部国家农产品的出口又是主要之一，不能说是最主要的，也是主要之一，而且在这方面，它得到了欧盟大量的补助，因为欧洲有共同能源政策，共同能源政策是专门补贴欧洲的农民来服务它们的农业。在WTO里面农业这一块儿咱们不谈，欧盟在这方面实际上是先给它画了一个圈，我们先抛开这个，我们谈工业。如果从反补贴角度看，这次先选葡萄酒实际上也是发出了信号，如果是对中国在补贴政策方面有异议要进行调查的话，一定意义上你自己最大的软肋就是农产品，所以葡萄酒一定意义上是一个信号，有针对性，既针对这些国家，同时也针对欧盟的反补贴调查。

杨佩昌：欧盟的共同农业政策其实在欧盟内部的争议也非常大，我觉得在农业政策上，出资额相对大的是德国，可是在共同农业政策中，德国得到的回报率相对不太多。到现在我还一直不太理解德国为什么只参与共同农业政策，在德国期间我经常思考这个问题。

我觉得肯定是亏了，当然英国也觉得亏了，最大获益者是法国，所以谁要跟法国谈农业政策，它就跟谁急。对于欧盟来讲，共同农业政策实际上保护了农产品生产相对比较发达的国家，如法国、意大利，主要是南部地区国家。而中国这次的政策确实发出了一个信号。因为中国要打的地方在工业产品上，要打的地方真是不太多，中国只有一条路——农产品，如果说你要在工业产品上跟我抗衡，未来这是肯定我们找准的一个点。

杨佩昌：欧盟为何不敢跟中国真打贸易战

凤凰博报： 这次商务部宣布对欧盟启动葡萄酒双反调查之后，国内出现这样一种现象，就是国内葡萄酒企业的股份纷纷上涨，比如说张裕 A 股就以涨停来回应这次的双反调查。这对于国内的葡萄酒企业是不是一个好消息呢？

陈新： 这还是双刃剑，其实包括光伏调查也是一把双刃剑，对葡萄酒行业也一样。近几年来，葡萄酒作为国内酒业市场来说实际上是个新市场，一是咱们没有那么悠久的葡萄酒文化，在葡萄酒的产量方面也没有那么大，最近这几年葡萄酒的需求在急剧上升，这种情况下，国产葡萄酒包括葡萄的庄园等是远远不够的，中国其实在大量进口葡萄酒，不光是从欧洲，包括从拉美、南美，包括从澳大利亚、美国等，都在进口大量葡萄酒原汁，然后进行勾兑。在这个市场上，相对来说也是国内几大酒厂占主要的地位，现在进行这么一个反倾销，还不太好说对这些企业究竟会是什么影响。

杨佩昌： 这实际上是个概念而已，因为中国实际上并不真的打算进行贸易报复，当然，如果说欧盟把中国惹急了，报复也是有可能发生的。但事实上，中国跟欧洲，大家都是伤不起的，比如说你对我这块儿进行报复，打击我这块儿，我对你进行另外一种报复，受伤的是双方。因为欧洲跟中国贸易关系太紧密了，两者的关系已经相互不能有任何伤害了。尤其是欧盟的主要国家德国，德国是一个靠贸易立国的国家，它一度是世界的出口冠军，如果说中国一旦跟它打起贸易战，虽然现在中国的贸易额在国内生产总值总额中占相对重要的地位，但是中国毕竟忍耐力非常强大，我们国家的人民，比如说 10% 的失业我相信现在肯定是存在的，再高点也无所谓。而欧盟的国家真有失业可不得了，人民会觉得是天塌下来了，不行了，可能要游行，要示威，要抗议，经济指标稍微恶化一点，媒体或者相关的产业就会用放大镜去放大。

陈新：其实葡萄酒这个事情，换句话说，如果是对欧盟的葡萄酒反倾销成立的话，征收比较高的关税的话，葡萄酒对于中国厂家来说有替代的选择，如果是欧洲进来的酒价格高了，可以加大从南美的进口或者从澳洲的进口，所以从这个角度来说，中国厂家是有可替代选择的。而欧洲厂家是别无选择的，因为这些国家，尤其是法国，最近这几年已经把中国作为一个最有希望的市场来开拓，如果受这样的打压，对于葡萄酒产业可能是一个比较大的打击。那么在这种状态下，反而有助于中国厂家跟这些国家的葡萄酒厂家议价，又可以提高中国的议价能力。

凤凰博报：这次对葡萄酒的双反有没有可能只是一种提出的口号，但是并不一定会去执行呢，有可能会这样吗？

陈新：这可能还是要根据反倾销的程序来确定在价格方面是不是构成了倾销，然后才确定是不是要征收反倾销税，以及施加多大的税，这个根据具体的程序走，现在还不太好这么主观来判断。

杨佩昌：我个人认为，如果这次光伏产业的反倾销调查真正中止了，中国对葡萄酒的反倾销调查相对也会终止，换句话说，会无声无息就消失在人们的视野里，也不提了，估计也会这样淡化处理。

陈新：这一次太阳能光伏双反在中欧经贸中实际上形成了或者叫促成了一个新的机制，就是在以往的这种贸易摩擦中，基本上都是在各走各的程序，这边欧洲立案调查，经过调查之后，确认倾销产品，然后征收税，在这个时候，中国企业去应诉，然后应诉成功了可以降低一点税，应诉不成功就按最高的税率来收，大概是这么一种程序，就是各走各的程序。而这一次，因为涉及金额过大，占到200多个亿，相当于中国向欧洲出口的大概7%左右，金额是相当大的，这也引起了高层的高度重视，包括到最后的时刻，李克强总理亲自给欧委会主席打电话来强调这个事情的重要性，并且呼吁以对话磋商的方式来解决，所以，最后以双方能够坐下来谈这个事情——跟这些最高层的努力也有关系，通过这种努力——我刚才说了——实际上建立了一个新的机制，就是贸易摩擦方面是不是有必要全部通过程序走，还是说在反倾销或者是相关调查的初期，双方能够坐下来，就各自的关注点进行相互的会谈也好，探讨也好，能够通过这种对话或者谈判的方式解决，而不是走到另外一种程序，用程序来解决，我觉得这是现在的新探索。所以，如果这个渠道能够继续畅通，那么一定意义上有可能像葡萄酒这个事情，包括现在还没有最后定下来的，对欧洲进口产品的反倾销调查等，这些都可以进入渠道，通过双方进一步磋商来解决，有这种可能性。

凤凰博报：我们看中国在对欧盟以及美国的贸易上长期处在顺差的地位，但这种贸易顺差这几年来说也是逐渐递减的。在2008年的时候，我国对欧盟的贸易顺差是1600亿，但是到了2012年的上半年只有557亿。为什么会出现这种大规模的、大幅度的贸易顺差的减弱呢？

陈新：顺差这个事情比较复杂，我个人的观点是，产生大规模顺差的一个很重要的原因是中国加入世贸组织之后，融入了全球的价值链体系，换句话说，各国尤其是跨国公司，无论是欧美的还是东亚的，包括日本、韩国以及咱们台湾地区的，都到中国来设厂，把相关的一些生产环节，就是整个价值链里边的一部分环节转移到中国来生产，然后再组装，然后再出口，往全球出口。尤其最近10年来，这种价值链方面发生了一个很大的变化和布局，这对于中国来说带来几个结果。这个结果咱们不能说好或者坏，它只是一个客观的存在。一个结果就是因为中国从东亚这些国家大量进口零配件，组装之后再出口到欧美，前几年主要是出口到欧美，这一方面带来了中国跟日本、韩国的巨大贸易赤字，包括咱们台湾地区是巨大的贸易赤字，几百个亿，而且这几家赤字加起来相当于中国跟欧盟的贸易顺差这种程度，也就是说，一方面是咱们跟这几个国家大量的贸易赤字，另外一方面也带来了中国跟欧美大量的贸易顺差。

从另外一个角度理解，本来是由日本、韩国或者中国台湾地区直接向欧美出口的产品，通过价值链的转移，到中国之后变成了中国出口的产品，然后再往欧美出口，就是中国是顶了别人的顺差，本来像日本、韩国对欧盟都是顺差，现在这几个国家顺差急剧下降，出现了赤字，然后变成了咱们跟欧美的顺差，就是咱们顶了它们的顺差，这是一个原因。

第二个原因，价值链的转移带来了国际贸易统计上的一个重复计算，换句话说，现有的这种国际贸易统计体系已经不能适应全球价值链的现实需要，具体讲，咱们还回到刚才台湾地区或者是日本、韩国的例子，咱们从这些国家进口的零部件，在中国组装之后接着又出口，出口之后，实际上进口的这一部分是被重复计算到出口里了，而中国自己的增值部分，就加工这一块儿，咱们是赚了一个辛苦钱，一个劳动力成本是非常少的，从整个增值的环节来说是比较少的，而中国加工贸易的量又这么大，基本上占中国对外贸易的半壁江山。这带来的实际上就是中国出口数字一定意义上的虚高，因为很多本身就在进口里边，然后又重复计算到出口里边去了。另外一个是顺差也虚高了。前不久好像是5月份发了个报告，它们跟WTO共同搞了个数据库，就是针对这种全球的价值链，它们把数据进行了一定的甄别，就是试图通过这个数据库来分析实际的增值部分究竟有多大，不仅仅是针对中国，还针对全球各个国家。后来，我通过它的数据库做了一个计算。中国对欧洲的出口中，70%可能有自己中国的增值部分在里边，另外的30%实际上是跟中国没有关系的，换句话说，本来就是进口进来的东西出去了，这是中国对欧洲的出口，反过来，欧洲对中国的出口这个部分大概只有一半，也就是不到50%真正进入了国内的最终消费环节。

换句话说，剩下一半以上的部分，是通过往中国出口了之后，又被中国再出口到其他地方去了，整个加起来，按照它的数据库计算的结果，在中国贸易顺差中，1/3是属于重复计算的，是属于虚高的，这是一个特点，这就是为什么最近尤其中国入世之后，中国对欧美的贸易顺差急剧加大，其中重复计算和整个价值链的转移起了很大的作用。回到你那个问题，2008年，实际上中欧贸易赤字达到了最高点，2008年之后顺差开始下降，这里边很重要的原因就是全球金融危机，全球金融危机带来了全球市场需求的下降，导致了无论进口和出口都在下降。到了2010年、2011年，又开始恢复，结果欧洲又出现了欧债危机，尤其是到2012年的时候，是一种集中爆发，这对它的内需也带来了很大的负面影响。这种情况下，2012年中国顺差大概是1200亿左右，低的原因跟整体需求的低迷和全球价值链还是有关系的。

杨佩昌：中国对欧盟国家出现贸易顺差，而且顺差比较大，最主要原因就是刚刚老师讲的，一个是享受加入WTO入世的红利，这个红利确实是非常大的。一开始还没加入的时候，欧盟对中国有诸多的限制，入世了之后，很多障碍被消除了，贸易壁垒还有非贸易壁垒被消除了之后，利用强大的动能，把中国的产品一下就出口到欧洲，全出口到欧洲去了。你想，在2001年的时候是79亿美元左右，到了2002年就到130多亿，以后逐年上升，到2008年左右到一个峰值，接下来就慢慢下降。

下降的原因有很多。第一就是红利已经没有了，它上冲的这种能量没有了，已经缺乏了。第二就是其他国家，东南亚国家也好，南美国家也好，出口竞争力在逐渐加强，这些国家在相当大程度上挤占了中国出口，就是说这些国家跟中国实际上是有替代性的，有一定程度的替代性，所以中国的出口在一定程度上也会受到挤压。第三个原因，我觉得欧盟对中国出口也在逐渐加强，这种加强反映在比如说德国对中国的工业品的出口一直在稳步增长，这点也反映在其他一些东欧国家中。原来中国跟欧洲的顺差大幅度上升，主要是有统计上的原因，就是一开始没把欧盟东扩弄进来，后来东扩特别是2007年1月1日保加利亚加入进来之后，27个国家加起来，从统计数据上看，中国的贸易顺差额肯定是增大了。这是由于东扩的原因，所以把以前跟其他年轻的国家的顺差额统计进来之后，其实也没有达到多快的程度，这主要是统计上的。

陈新：统计的话，我个人觉得东扩没有那么大的影响，因为中国跟东扩的东欧10国再加上塞浦路斯、马耳他这12个国家，整体的贸易量还不到中欧贸易的1/10，所以那个量是相对很小的，而且整体在顺差方面的影响倒不是很大。但是东扩当时带来一个困扰，尤其在2003年、2004年的时候，在统计口径上带来一个很大的困扰，所以导致了欧方和中方关于赤字的统计差别相当大，它们是三四百亿欧元的赤字，咱们的统计才100多亿美元，你想想汇率的问题不可能到那么大，所以当时确实带来一定的困扰。而到了2007年之后，这种统计口径上的巨大差异相对减少了，数据还是比较接近的，所以我觉得这方面可能相对小。但是我补充一个因素，就是顺差这几年减小有一个因素，实际上从2009年以来，中国加大了从欧洲的进口，这个进口都是以百分之十几、二十几的年增速在增长，所以这种进口的加大，加上您刚才提到的出口一定意义上受到一些阻碍，这两者合起来的话，可能对最后的顺差数字有所回落有一定的影响。

杨佩昌：中国巨额贸易顺差是之前穷怕了

凤凰博报：我国对于欧盟长期贸易顺差，是不是也说明我国在产业结构还有贸易结构上仍然存在很大的问题？

陈新：几个方面，一个是我刚才前面提到的，这种顺差有一个很大的原因是全球价值链，全球价值链带来的问题实际上就是中欧之间贸易相互依赖度在不断加深。原来我们讲的是互补性，互补性主要是讲我们向欧洲卖服装鞋帽，欧洲向我们卖器械产品，大家都有互补，但是现在已经远远不是这个概念了。现在中国对欧洲的双方贸易最大的一项是机械产品和电子工业产品，而不是服装鞋帽，服装鞋帽大概只占整体贸易的10%都不到，已经退居二线了，真正最大的占到百分之七八十的都是这种机械工业产品，而且双方都在互相卖。这里边不仅仅是产成品，产成品占的比例相对还是小一些，绝大部分还是半成品和零部件。这反过来说明中欧之间相互依赖程度确实在不断加大，这种依赖程度加大是与全球化的背景离不开的。而中国又深深融合到全球经济当中，所以这个一定意义上我觉得不是完全能够主导得了的。而对于中国来说，你刚才提到，除了价值链之外，还有一部分是属于咱们自营贸易，跟跨国公司无关，纯粹是中国自己的厂家，包括新产品或者传统产品往欧洲卖，国内这一块儿从政策角度讲，现在确实有一个个人反思的阶段。咱们20世纪90年代是属于外汇极度短缺的国家，所以那时候是采取一种鼓励出口的政策，出口创汇当时是一个口号。

所以，咱们对外汇的这种需求是有历史背景的，而且那个时候的政策基本上一直在延续下来，不断鼓励出口创汇，觉得这是一个带动经济增长的很好的东西，这是一个因素。

第二个因素是亚洲的金融危机，1997年东南亚金融危机带来的一个教训就是咱们说的，手里有粮，心中不慌，换句话说，如果你手里有足够的外汇，那么你在应对金融风暴的时候会有很大的能力，因为从当时无论韩国还是东南亚一些国家受到冲击的情况来看，就是由于外汇储备不够大，导致受到具体冲击的时候不能很好地应对，所以当时得出来一个教训，如果手中拥有足够多的外汇尤其是储备，那么相对来说你可以应对这种风险。这些延续下来的政策思路导致了这么一个政策的导向在不断推动出口，然后同时带来了外汇储备的不断上升。

但是随着这种全球化的进展，10年前的世界跟10年后的世界已经完全不一样了，这时候对于政策层面来讲，确实应该需要重新思考，需要就整体的贸易政策做一步步的调整，而且咱们现在在强调调结构，要进行结构调整，要转换生产方式，应该说这么一个大环境已经有了，下面就看怎么落实的问题。

凤凰博报：那应该怎么去调？

杨佩昌：我认为，第一就是长期的贸易顺差本身不可能永远持续。第二就是巨额的贸易顺差也不是什么好事。以前国家穷怕了，人穷的话，总想银行存款越多越好，但是你看穷人为什么说穷呢？他把钱放在银行里边，利率很低，赶不上通货膨胀的速度，实际上是吃亏的。国家也是这样的，国家的顺差太高，表面上当然我们国家外汇储备高了，实际上我们要审视相关的因素。

同时，这会诱发国内的通货膨胀。因为中国的外汇政策是比较特殊的，中国国内货币跟外币之间是挂钩的，比如说有多少外汇就要有相应的人民币支撑，人家要有人民币，需要这个支撑。这第一会诱发通货膨胀，第二对国民的福利、对国家实际上是一个损失。所以，我不赞成通货膨胀，不赞成贸易顺差特别大。比如说德国，德国的四大经济政策就明确提出，第一叫经济的适度增长，第二叫保持一定的就业率，第三是保持稳定的物价，第四个叫内外贸易的平衡。所以，它其实早就看到，如果贸易顺差过高，其实对国家经济发展并不是什么好事。

我们国家就是穷怕了，所以导致一直这样做，实际上这对我们国民财富是一种损耗。所以，解决办法就是让进出口逐渐趋于平衡。但是我觉得保持适当的贸易顺差还是不错的，但不能太高。这个额度有多高，现在没有这方面的统一意见，现在做这方面研究的人各有各的意见，到底到什么程度现在还不好说。

陈新：做外贸对中国企业的最大吸引力何在

陈新：调结构对于中国来说实际上是一个全新的课题，咱们过去 10 年的增长，尤其可能更多的 20 年吧，最主要是入世之后的这种增长，基本上是依靠出口导向来驱动，然后带动整体的经济增长。我们要思考一下这种增长是不是具有可持续性，就是你已经连续做了 10 年，然后你现在在全球遇到越来越多的贸易摩擦，大家都在指责你是搞重商主义，全球就是为了出口。

别人也在想，你得给我留个饭碗，这种可持续性是一个疑问。另外这还带来一个问题就是，大家都过于关注出口，而忽略了国内的改革。我可以举一个很简单的例子，企业为什么热衷于出口？实际上从微观层面来看特别简单，对于厂家来说，它跟客户谈，如果拿到订单，签完，客户给它比如说 20%的定金，那么厂家拿到这个定金之后就可以启动生产。这时候如果它资金不足，它甚至可以到银行去申请流动性贷款，去申请资金。

一个月之后产品生产出来交货，再过一个月产品运到了美国、欧洲，客户把剩下的 80%贷款全部给它。整个周期大概是两到三个月，它这个资金就回流了，就已经完成了，这应该说是一种非常快的资金周转和利润集流的方式。而如果这个企业同样做国内市场的话，它的资金回流可能就远远不是这个速度了，国内的市场这么大，它要开拓的话，可能涉及的渠道特别多，然后国内这种结算体系，大家也都知道，这几年说得比较少了，三角债的问题，但实际上可能不是三角债了，而是多角债了，互相拖欠，而且还有整体的环境等等。

这都不像做外贸那么简单，所以对于企业来说，最简单的一个选择就是，我能做外贸我就做外贸去。这就造成了一边倒的情况，所以反过来，如果在外贸不可持续的情况下，要调结构促内需的话，很重要的一点就是如何来升华国内的改革，打破国内市场的壁垒，理顺市场的环境，清理国内市场的秩序，能够让企业有一个很好的经营环境，让它认为我在国内做买卖、做贸易三个月同样也能回流资金，我可能得到的利润也不低于外贸的利润，那时候企业自然就有积极性往这边走。

杨佩昌：我觉得还需要补充的地方就是，中国要改变这种片面鼓励出口的政策，一个重要的举措是可以取消出口退税。因为出口退税这个政策当年是在特殊的环境下，就是中国当时可能出口出现疲软的情况下的一种鼓励性措施，现在既然中国的顺差也那么大，我觉得这个政策到了取消的时候，没有必要再继续鼓励出口。其实现在对中国来讲，政府收入减少，而出口退税之后，企业的出口成本降低之后，它又到国外去，又搞倾销了。

所以我觉得，中国现在应该采取的政策是提高产品质量，然后把眼光放到国内，让我们的消费者享受更多的更高质量的产品。而不是说好产品都让外国人享受了，烂的让我们国人享受，这显然是不太好的。我希望政府现在立即取消出口退税政策，越早越好。

陈新：其实前两天我看网上已经有报道了，说中国游客到美国去，买的是中国的纺织品或者中国的其他产品，价格比国内要低，质量比国内做得还要好。这本身就属于一个不正常的现象，为什么你好的产品都在外边？像日本，最好的产品是国内用，稍微差一点的再出口欧美，再差一点的出口亚洲。现在有这么一种说法，是不是成立不知道。但是如果人家有这种策略的话，咱们好像是在做一个反过来的事情，是最差的留给了中国，最好的卖到了国外，这是有点不对。

杨佩昌：中欧贸易不平衡的根本原因何在

凤凰博报：两位老师觉得中欧贸易不平衡的根本原因究竟在哪儿？

杨佩昌：我根据这么多年的实践观察讲讲我的感受。第一就是成本问题，就是人力成本。欧盟的人工太贵了，尤其我在欧洲期间发现，要想雇一个外国人，他两三千欧元一个月的工资，你得付吧？然后他的各种保险、各种福利，你真是雇不起。你看我们现在很多中国企业家，想到德国去投资移民，原来德国投资移民有三个条件，第一个条件就是要投资25万美金或25万欧元，第二个是要雇5个德国人，第三个是要对经济发展有利。

这也就相当于你得缴点税。然后中国人一下就卡在了哪个条件？第二个条件，雇5个人，那个成本太高了。所以，有相当长一段时间中国人根本去不起，因为没法去。后来德国人一看，这招太狠了，把中国人卡住了，然后2012年8月1日，他们修改移民法，就把前面两个去掉了。去掉之后，你看德国移民立马就火起来了，现在开始火起来了，只缴税就行了。

而税要有一个固定衡量的东西，就是说营业税没法衡量，所以衡量个人收入所得税。个人收入所得税，比如说，他要求你一年的工资大约是4万多欧元，相当于一个月3000多欧元。然后他个人所得税大约每个月收你500欧元左右，一年大约就是6000欧元，相当于5万人民币，那5万人民币，你要缴3年，15万元人民币。换句话说，掏15万元人民币，公司能够正常运作，你可以换来德国的永久居留权。可见，德国的人工成本是相当贵的，所以导致我们国家拼命地压低人工的价格。国外的人工价格非常高的原因主要是它的工会势力太强大了，比如说在德国是叫集体议价制，集体工资谈判。如果是个体对企业，那是弱者，那不好。但是人家是工会，人家真正有一个强大的工会，坐下来，我是劳方，你是资方，劳方资方平等来谈判。干不干？不干我们谈判就要破裂，我们就要惩罚你，我们要制衡。所以，他们之间是相互制约的，以至于工人的工资每年都要有一定幅度的上涨。

这种上涨幅度是劳资双方进行谈判确定的，所以这个比较强大。由于人工成本的增加，两个国家在产品价格上肯定会体现出来。另外一个就是中国的原材料，中国本身是有一定原材料的，而欧盟的原材料基本上都依赖进口。相互之间一个是原材料，一个是人工成本，都会有一些差异，所以它的产品价格就难免会比较高。当然欧盟，尤其以德国为主，产品质量也确实非常好。对于高质量的产品，高价格也是理所当然。此外，关于两个国家贸易不平衡的原因，我觉得主要在于产品上的价格差异，所以会导致欧盟很多产品可能是价格太高，卖不动。而中国同类产品价格非常便宜，可能一下就把低端市场给抢占了，这就造成两国的贸易顺差可能会增大，主要是这个原因。

陈新：关于贸易不平衡，欧洲主要的看法是觉得中国市场不够开放，很多它擅长的产品进不来，所以最近这几年，在贸易争端中，在贸易对话中，它也多次提出来，要求中国进一步开放市场，一个是服务产业，像银行业、轻工业，然后像政府采购，还有一些是非壁垒性的，就是一些隐形的规制等，主要是它向中国的出口。从这几年，尤其从2012年的数据来看，其实欧洲整体出口还是很强的，欧洲整体对外出口是顺差，不是逆差，就是欧盟整体对全球的出口是顺差，还不是逆差，所以它有很强的出口能力。

从2012年的数据来看，它对主要的贸易伙伴基本上都是两位数以上的出口增长，就是百分之十几以上的增长，而对中国的出口按照它的数据基本上是7%左右。相对来说，它觉得出口的努力在中国受到了一些阻碍，这是欧盟整体层面的状况。但如果具体看国别的话，因为毕竟是27个国家，各自的竞争力不一样，各自的经济发展方式也不一样，要是看北部国家的话，相对来说竞争力是比较强的，而且是出口导向的，尤其像德国。

现在德国整体的顺差不一定比中国小，但是这里面有一个事情被掩盖了，因为德国是欧盟的成员国，有区内的贸易，跟27个国家相比，它算是一个经济体、一个市场，所以它这一部分贸易没有算出来，如果相当于顺差的话，它算是对欧盟27个成员国以外的贸易，这个事实被掩盖了。第二，它又是欧元的成员国，就是17个国家（2014年是18个了）的成员国，那么在这17个国家中，经济竞争力也是各不相同的，像德国这些国家竞争力相对比较强，南部国家竞争力比较弱。

而它们用的又是同样的货币，用共同的货币和币值，南部的国家不能通过贬值来推动出口，而北部的国家恰恰可以反过来。因为南部国家的经济发展稍微差一点，相对来说欧元的币值对北部国家来说就有一点偏低了，这对于它的出口是有利的。这种现象也被掩盖了。你要是把这些掩盖的事情都揭露以后，再去看欧洲，咱们不算欧盟 27 个国家，如果看德国，德国的顺差不比中国的小，它也是出口主导的国家。

所以，如果从这个现象来看，顺差这个事情一定意义上并不像外界所说的是人为的，是可以制造的，而是在一定意义上基于两个原因。一个是你竞争力的表现，另外一个是你在产业链当中的定位。这种定位决定了你有很强的出口能力。如果是从这种层面来看，大家把心态放平一点，放坦然一点，可能对于欧洲来说，它提出来这个有它的道理，它觉得到中国的出口受阻了。但这反过来也要求，尤其南部的国家，如果尽快提高自身的竞争力，提高自身的劳动生产率，就能够进一步推动它的出口。从这个方面来讲，它们自己本身有很多问题要查清，这也是需要做的。

陈新：中国企业去海外闷头赚钱，忽略了一件事

凤凰博报：中央在贸易方面的互动导致双方经济摩擦不断增多，而且我国相当一部分企业由于缺乏经验，以及不熟悉国际仲裁的规则，在发生一些涉外纠纷的时候，往往会在国际仲裁中吃亏。那么中国的企业应该如何去规避这种国际仲裁的陷阱，来避免遭受巨大的经济损失？

陈新：应该讲，中国企业这几年情况要比前几年好多了。入世对于中国来讲，无论是国家还是企业，都是一个全新的事物，世界市场的大门一下子打开了，大家都要出去了，出去之后，一门心思都是——咱们前面讲了，中国人很穷——都忙着挣钱，赶紧挣点钱往兜儿里揣，一门心思低头在那儿挣钱。但是忽略了一件事情，外界还是有风险的，遇到风险以后怎么办——在 21 世纪初，入世之后的前几年，一定意义上大家还真是比较慌乱的，而且企业方面是不太适应的。因为一般来说，企业挣钱可以，比如说有一个事情，它找个专家咨询一下，咨询完就走了，有没有想到付专家费呢？它没有想到这个问题。在遇到这种案件的时候，也是类似的，比如说涉及反倾销调查了，普遍的想法就是能躲就躲，或者觉得有人会替它出头，自己出这个头没有必要，或者是随大流，说反正到时候看吧，你裁出来是什么样，我就跟着你走。类似这种搭便车，或者是缩头当个鸵鸟等等，诸多这种想法在里边。

而真正能够做到主动应对的确实不是太多，但是最近这几年在不断增强，这种数量在大大增加。而你主动应对的时候又带来一个问题，是你自己去应对还是找专业机构，无论是律师事务所还是会计师事务所，找专门做这种服务的机构来做这种事情？这里面又有差别了。所以，这可能要有一个过程。从这几年开始，一些大企业一方面开始越来越多地主动应对，另外一个也开始跟专业的机构进行合作，跟专业的律师团队进行合作，来应对这个事情。所以，中国企业可能也要交一定的学费，但是我觉得整体状况还是在慢慢好转。

杨佩昌：中国商品销价把别人逼到死角很过分

杨佩昌：我不太同意用“陷阱”一词，实际上中国跟欧盟相比，说在中国有陷阱还差不多。

凤凰博报：出口有陷阱。

杨佩昌：对，在欧盟其实一切都是透明的，它当然会有一些小动作，比如说用技术壁垒的方式，尤其是说你技术没达标，还有环保上，用这种方法来对你的出口施加些阻碍，这个小动作是会有的。但从大的层面来讲，欧盟也好，美国也好，日本也好，这些国家的体制相对比较规范，做任何事情都有一定的规则，实际上随便可以看得到，比如要采用什么措施，尤其在欧盟成员国里面，各个国家会有争论。尤其在相应的国家议会或者国家与国家层面，会争得面红耳赤，有时候各国意见都是不一致的。所以，要说它设什么局来害你，我并不认为会这样。但是中国要怎么做？真的不要太过分，其实很多时候是中国过分，中国的销售价格已经把对方逼到死角了，逼得人家消费者觉得，欧盟自己国家的产品确实好，但是太贵了，中国的产品虽然差点，但真是太便宜了，就买中国的产品。对于光伏产品，在价格上要有一定的约束，不能太低了。

解决办法，第一就是中国学会自我控制。第二，也可以去把我们企业有竞争力的产品搬到欧洲去。当然，直接就放在发达国家，放在人工成本很贵的国家，你可能受不了。你往稍微边缘点的国家，东欧或者南欧，或者其他劳动力价格比较便宜的国家，把工厂搬到那些地方，然后就能避免欧盟人为设置的很多障碍。有一些企业搬到那个地方，就是那个国家的企业，现在我们有一个误会，比如西门子，以为那是德国企业。然而西门子有限公司在中国，那是哪个国家的企业？那是中国企业，我们国家一提外国名称，就以为是外国企业，不是。在中国落地，就是中国的企业。比如说华为，华为在德国落地生根，是德国的企业。所以，我们要搞清楚，我们要学会参与国际化的大分工，在国际化分工的背景下更多地融进世界的潮流当中，让我们的企业更多地走出去，让很多国家与国家之间的这种壁垒也就是制度失效，让它不发生作用。

杨佩昌：底层百姓钱包鼓起来对国家最有利

凤凰博报：这是不是也意味着现在中国出口型导向的经济模式需要调整呢？

陈新：正在调整，应该讲正在调整，调整几个方面吧。一个就是咱们在实行的市场多元化战略，从原来的注重欧美转向寻找和开拓新的市场。尤其最近这几年，在非洲，在拉美，包括金砖国家等，出口都是在上升的，相对来说，欧美在中国对外贸易当中的比重有所下降。因此，可以说中国的贸易在更加均衡，换句话说，如果整体需求，全球的、欧美的需求下滑，对中国可能会带来冲击，但是受到的冲击可能会小一些，这是中国的这么一个调整。

另外一个就是从国内来看，可能还是需要促内需，这是一个很大的方面。但是一说促内需，并不是意味着大家都要到店里买东西，到饭馆吃饭去，不是这种内需。这也不是另外一种内需，一说促内需，又来搞几条高铁，搞几条高速公路，不是这种意义上的内需。这更多地可能是要升华产业结构，调整产业结构，要把市场环境弄得更好，然后再鼓励，各种新的资本，让资本觉得在国内有各种各样的可能性来获得利润。这样的话，大家就不会一股脑往外看了，可能会更多地往内看，这可能是促内需的一个关键。

杨佩昌：我觉得要从两个方面调整，中国现在也意识到这个问题，所以也在做相应的调整。一是增加我们出口的多元化，不要老是眼光盯着欧盟、美国，对不对？多出口俄罗斯也是可以的，其他的比如南美，包括南亚，其实我们重视度并不够。还有一个西亚市场，我觉得西亚购买力太强大了，太富裕了，中国跟它的贸易额还并不大，我觉得往这个方向去发展还是很有希望的。这是从出口多元化，从区域上讲。另外，从资金产品结构上讲，不要在低端产品上放过多精力，还是要着眼于有高附加值、高技术，体现我们技术特点的，有我们自身特色的产品，多出口这样的产品。这样的产品不会像我们说的，出口一件衣服才挣两三美分，这太可怕了。

人家说，中国出口好几万件衣服，几万件还是几万箱才买一架飞机，这个显然我们太吃亏了。我们中国的工人曾经牺牲了一代又一代人，这完全就是牺牲，牺牲我们几代人，起码两代人、三代人，来换取这个国家的出口，然后促进我们国家的经济发展。现在不能这样，到这儿应该结束了。现在我们要给我们的老百姓提高工资，然后让人民腰包更鼓起来，钱更多一些。这是良性循环，老百姓钱多了之后，就会去买更多的东西，那我们的内需就强大了，然后我们就能够增加企业生产了。企业增加了生产，产品供应丰富了，老百姓又得益了，这是很好的一件事。所以，未来我们国家的产业政策真不要光盯着出口了，应该鼓励增加内需，更多地保护底层人的利益，底层人在我们国家很弱势，为什么？

凤凰博报：两位来预测一下，面对目前这样一个现状，中国的商务部接下来会有什么样的应对措施呢？

陈新：我想，商务部最近有些措施可能已经开始出来了，而且我个人觉得，有一些措施不仅仅是在商务部这个层面，可能有一个更大范围的协调，尤其是在调结构、促内需这种问题上，光商务部一家是做不到的，需要发改委甚至国务院层面来进行更多的协调，因为在这个层面才会有更多的政策，能够相互协调来推动调结构、促内需的发展。商务部只能管贸易，其他的做不了，它可以在出口方面再调一调出口的具体结构、市场多元化、产业链的升级，这是它能做的。但是要促内需、调结构的话，可能还是需要更大的层面来调整。而这方面，最近已经看到有一些动作，比如说国务院前两天刚发了一个文件，要关闭一批产能过剩的行业和部门，也列了一个单子，10 多个行业产能过剩，因为产能过剩确实是中国最近几年一个很大的问题，包括反倾销也是，也跟这个有一定关系。

而产能过剩的问题是商务部解决不了的，需要另外一个层面来解决。然后像高污染的或者是不鼓励发展的一些行业，可能也是商务部一家定不了的。所以我个人觉得，真正进行改革的话，调结构，促内需，可能要到更高的层面进行一种顶层设计，如果没有到那一步，至少得在一个更宏观、更高的层面进行更多的政治协调，才能实现这种调结构的任务，不然是做不到的。

杨佩昌：从宏观上来讲，牵扯面太广，牵一发而动全身，有时候在中国这种国家真不是那么容易的。我们现在说我们国家政策哪不好，哪不好，这个我们说起来其实挺容易的，但实际上真去掌控这个国家还是挺难的。某种改革，改革到某个利益集团，这个利益集团的力量太强大了，你一动它，它会跟你玩命的。所以，这个国家确实不太好治理，我现在非常理解我们国家的领导人，真是太辛苦了。我自己也做一些管理，你说我好歹也算一个领导，我推动点事，要到哪个部门去协调，要占我 80%的精力，所以我能够深切感受到这种宏观面很困难。微观面可以做点什么？其实我觉得商务部可以在规范出口这方面做更多的工作，比如说增强各个行业协会的作用，让行业协会对我们的出口企业进行约束，包括产品的数量、产品的价格、产品的质量等诸多方面。

凤凰博报：其实面对贸易争端，不仅仅要通过谈判来磋商协议，同时还要完善自己的法律法规，整顿出口贸易的经营秩序，从而来规避争端的再次发生。

图书在版编目（CIP）数据

纵议院之世界趋势 /《凤凰博报》编 . —北京：东方出版社，2014. 6
ISBN 978 - 7 - 5060 - 7615 - 9

Ⅰ. ①纵…　Ⅱ. ①凤…　Ⅲ. ①时事评论—中国—文集　Ⅳ. ①D5 - 53

中国版本图书馆 CIP 数据核字（2014）第 161267 号

纵议院之世界趋势
（ZONGYIYUAN ZHI SHIJIE QUSHI）

编　　者：凤凰博报
责任编辑：付云阳　李　烨
出　　版：东方出版社
发　　行：人民东方出版传媒有限公司
地　　址：北京市东城区朝阳门内大街 166 号
邮政编码：100706
印　　刷：北京市大兴县新魏印刷厂
版　　次：2014 年 9 月第 1 版
印　　次：2014 年 11 月第 2 次印刷
印　　数：7001—10000 册
开　　本：710 毫米×1000 毫米　1/16
印　　张：17. 75
字　　数：251 千字
书　　号：ISBN 978 - 7 - 5060 - 7615 - 9
定　　价：42. 00 元
发行电话：（010）64258117　64258115　64258112